民國文化與文學^{研究文叢}

民國文化與文學 研究文叢

六 編

李 怡 主編

第 **10** 冊

文藝熱點與經典作家論稿（上）

田 建 民 著

國家圖書館出版品預行編目資料

文藝熱點與經典作家論稿(上)／田建民 著 -- 初版 -- 新北市：
花木蘭文化出版社，2016〔民105〕
目 2+180 面；19×26 公分
(民國文化與文學研究文叢 六編：第 10 冊)
ISBN 978-986-404-684-3 (精裝)
1. 中國文學 2. 文藝評論
541.26208   105012789

特邀編委 (以姓氏筆畫為序)：

丁　帆　　　王德威　　　宋如珊
岩佐昌暲　　奚　密　　　張中良
張堂錡　　　張福貴　　　須文蔚
馮　鐵　　　劉秀美

民國文化與文學研究文叢
六　編　第　十　冊　　　　ISBN：978-986-404-684-3

文藝熱點與經典作家論稿(上)

作　　者　田建民
主　　編　李　怡
企　　劃　四川大學現代中國文化與文學研究中心
　　　　　北京師範大學民國歷史文化與文學研究中心
總 編 輯　杜潔祥
副總編輯　楊嘉樂
編　　輯　許郁翎、王　筑　美術編輯　陳逸婷
出　　版　花木蘭文化出版社
社　　長　高小娟
聯絡地址　235 新北市中和區中安街七二號十三樓
　　　　　電話：02-2923-1455／傳真：02-2923-1452
網　　址　http://www.huamulan.tw 信箱 hml 810518@gmail.com
印　　刷　普羅文化出版廣告事業
初　　版　2016 年 9 月
全書字數　316591 字
定　　價　六編 24 冊 (精裝) 新台幣 44,000 元

文藝熱點與經典作家論稿(上)

田建民　著

作者簡介

田建民，1958 年生於河北深縣。現任河北大學特聘教授、博士生指導教師，「國家高層次人才特殊支持計劃」領軍人才，河北省省管優秀專家，河北省有突出貢獻的中青年專家，中國現代文學研究會副會長。在《文學評論》、《文藝研究》、《中國現代文學研究叢刊》、《魯迅研究月刊》等刊物發表論文數十篇；出版學術著作 9 部；主持完成國家社科基金、教育部社科規劃課題及國家級教改項目多項；獲教育部第五屆全國高等學校科學研究優秀成果（人文社科）二等獎。

提　　要

　　本書第一輯探討的是文學創作與批評的相關問題。就文學創作來說，主要探討了小說創作的「寫什麼」和「怎麼寫」的問題。指出「怎麼寫」比「寫什麼」更有實際操作性。「寫什麼」只能表明作家的態度或立場，而「怎麼寫」才表現出他的智慧和才華。作品給人的審美享受乃至概括與描繪時代生活的深度和廣度不是由題材決定的，而是取決於作者的藝術概括能力和表現技巧。就文學批評方面，探討了文學批評的標準與規範問題。提出文藝批評要有獨立的品格——批評家的獨立品格和文藝批評自身的獨立品格。作家、批評家與讀者是平行、平等、互補互動的。創作是以現實生活為素材，批評是以作家作品為素材，二者同為精神勞動。創作是「詩」，而批評卻是科學的「思」。第二輯探討的是文學史寫作與文藝思潮的相關問題。就文學史寫作方面，本書提出普及型的文學史和研究型的文學史的概念。討論了述史立場與價值標準及新時期文學思潮對文學史寫作影響的得與失等問題。第三輯是有關經典作家作品的研究。其中對魯迅的研究主要是把他的《野草》放回到五四啟蒙的文化場中去重新解讀；而對錢鍾書的研究則抓住他文學本體論思想這個綱來探討其個性風采、幽默觀以及他的英文論著等。

作爲方法的「民國」
——第六輯引言

李　怡

　　「作爲方法」的命題首先來自日本著名漢學家竹內好，從竹內好 1961 年「作爲方法的亞洲」到溝口雄三 1989 年「作爲方法的中國」，其中展示的當然不僅僅是有關學術「方法」的技術性問題，重要的是學術思想的主體性追求。日本學人通過中國這樣一個「他者」的參照進行自我的反省和批判，實現從「西方」話語突圍，重新確立自己的主體性，這對同樣深陷「西方」話語圍困的中國學界而言也無疑具有特殊的刺激和啓發。1990 年代中期以後，中國（華人）學人如孫歌、李多木、汪暉、陳光興、葛兆光等陸續介紹和評述了他們的學說，〔註1〕特別是最近 10 年的中國思想文化與文學批評界，可以說出現了一股竹內——溝口的「作爲方法」熱，「作爲方法的日本」、「作爲方法的竹內好」、「亞洲」作爲方法，〔註2〕以及「作爲方法的 80 年代」等等

〔註 1〕　如 Kuang-ming Wu and Chun-chieh Huang （吳光明、黃俊傑）：〈關於《方法としての中國》的英文書評〉（《清華學報》新 20 卷第 2 期，1990 年），溝口雄三、汪暉：〈沒有中國的中國學〉（《讀書》第 4 期，1994 年），孫歌：〈作爲方法的日本〉（《讀書》第 3 期，1995 年），李長莉：〈溝口雄三的中國思想史研究〉（《國外社會科學》第 1 期，1998 年），葛兆光：〈重評九十年代日本中國學的新觀念——讀溝口雄三《方法としての中國》〉（《二十一世紀》12 月號，2002 年），吳震：〈十六世紀中國儒學思想的近代意涵——以日本學者島田慶次、溝口雄三的相關討論爲中心〉（《東亞文明研究學刊》第 1 卷第 2 期，2004 年）等。

〔註 2〕　刊發於《臺灣社會研究季刊》12 月號，總第 56 期，2004 年。2005 年 6 月，陳光興參加了在華東師範大學舉行的「全球化與東亞現代性——中國現代文學的視角」暑期高級研討班，將論文〈「亞洲」作爲方法〉提交會議，引起了與會者的濃厚興趣。

在我們學術話語中流行開來，體現了一種難能可貴的自我反思、重建學術主體性的努力。竹內好借鏡中國的重要對象是文學家魯迅，近年來，對這一反思投入最多的也是從事中國現當代文學研究的學者，因此，對這一反思本身做出反思，進而探索真正作為中國現代文學的「方法」的可能，便顯得必不可少。

在「亞洲」、「中國」先後成為確立中國學術主體性的話語選擇之後，我覺得，更能夠反映中國現代文學立場和問題意識的話語是「民國」。作為方法的民國，具體貼切地揭示了中國現代文學的生存發展語境，較之於抽象的「亞洲」或者籠統的「中國」，更能體現我們返回中國文學歷史情境，探尋學術主體性的努力。

一

日本戰敗，促成了一批日本知識分子的自我反省，竹內好（1908～1977）就是其中之一。在他看來，「脫亞入歐」的日本「什麼也不是」，反倒是曾經不斷失敗的中國在抵抗中產生了非西方的、超越近代的「東洋」。通常我們是說魯迅等現代中國知識分子從「東洋」日本發現了現代文明的啟示，竹內好卻反過來從中國這個「東洋」發現了一條區別於西歐現代化的獨特之路：借助日本所沒有的社會革命完成了自我更新，如果說日本文化是「轉向型」的，那麼中國文化則可以被稱作是「迴心型」，而魯迅的姿態和精神氣質就是這一「迴心型」的極具創造價值的體現。「他不退讓，也不追從。首先讓自己和新時代對陣，以『掙扎』來滌蕩自己，滌蕩之後，再把自己從裏邊拉將出來。這種態度，給人留下一個強韌的生活者的印象。像魯迅那樣強韌的生活者，在日本恐怕是找不到的。」「在他身上沒有思想進步這種東西。他當初是作為進化論宇宙觀的信奉者登場的，後來卻告白頓悟到了進化論的謬誤；他晚年反悔早期作品中的虛無傾向。這些都被人解釋為魯迅的思想進步。但相對於他頑強地恪守自我來說，思想進步實在僅僅是第二義的。」〔註3〕就此，他認為自己發現了與西方視角相區別的「作為方法的亞洲」，這裡的「亞洲」主要指中國。溝口雄三（1932～2010）是當代中國思想史學家，他並不同意竹內好將日本的近代描述為「什麼也不是」，試圖在一種更加平等而平和的文化觀

〔註 3〕　（日）竹內好：《近代的超克》，11、12 頁，李冬木、趙京華、孫歌譯，三聯書店，2005 年。

念中讀解中國近代的獨特性：「事實上，中國的近代既沒有超越歐洲，也沒有落後於歐洲，中國的近代從一開始走的就是一條和歐洲、日本不同的獨自的歷史道路，一直到今天。」〔註4〕作爲方法的中國，意味著對「中國學」現狀的深入的反省，這就是要根本改變那種「沒有中國的中國學」，「把世界作爲方法來研究中國，這是試圖向世界主張中國的地位所帶來的必然結果……這樣的『世界』歸根結底就是歐洲」。「以中國爲方法的世界，就是把中國作爲構成要素之一，把歐洲也作爲構成要素之一的多元的世界」。〔註5〕

　　海外漢學（中國學）長期生存於強勢的歐美文明的邊緣地帶，因而難以改變作爲歐美文化思想附庸的地位，這一局面在海外華人的中國研究中更加明顯。而日本知識分子的反省卻將近現代中國作爲了反觀自身的「他者」，第一次將中國問題與自我的重建、主體性的尋找緊密聯繫，強調一種與歐美文明相平等的文化意識，這無疑是「中國學」研究的重要破局，具有重要的學術啓示意義，同時，對中國自己的學術研究也產生了極大的衝擊效應。

　　在逐步走出傳統的感悟式文學批評，建立現代知識的理性框架的過程中，中國的學術研究顯然從西方獲益甚多，當然也受制甚多，甚至被後者裹挾了我們的基本思維與立場，於是質疑之聲繼之而起，對所謂「中國化」和保留「傳統」的訴求一直連綿不絕，至最近20餘年，更在國內清算「西化」的主流意識形態及西方後現代主義、西方馬克思主義的自我批判的雙重鼓勵下，進一步明確提出了諸如中國立場、中國問題、中國話語等系統性的要求。來自日本學者的這一類概括——在中國發現「亞洲」近代化的獨特性，回歸中國自己的方法——顯然對我們當下的學術訴求有明晰準確的描繪，予我們的「中國道路」莫大的鼓勵，我們難以確定這樣的判斷究竟會對海外的「中國學」研究產生多大的改變，但是它對中國學術界本身的啓示和作用卻早已經一目了然。

　　我高度評價中國學界「回歸中國」的努力與亞洲——中國「作爲方法」的啓示意義。但是，與此同時，我也想提醒大家注意一個重要的現實，所謂的「作爲方法」如果不經過嚴格的勘定和區分，其實並不容易明瞭其中的含義，而無論是「亞洲」還是「中國」，作爲一個區域的指稱原本也有不少的遊

〔註4〕　（日）溝口雄三：《作爲方法的中國》，12頁，孫軍悅譯，三聯書店，2011年。
〔註5〕　（日）溝口雄三：《作爲方法的中國》，130、131頁，孫軍悅譯，三聯書店，2011年。

移性與隨意性。比如竹內好將「亞洲」簡化為「中國」，將「東洋」轉稱為「中國」，臺灣學人陳光興也在這樣的「亞洲」論述中加入了印度與臺灣地區，這都與論述人自己的關注、興趣和理解相互聯繫，換句話說，僅僅有「作為方法」的「亞洲」概念與「中國」概念遠遠不夠，甚至，有了竹內與溝口的充滿智慧的「以中國為方法」的種種判斷也還不夠，因為這究竟還是「中國之外」的「他者」從他們自己的需要出發提出的觀察，這裡的「中國」不過是「日本內部的中國」，而非「中國人的中國」，正如溝口雄三對竹內好評述的那樣：「這種憧憬的對象並不是客觀的中國，而是在自身內部主觀成像的『我們內部的中國』。」〔註6〕那麼，溝口雄三本人的「中國方法」又如何呢？另一位深受竹內好影響的日本學者子安宣邦認為，溝口雄三「以中國為方法，以世界為目的」的「超越中國的中國學」與日本戰前「沒有中國的中國學」依然具有親近性，難以真正展示自己的「作為方法」的中國視點。〔註7〕所以葛兆光就提醒我們，對於這樣「超越中國的中國學」，我們也不能直接平移到中國自己的中國學之中，一切都應當三思而行。〔註8〕

問題是，中國學界在尋找「中國獨特性」的時候格外需要那麼一些支撐性的論述與證據，而來自域外的論述與證據就更顯珍貴了。在這個時候，域外學說的「方法」本身也就無暇追問和反思了。例如竹內好與溝口雄三都將近現代中國的獨特性描述為社會革命：「中國的近代化走的是自下而上的反帝反封建社會革命、即人民共和主義的道路。」〔註9〕在他們看來，太平天國至社會主義中國的「革命史」呈現的就是中國自力更生的道路。這的確道出了現代中國的重要事實，因而得到許多中國現代文學研究者的認同，當然，一些中國學者對現代中國革命的重新認同還深刻地聯繫著西方後現代主義對西方文化的自我批判，聯繫著西方馬克思主義及其它左派對資本主義的嚴厲批判，在這裡，「西洋」的自我批判和「東洋」的自我尋找共同加強了中國學者對「中國現代史＝革命史」的認識，如下話語所表述的學術理念以及這一理念的形成過程無疑具有某種典型意義：

〔註6〕（日）溝口雄三：《作為方法的中國》，6頁，孫軍悅譯，三聯書店，2011年。

〔註7〕參看張崑將：〈關於東亞的思考「方法」：以竹內好、溝口雄三、子安宣邦為中心〉，《臺灣東亞文明研究學刊》第1卷第2期，2004年。

〔註8〕葛兆光：〈重評九十年代日本中國學的新觀念——讀溝口雄三《方法としての中國》〉，《二十一世紀》12月號，2002年。

〔註9〕（日）溝口雄三：《作為方法的中國》，11頁，孫軍悅譯，三聯書店，2011年。

從 1993 年起，我逐步地對以往的研究做了兩點調整：第一是將自己的歷史研究放置在「反思現代性」的理論框架中進行綜合的分析和思考；第二是力圖將社會史的視野與思想史研究結合起來。在中國 1980 年代的文化運動和 1990 年代的思想潮流之中，對於近代革命和社會主義歷史的批判和拒絕經常被放置在對資本主義的全面的肯定之上；我試圖將近代革命和社會主義歷史的悲劇放置在對現代性的批判性反思的視野中，動機之一是爲了將這一過程與當代的現實進程一道納入批判性反思的範圍。……而溝口雄三教授對日本中國研究的批判性的看法和對明清思想的解釋都給我以啓發。也是在上述閱讀、交往和研究的過程中，我逐漸地形成了自己的一個研究視野，即將思想的內在視野與歷史社會學的方法有機地結合起來。〔註10〕

東洋與西洋的有機結合，鼓勵我們對現代性的西方傳統展開質疑和批判，同時對我們自身的現代價值加以發掘和肯定，在中國現代文學研究領域中，這些「我們的現代價值」常常也指向革命文學、左翼文學、延安文學與新中國建立至新時期以前的文學，有學者將之概括爲新左派的現代文學史觀。姑且不論「新左派」之說是否準確，但是其描述出來的學術事實卻是有目共睹的：「以現代性反思的名義將左翼文學納入現代性範疇，並稱之爲『反現代的現代主義文學』、『反現代的現代先鋒派文學』，高度肯定其歷史合理性，並認爲改革前的毛澤東時代可以定位爲『反現代的現代性』，其合法性來自於對西方資本主義現代性的批判。」〔註11〕爲了肯定這些中國現代文化追求的合理性，人們有意忽略其中的種種失誤，包括眾所周知的極左政治對現代文學發展的傷害和扭曲，甚至「文革」的思維也一再被美化。

理性而論，前述的「反思現代性」論述顯然問題重重：「那種忽略了具體歷史語境中強大的以封建專制主義文化意識爲主體的特殊性，忽略了那時文學作品巨大的政治社會屬性與人文精神被顛覆、現代化追求被阻斷的歷史內涵，而只把文本當作一個脫離了社會時空的、僅僅只有自然意義的單細胞來

〔註10〕汪暉、張曦：〈在歷史中思考──汪暉教授訪談〉，《學術月刊》第 7 期，2005 年。

〔註11〕鄭潤良：〈「反現代的現代性」：新左派文學史觀萌發的語境及其問題〉，《福建論壇》第 4 期，2010 年。

進行所謂審美解剖。這顯然不是歷史主義的客觀審美態度。」〔註12〕

　　值得注意的現實是，爲了急於標示中國也可以有自己的「現代性」，我們學界急切尋找著能夠支持自己的他人的結論和觀點，至於對方究竟把什麼「作爲方法」倒不是特別重要了。

　　「悖論」是中國學者對竹內好等學者處境與思維的理解，有意思的是，當我們不再追問「作爲方法」的緣由和形式之時，自己也可能最終陷入某種「悖論」。比如，在肯定我們自己的現代價值之際，誕生了一個影響甚大的觀點：反現代的現代性。中國革命史被稱作是「反現代的現代性」，中國的左翼文學史也被描述爲「反現代性的現代性」，姑且不問這種表述來源於西方現代性話語的繁複關係，使用者至少沒有推敲：「反」的思維其實還是以西方現代性爲「正方」的，也就是說，是以它的「現代」爲基本內容來決定我們「反」的目標和形式，這是眞正的多元世界觀呢？還是繼續延續了我們所熟悉的「二元對立」的格局呢？這樣一種正／反模式與他們所要克服的思維中國／西方的二元模式如出一轍：把世界認定爲某兩種力量對立鬥爭的結果，肯定不是對眞正的多元文化的認可，依舊屬於對歷史事實的簡化式的理解。

二

　　「中國作爲方法」不是學術研究大功告成之際的自得的總結，甚至也還不是理所當然的研究的開始，更準確地說，它可能還是學術思想調整的準備活動。在這個意義上，眞正的「中國」問題在哪裏，「中國」視角是什麼，「中國」的方法有哪些，都亟待中國自己的學人在自己的歷史文化語境中開展新的探討。對於中國現代文學研究而言，我覺得，與其追隨「他者」的眼界，取法籠統的「中國」，還不如眞正返回歷史的現場加以勘察，進入「民國」的視野。「作爲方法的中國」是來自他者的啓示，它提醒我們尋找學術主體性的必要，「作爲方法的民國」，則是我們重拾自我體驗的開始，是我們自我認識、自我表達的眞正的需要。

　　海外中國學研究，在進入「作爲方法的中國」之後，無疑產生了不少啓發性的成果，即便如此，其結論也有別於自「民國」歷史走來的中國人，只有我們自己的「民國」感受能夠校正他者的異見，完成自我的表述。包括竹

〔註12〕董健、丁帆、王彬彬：〈我們應該怎樣重寫當代文學史〉，《江蘇行政學院學報》第 1 期，2003 年。

內好與溝口雄三這樣的智慧之論也是如此。對此，溝口雄三自己就有過眞誠
的反思，他說包括竹內好在內他們對中國的觀察都充滿了憧憬式的誤讀，包
括對「文革」的禮贊等等。〔註13〕因爲研究「所使用的基本範疇完全來自中
國思想內部」，而且「對思想的研究不是純粹的觀念史的研究，而是考慮整個
中國社會歷史」，溝口雄三的中國研究曾經爲中國學者所認同，〔註14〕例如他
借助中國思想傳統的內部資源解釋孫中山開始的現代革命，的確就令人耳目
一新，跳出了西方現代性東移的固有解說：

> 實際上大同思想不僅影響了孫文，而且還構成了中國共和思想
> 的核心。

> 就民權來看，中國的這種大同式近代的特徵也體現在民權所主
> 張的與其說是個人權利，不如說國民、人民的全體權利這一點上。

> 大同式的近代不是通過「個」而是通過「共」把民生和民權聯
> 結在一起，構成一個同心圓，所以從一開始便是中國獨特的、帶有
> 社會主義性質的近代。〔註15〕

雖然這道出了中國現代歷史的重要事實，但卻只是一部分事實，很明顯，「民
國」的共和與憲政理想本身是一個豐富而複雜的思想系統，而且還可以說是
一個動態的有許多政治家、思想家和知識分子共同參與共同推進的系統。例
如在五四新文化運動前夕，出於對民初政治的失望，《甲寅》的知識分子群體
就展開了「國權」與「民權」的討論辨析，並且關注「民權」也從「公權」
轉向「私權」，至《新青年》更是大張個人自由，個人情感與欲望，這才有了
五四新文學運動，有了郁達夫的切身感受：「五四運動的最大成功，第一要算
『個人』的發現。從前的人是爲君而存在，爲道而存在，爲父母而存在的，
現在的人才曉得爲自我而存在了。」〔註16〕不僅是五四新文學思潮，後來的
自由主義者也一直以「個人權利」、「個人自由」與左右兩種政治主張相抗衡，
雖然這些「個人」與「自由」的內涵嚴格說來與西方文化有所區別，但也不

〔註13〕（日）溝口雄三：《作爲方法的中國》，12 頁，孫軍悅譯，三聯書店，2011 年。
〔註14〕（日）溝口雄三、汪暉：〈沒有中國的中國學〉，《讀書》第 4 期，1994 年。
〔註15〕（日）溝口雄三：《作爲方法的中國》，12、16、18 頁，孫軍悅譯，三聯書店，
2011 年。
〔註16〕郁達夫：《〈中國新文學大系‧散文二集〉導言》，上海良友圖書印刷公司，1935
年。

是「大同」理想與「社會主義性質」能夠涵蓋的，它們的發展在不同的歷史時期各有限制，但依然一路坎坷向前，並在 20 世紀 80 年代的海峽兩岸各有成效，成爲現代中國文化建設所不能忽略的一種重要元素，不回到民國重新梳理、重新談論，我們歷史的獨特性如何能夠呈現呢？

治中國社會歷史研究多年的秦暉曾經提出了一個耐人尋味的觀點：當前中國學術一方面在反對西方的所謂「文化殖民」，另外一方面卻又常常陷入到外來的「問題」圈套之中，形成有趣的「問題殖民」現象。〔註 17〕我理解，這裡的「問題殖民」就是脫離開我們自己的歷史文化環境，將他者研討中國提出來的問題（包括某些讚賞中國「特殊價值」的問題）當作我們自己的問題，從而在竭力掙脫西方話語的過程中再一次落入到他者思維的窠臼。如何才能打破這種反反覆復、層層疊疊的他者的圈套呢？我以爲唯一的出路便是敢於拋開一些令人眼花繚亂的解釋框架，面對我們自己的歷史處境，感受我們自己的問題，對中國現代文學的研究而言，就是要在「民國」的社會歷史框架中醞釀和提煉我們的學術感覺，這當然不是說從此固步自封，拒絕外來的思想和方法，而是說所有的思想和方法都必須在民國歷史的事實中接受檢驗，只有最豐富地對應於民國歷史事實的理論和方法才足以成爲我們研究的路徑，才能最後爲我所用。在中國現代文學研究領域，並沒有異域學者所總結完成的「中國方法」，而只有在民國「作爲方法」取得成效之後的具體的認知，也就是說，是「作爲方法的民國」眞正保證了「作爲方法的中國」。下述幾個中國現代文學研究中影響較大、也爭論較大的理論框架，莫不如此。

例如，在描述中國歷史從封建帝國轉入現代國家的時候，人們常常使用「民族國家」這一概念，中國現代文學也因此被視作「現代民族國家文學」，不斷放大「民族國家」主題之於中國現代文學的意義：「在抗戰文學中，由於抗日民族統一戰線的建立，民族國家成爲了一個集中表達的核心的、甚至唯一的主題。」〔註 18〕甚至稱：「『五四』以來被稱之爲『現代文學』的東西其實是一種民族國家文學。」〔註 19〕這顯然都不符合中國現代文學在「民國」

〔註 17〕http：//www.360doc.com/content/10/0626/01/875791_35273755.shtml
〔註 18〕曠新年：〈民族國家想像與中國現代文學〉，《文學評論》第 1 期，2003 年。
〔註 19〕劉禾：《文本、批評與民族國家文學——〈生死場〉的啓示》，1 頁，北京大學出版社，2007 年。對中國現代文學研究中民族國家理論的檢討，已有學者提出過重要的論述，如張中良《中國現代文學的「民族國家」問題》，臺灣花木蘭文化出版社，2012 年。

的歷史事實，不必說五四新文學運動恰恰質疑了無條件的「國家認同」，民國時期文學前十年「國家主題」並不占主導地位，出現了所謂「民族國家意識的延宕與缺席」現象，[註20] 第二個十年間的「民族主義」觀念也一再受到左翼文學陣營的抨擊，就是抗日戰爭時期的文學，也不像過去文學史所描繪的那麼主題單一，相反，多主題的出現，文學在豐富中走向成熟才是基本的事實。不充分重視「民國」的豐富意義就會用外來概念直接「認定」歷史的性質，從而形成對我們自身歷史的誤讀。

文學的「民國」不僅含義豐富，也不適合於被稱作是「想像的共同體」。近年來，美國著名學者本尼狄克特・安德森關於民族國家的概括——「想像的共同體」廣獲運用，借助於這一思路，我們描繪出了這樣一個國家認同的圖景：中國知識分子從晚清開始，利用報紙、雜誌、小說等媒體空間展開政治的文化的批判，通過這一空間，中國人展開了對「民族國家」的建構，使國民獲得了最初的民族國家認同。誠然，這道出了「帝國」式微，「民國」塑形過程之中，民眾與國家觀念形成的某些狀況，但卻既不是中華民族歷史演變的真相，[註21] 也不是現實意義的民國的主要的實情，當然更不是「文學民國」的重要事實。現實意義的民國，在一個相當長的時間裏，依然處於殘留的「帝國」意識與新生的「民國」意識的矛盾鬥爭之中，專制集權與民主自由此漲彼消，黨國觀念與公民社會相互博弈，也就是說，「國家與民族」經常成為統治者鞏固自身權利的重要的意識形態選擇，與知識分子所要展開的公眾想像既相關又矛盾。在現實世界上，我們的國家民族觀念常常來自於政治強權的強勢推行，這也造成了

[註20] 李道新在剖析民國電影文化時指出：「南京國民政府成立以前，亦即從電影傳入中國至 1927 年之間，中國電影傳播主要訴諸道德與風化，基本無關民族與國家。民族國家意識的延宕與缺席，與落後保守的價值導向及混亂無序的官方介入結合在一起，使這一時期的中國電影幾乎處在一種特殊的無政府狀態，並導致中國電影從一開始就陷入目標／效果的錯位與傳者／受眾的分裂之境。」（李道新：〈民族國家意識的延宕與缺席：南京國民政府成立前中國電影的傳播制度及其空間拓展〉，《上海大學學報》第 3 期，2011 年。）這樣的觀察其實同樣可以啟發我們的文學研究。

[註21] 關於中華民族及統一國家的形成如何超越「想像」，進入「實踐」等情形，近來已有多位學者加以論證，如楊義、邵寧寧：〈描繪中國文學地圖——楊義訪談錄〉（《甘肅社會科學》第 5 期，2004 年）、郝慶軍：〈反思兩個熱門話題：「公共領域」與「想像的共同體」〉（《中國現代文學研究叢刊》第 5 期，2005 年）、吳曉東：〈「想像的共同體」理論與中國理論創新問題〉（《學術月刊》第 2 期，2007 年）等。

知識分子國家民族認同的諸多矛盾與尷尬，他們不時陷落於個人理想與政治強權的對立之中，既不能接受強權的思想干預，又無法完全另立門戶，總之，「想像」並不足以獨立自主，「共同體」的形成步履艱難，「文學的民國」對此表述生動。這裡既有胡適「只指望快快亡國」的情緒性決絕，〔註22〕有魯迅對於民族國家自我壓迫的理性認識：「用筆和舌，將淪為異族的奴隸之苦告訴大家，自然是不錯的，但要十分小心，不可使大家得著這樣的結論：『那麼，到底還不如我們似的做自己人的奴隸好。』」〔註23〕也有聞一多輾轉反側，難以抉擇的苦痛：「我來了，我喊一聲，迸著血淚，　/『這不是我的中華，不對，不對！』」「我來了，不知道是一場空喜。　/我會見的是噩夢，那裡是你？　/那是恐怖，是噩夢掛著懸崖，　/那不是你，那不是我的心愛！」〔註24〕

　　總之，進入文學的民國，概念的迷信就土崩瓦解了。

　　也有學者試圖對外來概念進行改造式的使用，這顯然有別於那種不加選擇的盲目，不過，作為「民國」實際的深入的檢驗工作也並沒有完成，例如近年來同樣在現代文學研究界流行的「公共空間」（「公共領域」）理論。在西歐歷史的近現代發展中，先後出現了貴族文藝沙龍、咖啡館、俱樂部一類公共聚落，然後推延至整個社會，最終形成了不隸屬於國家官僚機構的民間的新型公共社區，這對理解西方近代社會歷史與精神生產環境都是重要的視角。不過，真正「公共空間」的形成必須有賴於比較堅實的市民社會的基礎，尚未形成真正的市民社會的民國，當然也就沒有真正的公共空間。〔註25〕可能正是考慮到了民國歷史的特殊性，李歐梵先生試圖對這一概念加以改造，他以「批判空間」替換之，試圖說明中國近現代知識分子也正在形成自己的「公共性」的輿論環境，他以《申報‧自由談》為例，說明：「這個半公開的園地更屬開創的新空間，它

〔註22〕胡適〈你莫忘記〉有云：「你莫忘記：　/你老子臨死時只指望快快亡國：　/亡給『哥薩克』，　/亡給『普魯士』　/都可以」。

〔註23〕魯迅：《且介亭雜文末編‧半夏小集》，《魯迅全集》6卷，617頁，人民文學出版社，2005年。

〔註24〕聞一多詩歌：〈發現〉。

〔註25〕對此，哈貝馬斯具有清醒的認識，他認為，不能把「公共領域」這個概念與歐洲中世紀市民社會的特殊性隔離開，也不能隨意將其運用到其它具有相似形態的歷史語境中。（參見哈貝馬斯：《公共領域的結構轉型》初版序言，曹衛東譯，學林出版社，1999年。）中國學者關於「公共領域」理論在中國運用的反思可以參見張鴻聲：〈中國的「公共領域」及其它——兼論現代城市文學研究的本土化〉，《首都師範大學學報》第6期，2006年。

至少爲社會提供了一塊可以用滑稽的形式發表言論的地方。」魯迅爲《自由談》欄目所撰文稿也成爲李歐梵先生考辨的對象，並有精彩的分析，然而，論者突然話鋒一轉：「因爲當年的上海文壇上個人恩怨太多，而魯迅花在這方面的筆墨也太重，罵人有時也太過刻薄。問題是：罵完國民黨文人之後，是否能在其壓制下爭取到多一點言論的空間？就《僞自由書》中的文章而言，我覺得魯迅在這方面反而沒有太大的貢獻。如果從負面的角度而論，這些雜文顯得有些『小氣』。我從文中所見到的魯迅形象是一個心眼狹窄的老文人，他拿了一把剪刀，在報紙上找尋『作論』的材料，然後『以小窺大』，把拼湊以後的材料作爲他立論的根據。事實上他並不珍惜——也不注意——報紙本身的社會文化功用和價值，而且對於言論自由這個問題，他認爲根本不存在。」「《僞自由書》中沒有仔細論到自由的問題，對於國民黨政府的對日本妥協政策雖諸多非議，但又和新聞報導的失實連在一起。也許，他覺得眞實也是道德上的眞理，但是他從報屁股看到的眞實，是否能夠足以負荷道德眞理的眞相？」〔註26〕其實，魯迅對「自由」的一些理論和他是否參與了現代中國「批判空間」的言論自由的開拓完全是兩碼事。實際的情況是，在民國時代的專制統治下，任何自由空間的開拓都不可能完全是「輿論」本身的功效，輿論的背後，是民國政治的高壓力量，魯迅的敏感，魯迅的多疑，魯迅雜文的曲筆和隱晦，乃至與現實人事的種種糾纏，莫不與對這高壓環境的見縫插針般的戳擊有關。當生存的不自由已經轉化成爲「日常生活」的一部分（所謂「報屁股看到的眞實」），成爲各色人等的「無意識」，點滴行爲的反抗可能比長篇大論的自由討論更具有「自由」的意味。這就是現代中國的基本現實，這就是民國輿論環境與文學空間所具有的歷史特徵。對比晚清和北洋軍閥時代，李歐梵先生認爲，1930年代雖然「在物質上較晚清民初發達，都市中的中產階級讀者可能也更多，咖啡館、戲院等公共場所也都具備」，但公共空間的言論自由卻反而更小了。原因何在呢？他認爲在於像魯迅這樣的左翼「把語言不作爲『中介』性的媒體而作爲政治宣傳或個人攻擊的武器和工具，逐漸導致政治上的偏激文化（radicalization），而偏激之後也只有革命一途」。〔註27〕這裡涉及對左翼文化的反思，自有其準確深刻之處，但是，

〔註26〕李歐梵：〈「批評空間」的開創——從《申報》「自由談」談起〉，見《現代性的追求》，19、20頁，三聯書店，2000年。

〔註27〕李歐梵：〈「批評空間」的開創——從《申報》「自由談」談起〉，見《現代性的追求》，21頁，三聯書店，2000年。

就像現代中國社會的諸多「公共」從來都不是完全的民間力量所打造一樣，言論空間的存廢也與政府的強力介入直接關聯，左翼文化的鋒芒所指首先是專制政府，而對政府專制的攻擊，本身不也是一種擴大言論自由的有效方式？

作爲方法的民國，意味著持續不斷地返回中國歷史的過程，意味著對我們自身問題和思維方式的永遠的反省和批判，只有這樣，我們的中國現代文學研究才是眞正屬於自己的。

三

「民國作爲方法」既然是在自覺尋找中國現代文學研究「自己的方法」的意義上提出來的，那麼，它究竟如何才能成爲一種與衆不同的「方法」呢？或者說，它對中國現代文學研究具體有哪些著力點與可能開拓之處呢？我認爲至少有這樣幾個方面的工作可以開展：

首先是爲「中國」的學術研究設立具體的「時間軸」。也就是說，所謂學術研究的「中國問題」不應該是籠統的，它必須置放在具體的時間維度中加以追問，是「民國」時期的中國問題還是「人民共和國」時期的中國問題？當然，我們曾經試圖以「現代化」、「現代性」這樣的概念來統一描述，但事實是，兩個不同的歷史階段有著相當多的差異性，特別是作爲精神現象的文學，在生產方式、傳播接受方式及作家的生存環境、寫作環境、文學制度等等方面都更適合分段討論。新時期文學曾經被類比爲五四新文學，這雖然一度喚起了人們的「新啓蒙」的熱情，但是新時期究竟不是「五四」，新時期的中國知識分子也不是「五四」一代的陳獨秀、胡適與周氏兄弟，到後來，人們質疑 1980 年代，質疑「新啓蒙」，連帶五四新文化運動一起質疑，問題是經過一系列風起雲湧的體制變革和社會演變，「五四」怎麼能夠爲新時期背書？就像民國不可能與人民共和國相提並論一樣；也有將「文革」追溯到「五四」的，這同樣是完全混淆了兩個根本不同的歷史文化情境。在我看來，今天的中國現當代文學研究，尚需要在已有的「新文學一體化」格局中（包括影響巨大的「20 世紀中國文學」）重新區隔，讓所謂的「現代」和「當代」各自歸位，回到自己的歷史情境中去，這不是要否認它們的歷史聯繫，而是要重新釐清究竟什麼才是它們眞正的歷史聯繫。研究中國現代文學，就必須首先回到民國歷史，將中國現代文學作爲民國時期的精神現象。晚清盡頭是民國，民國盡頭是人民共和國，各自的歷史場景講述著不同的文學故事。

其次是「中國」的學術研究也必須落實到具體的「空間場景」。「空間和時間是一切實在與之相關聯的架構。我們只有在空間和時間的條件下才能設想任何眞實的事物。」〔註28〕民國及其複雜的空間分佈恰恰爲我們重新認識中國問題的複雜性提供了基礎。在過去一個相當長的時期內，我們習慣將中國的問題置放在種種巨大的背景之上，諸如「文藝復興」、「啓蒙與救亡」、「中外文化衝撞與融合」、「中國傳統文化」、「現代化」、「走向世界文學」、「全球化」、「現代民族國家進程」等等，這固然確有其事，但來自同樣背景的衝擊，卻在不同的區域產生了並不相同的效果，甚至有些區域性的文學現象未必就與這些宏大主題相關。詩人何其芳在四川萬縣的偏遠山區成長，直到1930年代「還不知道五四運動，還不知道新文化，新文學，連白話文也還被視爲異端」。〔註29〕這對我們文學史上的五四敘述無疑是一大挑戰：中國的現代文化進程是不是同一個知識系統的不斷演繹？另外一個例證也可謂典型：我們一般都把白話新文學的產生歸結到外來文化深深的衝擊，歸結到一批留美留日學生的新式教育與人生體驗，所以「走異路，逃異地」的魯迅於1918年完成了〈狂人日記〉，留下了中國現代文學史上第一篇白話小說，但跳出這樣的中／西大敘事，我們卻可以發現，遠在內部腹地的成都作家李劼人早在尙未跨出國門的1915年就完成了多篇新式白話小說，這裡的文化資源又是什麼？

中國的學術問題並不產生自抽象籠統的大中國，它本身就來自各個具體的生活場景，具體的生存地域。有學者對民國文學研究不無疑慮，因爲民國不同於「一體化」的人民共和國，各個不同的政治派別、各個不同的區域差異比較明顯，更不要說如抗戰時期的巨大的政權分割（國統區、解放區及淪陷區）了，這樣一個「破碎的國家」能否方便於我們的研究呢？在我看來，破碎正是民國的特點，是這一歷史時期生存其間的中國人（包括中國知識分子）的體驗空間，只要我們不預設一些先驗的結論，那麼針對不同地域、不同生存環境的文學敘述加以考察，恰恰可以豐富我們的歷史認識。一個生存共同體，它的魅力並不是它對外來衝擊的傳播速度，而是內部範式的多樣性和豐富性，這就是我們所謂的「地方性知識」。民國時期的「山河破碎」，正好爲各種地方性知識的生長創造了條件，如果能夠充分尊重和發掘這些地方性知識視野中的精神活動與文學創造，那麼中國的現代文學研究也將再添不少新的話題、新的意趣。

〔註28〕 （德）恩斯特・卡西爾：《人論》，73頁，甘陽譯，西苑出版社，2003年。
〔註29〕 方敬、何頻伽：《何其芳散記》，22頁，四川教育出版社，1990年。

　　「破碎」的民國給我們的進一步的啟發可能還在於：區域的破碎同時也表現為個人體驗的分離與精神趣味的多樣化。當代中國的大眾文化曾經出現了所謂的「民國熱」，在我看來，這種以時尚為誘導、以大眾消費為旨歸，充滿誇張和想像的「熱」需要我們深加警惕，絕不能與嚴肅的歷史探詢相混淆。其中唯一值得肯定的便是某種不滿於頹靡現狀，試圖在過去發掘精神資源的願望。今天的人們也或多或少地感佩於民國時代知識分子精神狀態的多樣性，如魯迅、陳獨秀、胡適一代新文化創造者般的不完全受縛於某種體制的壓力或公眾的流俗的精神風貌。〔註30〕的確，中國現代作家精神風貌的多姿多彩與文學作品意義的多樣化迄今堪稱典範，還包括新 / 舊、雅 / 俗文學的多元並存。對應於這樣的文學形態，我們也需要調整我們固有的思維模式，未來，如果可能完成一部新的文學發展史的話，其內容、關注點和敘述方式都可能與當今的文學史大為不同。

　　第三，「作為方法的民國」的研究並不同於過去一般的歷史文化與文學關係的研究，有著自己獨立的歷史觀與文學觀。中國現代文學研究不乏從歷史背景入手的學術傳統，包括傳統文學批評中所謂的「知人論世」，包括中國式馬克思主義的社會歷史批評，也包括新時期以後的文化視角的文學研究。應該說，這三種批評都是有前提的，也就是說，都有比較明確、清晰的對歷史性質的認定，而文學現象在某種意義上都必須經過這一歷史認識的篩選。「知人論世」往往轉化為某種形式的道德批評，倫理道德觀是它篩選歷史現象的工具；中國式馬克思主義的社會歷史批評在新中國建立後相當長的時間中表現為馬克思主義普遍原理的運用，有時難免以論帶史的弊端；文化視角的文學研究曾經為我們的研究打開了許多扇門與窗，但是這樣的文化研究常常是用文學現象來證明「文化」的特點，有時候是「犧牲」了文學的獨特性來遷就文化的整體屬性，有時候是忽略了作家的主觀複雜性來遷就社會文化的歷史客觀性——總之，在這個時候，作為歷史現象的文學本身往往並不是我們呈現的對象，我們的工作不過是借助文學說明其它「文化」理念，如通過不同地域的文學創作證明中國區域文化的特點，從現代作家的宗教情趣中展示各大宗教文化在中國的傳播，利用文學作品的政治傾向挖掘現代政治文化在文學中的深刻印記等等。

〔註30〕丁帆先生另有「民國文學風範」一說可以參考，他說：「我所指的『民國文學風範』就是五四新文學傳統，特指五四前後包括俗文學在內的『人的文學』內涵。」見丁帆：〈「民國文學風範」的再思考〉，《文藝爭鳴》第 7 期，2011 年。

　　「作為方法的民國」就是要尊重民國歷史現象自身的完整性、豐富性、複雜性，提倡文學研究的歷史化態度。既往的中國現代文學研究充斥了一系列的預設性判斷，從最早的「中國新文學是反帝反封建的文學」、「五四新文學運動實施了對舊文學摧枯拉朽般的打擊」、「中國現代文學的發展與歷史的進步方向相一致」，到新時期以後「中國現代文學是走向世界的文學」、「中國現代文學是現代性的文學」、「20 世紀中國文學的總主題是改造民族靈魂，審美風格的核心是悲涼」等等。在特定的時代，這些判斷都實現過它們的學術價值，但是，對歷史細節的進一步追問卻讓我們的研究不能再停留於此，比如回到民國語境，我們就會發現，所謂「封建」一說根本就存在「名實不符」的巨大尷尬，文學批評界對「封建」的界定與歷史學界的「封建」含義大相徑庭，「反封建」在不同階段的真實意義可能各各不同；已經習用多年的「進步作家」、「進步文學」究竟指的是什麼，越來越不清楚，在包括抗戰這樣的時期，左右作家是否涇渭分明？所謂「右翼文學」包括接近國民黨的知識分子的寫作是不是一切都以左翼為敵，它有沒有自己獨立的文學理想？國民黨專制文化是否鐵板一塊，其內部（例如對文學的控制與管理）有無矛盾與裂痕？共產黨的革命文學是否就是為反對國民黨和「舊社會」而存在，它和國民黨的文學觀念有無某些聯通之處？被新文學「橫掃」之後的舊派文學是不是一蹶不振，漸趨消歇？因為，事實恰恰相反，它們在民國時代獲得了長足的發展，並演化出更為豐富的形態，這是不是都告訴我們，我們先前設定的文學格局與文學道路都充滿了太多的主觀性，不回到民國歷史的語境，心平氣和地重新觀察，文學中國（文學民國）的實際狀況依然混沌。

　　這就是我們主張文學研究「歷史化」，反對觀念「預設」的意義。當然，反對「預設」理念並不等於我們自己不需要任何理論視角，而是強調新的研究應該比以往任何時候都尊重民國社會歷史本身的實際情形，研究必須以充分的歷史材料為基礎，而不應當讓後來的歷史判斷（特別是極左年代的民國批判概念）先入為主，同時，時刻保持一種自我反思、自我警醒的姿態。回到民國，我們的研究將繼續在歷史中關注文學，政治、經濟、法律、教育等等議題都應當再次提出，但是與既往的研究相比，新的研究不是對過去的拾遺補缺，不是如先前那樣將文學當作種種社會文化現象的例證，相反，是為了呈現文學與文化的複雜糾葛，不再執著於概念轉而注重細節的挖掘與展示。例如「經濟」不是一般的政治經濟學原理，而是具體的經濟政策、經濟

模式與影響文學文化活動的經濟行為，如出版業的運作、經濟結算方式；「政治」也不僅僅是整體的政治氛圍概括，而是民國時期具體的政治形態與政治行為，憲政、政黨組織形式，官方的社會控制政策等等；在文學一方面，也不是抽取其中的例證附著於相應的文化現象，而是新的創作細節、文本細節的全新發現。回到文學民國的現場，不僅是重新理解了民國的文化現象，也是深入把握了文學的細節，這是一種「雙向互犁」的研究，而非比附性的論證說明。例如茅盾創作《子夜》，就絕非一個簡單的「中國道路」的文學說明，它是 1930 年代中國經濟危機、社會思想衝突與茅盾個人的複雜情懷的綜合結果。解析《子夜》決不能單憑小說中的理性表述與茅盾後來的自我說明，也不能套用新民主主義論的現成歷史判斷，而必須回到「民國歷史情境」。在這裡，國家的基本經濟狀況究竟如何，世界經濟危機與民國政府的應對措施，各種經濟形態（外資經濟、民營經濟、買辦經濟等）的真實運行情況是什麼，社會階層的生存狀況與關係究竟怎樣，中國現實與知識界思想討論的關係是什麼，文學家茅盾與思想界、政治界的交往，茅盾的深層心理有哪些，他的創作經歷了怎樣的複雜過程，接受了什麼外來信息和干預，而這些干預又在多大程度上改變了茅盾，茅盾是否完全接受這些干預，或者說在哪一個層次上接受了、又在哪一個層次上抵制了轉化了，作家的意識與無意識在文本中構成怎樣的關係等等，這樣的「矛盾綜合體」才是《子夜》，「回到民國歷史」才能完整呈現《子夜》的複雜意義。

民國作為方法，當然不會拒絕外來的其它文學理論與批評視角，但是，正如前文所說，這些新的理論與批評不能理所當然就進入中國現代文學研究之中，它必須能夠與文學中國──民國時期的文學狀況相適應，並不斷接受研究者的質疑和調整。例如，就我們闡述的歷史與文學互通、互證的方法而言，似乎與歐美的近半個世紀以來的「文化研究」頗多相近，因此不妨從中有所借鑒，但是，在另外一方面，我們必須認識到，歐美的「文化研究」的具體問題──如階級研究、亞文化研究、種族研究、性別研究、大眾傳媒研究等──都來自與中國不同的環境，自然不能簡單移用。對於我們而言，更重要的可能就是一種態度的啟示：打破了文學與各種社會文化之間的間隔，在社會文化關係版圖中把握文學的意義，文學的審美個性與其中的「文化意義」交相輝映。

作為方法的民國，昭示的是中國現代文學研究「學術自主」的新可能，

它不是漂亮的口號，而是迫切的學術願望，不是招搖的旗幟，而是治學的態度，不是排斥性的宣示，而是自我反思的眞誠邀請，一句話，還期待更多的研究者投入其中，以自己尊重歷史的精神。

目次

上 冊

第一輯　文學批評與創作

一、文學的藝術品性與閱讀期待
　　——從小說創作的「寫什麼」和「怎麼寫」
　　談起　　3

二、論當前文學批評的標準與規範　　21

三、形式主義理論的意義及局限　　35

四、論《講話》的實踐功能與理論建構　　45

五、文學研究力戒浮躁　　51

六、談現代文藝論爭的特點與趨勢　　55

第二輯　文學史寫作與文藝思潮

一、關於文學史寫作的幾個問題　　67

二、新時期文學思潮對文學史寫作的影響與得失　　75

三、一部以現代性視角全景式關照現當代文學的
　　創新型史書——讀嚴家炎主編的《二十世紀
　　中國文學史》　　85

四、中國現代文學研究的全面檢閱
　　——讀《中國現代文學研究史》　　93

五、全球化語境下文學的機遇與挑戰　　101

六、「紅色經典」的稱謂能否成立　　111

七、人文精神再思考兼論作家的人文意識　　117

八、胡蘭成熱引起的憂思　　125

第三輯　經典作家作品研究

一、魯迅與傳統文化　　131

二、諷刺、自嘲與解構
　　——談魯迅《我的失戀》的三重意蘊　　153

三、衝殺在「集體無意識」的「無物之陣」中的
　　「精神界之戰士」——魯迅散文詩《這樣的戰
　　士》論析　　167

下　冊

四、荒原意識與中西文化的內心糾結
　　——啟蒙視閾下的《過客》解讀 ………… 181

五、情理的兩難選擇與啟蒙先驅的內心困惑
　　——魯迅散文詩《立論》評析 ………… 203

六、奴性的批判與啟蒙的反思
　　——魯迅散文詩《聰明人和傻子和奴才》解讀
　　……………………………………………… 211

七、道德的自省與奴性的批判
　　——《狗的駁詰》論析 ………………… 221

八、無形的重負與內心的隱痛
　　——魯迅散文詩《風箏》解讀 ………… 229

九、蓬勃奮飛之人格精神的禮贊
　　——魯迅散文詩《雪》解析 …………… 239

十、揭露鞭撻強權 記念謳歌戰士
　　——魯迅散文詩《淡淡的血痕中》論析 249

十一、《野草》研究史略 ………………………… 259

十二、重史求實、新舊兼容——從錢鍾書對胡適和
　　　周作人的批評及對文言與白話的評說談起 271

十三、中西文化碰撞的思想火花
　　　——論錢鍾書文藝思想的形成 ……… 285

十四、站在中西文化碰撞的平臺上與西方人對話
　　　——錢鍾書英文論著初探 …………… 301

十五、論錢鍾書的個性風采 …………………… 313

十六、論錢鍾書的幽默觀 ……………………… 327

十七、欲望的闡釋與理性的想像
　　　——施蟄存、徐訏心理分析小說比較論 339

十八、腳踏海峽兩岸的新文學作家張我軍
　　　——在紀念臺灣作家張我軍誕辰 110 週年
　　　文學座談會的發言 …………………… 351

後　記 ………………………………………… 359

第一輯　文學批評與創作

一、文學的藝術品性與閱讀期待
——從小說創作的「寫什麼」和「怎麼寫」談起

一、讀者對象的確認與精神產品的特性

　　要談長篇小說創作的「寫什麼」和「怎麼寫」的問題，就應該分析一下長篇小說的讀者群和文學作品作為精神產品的本質規定性。確認讀者群就是作者明確自己的小說是寫給哪些人看的，這些人的文化修養和欣賞趣味在什麼層次上，從而確定自己「寫什麼」和「怎麼寫」；另外，只有瞭解文學作品作為精神產品的本質規定性，作者才能更理性更自覺地處理好「寫什麼」和「怎麼寫」的問題。先來看讀者對象的問題。近些年來，經常聽到一些作家抱怨自己多年嘔心瀝血苦心經營的作品面世以後，居然像泥牛入海，無聲無息，連個氣泡都沒有吹起來。於是慨歎「文學被邊緣化了」，「小說的時代過去了」，「小說死了」「人文精神淪落了」等等。確實，隨著全球化腳步的加快和信息化商品化社會的確立，人們的生活方式、思維習慣甚至人生觀和價值觀都發生了巨大的變化，對於大多數人來說，電視機或互聯網成了他們日常精神生活的最重要的內容，任何人也沒有辦法和力量把他們眼前的電視機或互聯網置換成小說（那怕是最偉大的小說）叫他們沉浸在想像的文學世界中忘情地欣賞。在媒體的操縱和炒作下，影視明星的花邊新聞、搖滾歌手的奇聞逸事、小品演員的灰色幽默、服裝模特的選美大賽以及言情、武打的肥皂劇已經成了最流行的文化快餐。歷來被視為「經國之大業，不朽之盛事」的文學殿堂的莊嚴、高雅和神聖也被網絡文學、美女文學、廣告文學、狗仔文學、老闆報告文學、阿貓阿狗文學自傳及假歷史傳奇等等所炒起的一片哄鬧

之聲所遮蔽。小說，自五四文學革命時被胡適等新文學的先驅們尊爲「文學正宗」，此後半個多世紀它的「文學主腦」地位從未動搖，而長篇小說作爲小說中的脊梁或「拳頭產品」，一直以來都是作爲評價一個作家的文學史地位的重要砝碼。然而，眼下長篇小說似乎是受信息和商品衝擊的重災區。作家三年磨一劍，經過「一千零一夜」的苦思冥想和字斟句酌，終於了卻了自己的心中事，卻難「贏得身前身後名」。大作雖然被堂而皇之地擺上了櫃檯或書架，然而卻少人問津，讀者寥寥。文學不再是時代的寵兒和社會關注的焦點，這對有著經天緯地的社會責任感和歷史使命感，一向以思想先驅和精神領袖來自我定位的作家來說，確實是一種精神的撲空和莫大的嘲諷。似乎全世界的人都背叛了文學，冷落了作家。難怪我們的作家睜著含冤的眼睛在向讀者討還公道了。事實上，由某種權力或勢力而導致的全國上下對文學的極端關注，文學家因一篇作品就能夠青雲直上或被舉國批判的時代是不正常的文化專制主義的產物。在一個開放的文明的社會，其文化和藝術必然是多樣或多元的，是豐富多彩的。人們的需求也是多種多樣的。任何藝術或精神產品都有自己特定的接受者而不能要求所有的人都去欣賞和接受，文學作品作爲一種藝術當然也不例外。如果作家不再以獨尊的姿態來想著做一呼百應的思想先驅或精神領袖，而是自覺地把文學當成自己的一種審美的感受過程和精神的創造活動，當成社會文化生活中的一種職業或一項工作，那麼他就不會有那麼多的失落和不平了。對自己有了恰當的定位，也就能平心靜氣地來分析一下自己作品的讀者對象了。其實，並不是全世界的人都背叛了文學，而是由於生活節奏的加快和社會分工的細化以及精神生活的多樣化，使得許多人無暇顧及文學，同樣是由於社會分工的細化又使得一些人以創作、研究、學習文學爲職業。大體說來，現在文學作品的讀者有三個層次，或說是三個讀者圈。第一個圈是作家、文學評論家和研究者。包括中國作家協會和各省、市作家協會所統屬的職業作家和業餘作家；國家和各省、市的科研院所中搞中國現當代文學研究的研究人員及各大專院校教中國現當代文學的教師等；第二個圈是各大專院校的中國現當代文學專業的研究生及中文專業的大學生；第三個圈是所謂廣大的文學愛好者。在這三個圈中，第一個圈雖然人數較少，但卻是最中堅最穩定的一部分，他們都是以文學爲職業的行家裏手；第二個圈的人數較多並且是在一定時段以文學爲學業的人，所以也相對穩定，他們中的一些人可能日後走上職業化的道路加入到第一個圈裏來，但大多數人會由

於所從事的職業的原因退到第三個圈或是逐漸淡出文學的視野；第三個圈可能人數最多但卻是最不穩定的。就其文學素養、理論修養及欣賞趣味來說，第一個讀者圈比較高，第二個讀者圈次之，第三個讀者圈則相對更差，因此，對作品評判的話語權主要掌握在第一個讀者圈手中，第二、第三個讀者圈則處於學習甚至盲從或跟潮的狀態。說到讀者對象或讀者圈的問題，就會涉及到那個敏感的「文學為什麼人」和「如何為」的問題。我們說，這個問題最重要的是用發展的與時俱進的態度來看。其實「文學為人民服務，為社會主義服務」這個原則是不會過時也不會錯的，只是服務的方式和具體的對象卻應該是與時俱進發展變化的。在一個和平建設的年代和一個文明發展的社會，文學為構建和諧社會、為社會主義先進文化建設增磚添瓦就是為人民服務和為社會主義服務，而不必耿耿於「團結人民，教育人民，打擊敵人」。既然文學服務的方式和具體的對象都已發生了變化，那麼在「如何為」的問題上也就不必拘泥於大眾化而是追求形式的創新和多樣化。明確了讀者對象，我們再來看文學作品的本質規定性。文學作品屬於特殊的精神產品，它與物質產品有絕然不同的特性。流水線生產出來的物質產品甚至不允許有絲毫的「與眾不同」，否則就視為不合格產品。而文學藝術品的價值就在於它的由作家的不同的性格氣質、審美趣味、生活經歷等而形成的獨特性和個性，它只能是「這一個」而不允許是「複製品」。精神產品貴在創新而拒絕重複和模仿。這就是為什麼「第一個把少女比做鮮花的人是天才，第二個是庸才，第三個便是蠢材」的道理。明確了小說是寫給哪些人看的，這些人的文化修養和欣賞趣味在什麼層次上，也瞭解了文學作品作為精神產品的不可複製性，我們就可以有的放矢地來討論「寫什麼」與「怎麼寫」的問題了。

二、「寫什麼」與「怎麼寫」

如果作家總是按照自己熟悉的老套路來重複別人或自己早在上世紀五六十年代甚至八九十年代已經寫過的東西，那麼當時的讀者群已基本不復存在，現在的具有較高的文學素養和欣賞趣味的讀者圈又拒絕這種炒冷飯式的缺乏新意的作品，這就造成作家寫作的撲空，難怪作家概歎「小說死了」，「小說寫出來沒有人看了」。其實不是「小說死了」，而是作家把小說「寫死了」。作家所從事的是一個特殊的職業，他永遠在「寫什麼」和「怎麼寫」上創新和探索，容不得半點偷懶和懈怠，如果作家只是輕車熟路地重複自己，這當

然是省了勁了，可讀者也就省了看了。所以創新不但是作品的第一生命，而且是作家的藝術生命。就創新的角度來講，如果把作家的寫作姿態和思想觀念的更新都歸入「怎麼寫」的範疇的話，那麼「怎麼寫」比「寫什麼」更有實際操作性。因為取自現實生活的題材具有相對的穩定性和客觀性，不能日日更新，更不能隨意創造，而表現方法卻可以永遠變化，花樣翻新，出奇制勝。另外，一個作家「寫什麼」只能表明他的態度或立場，而「怎麼寫」才表現出他的智慧和才華。其實，在「弘揚主旋律，提倡多樣化」的前提下，作家「寫什麼」不必硬性規定，更不能整齊劃一。機械地劃分「重大題材」和「非重大題材」是有違藝術規律的「題材決定論」。簡單地區分所謂現實題材、歷史題材、農村題材、工業題材、知識分子題材、軍事題材等也就猶如牧羊人把黑羊、白羊、山羊、綿羊分頭統計一樣，除了記數上的方便，沒有什麼實質的意義。上世紀 30 年代初，早期左翼文學出現了描寫革命加戀愛的「革命的羅曼蒂克」傾向，規定無產階級文學只能寫「反帝國主義」、「反軍閥主義」、「蘇維埃運動」、「白軍剿共的反動罪惡」、「農村蕭條和地主壓迫」等五種題材。〔註1〕為糾正這種偏向，魯迅在《關於小說題材的通信》中指出：「如果是戰鬥的無產者，只要所寫的是可以成為藝術品的東西，那就無論他所描寫的是什麼事情，所使用的是什麼材料，對於現代以及將來一定是有貢獻的意義的。……現在能寫什麼，就寫什麼，不必趨時，自然更不必硬造一個突變式的革命英雄，自稱『革命文學』」〔註2〕在 1936 年的「兩個口號的論爭」中，在批評「國防文學」派作家的「不是國防文學，就是漢奸文學」的簡單地以題材劃線的錯誤觀點時，魯迅明確表示：「我以為文藝家在抗日問題上的聯合是無條件的，只要他不是漢奸，願意或贊成抗日，則不論叫哥哥妹妹，之乎者也，或鴛鴦蝴蝶都無妨。但在文學問題上我們仍可以互相批判。」〔註3〕可見作品給人的審美享受乃至概括與描繪時代生活的深度和廣度不是由題材決定的，而取決於作者的藝術概括能力和表現技巧。所以在「寫什麼」的問題上作家可以根據自己的生活積累和體驗及自己的才情與氣質對自己認為有價值、有意義的東西進行加工提煉，藝術地表現出來。而藝術地表現方式，即「怎麼寫」是作家有效的創新途徑。

〔註 1〕 北京大學等編選：《文學運動史料選》（二），上海教育出版社 1979 年版，第241～242 頁。

〔註 2〕 魯迅：《魯迅全集》第四卷，人民文學出版 1981 年版，第 367～369 頁。

〔註 3〕 魯迅：《魯迅全集》第六卷，人民文學出版 1981 年版，第 530 頁。

三、藝術表現即「陌生化」

　　傳統文論主張內容決定形式，形式服務於內容。強調內容的主導作用。而20世紀初俄國形式主義則把形式強調到「本體論」的高度，即把形式看成是文學之所以為文學的「文學性」或「內部規律」。雅可布遜說：「文學科學的對象不是文學而是文學性，即那個使某一作品成為文學作品的東西」。〔註4〕艾亨巴烏姆主張文學研究的目的就是「研究那些使文學有別於其它任何一種材料的特點」。〔註5〕朱光潛先生也認為：「材料只是生糙的鋼鐵，選擇與安排才顯出藝術的錘鍊刻畫。就生糙的材料說，世間可想到可說出的話，從前人在大體上都已經想過說過，然而後人卻不能因此不去想不去說，因為每個人有他的特殊的生活情境與經驗，所想所說的雖大體上仍是那樣的話，而想與說的方式卻各不相同。變遷了形式，就變遷了內容」。〔註6〕朱先生也強調形式的重要作用。其實，內容與形式是一枚硬幣的兩面，彼此是無法分開的。所有的內容都靠一定的形式來表現，而所有的形式也都表達一定的內容。強調內容的人是從認知的角度，把文學看成現實世界的反映，看重文學的認知和教育作用；強調形式的人從個體的感受和體驗出發，看重文學的審美功能。其實任何真正的藝術品都具有認知和審美的雙重功能，我們常說的「寓教於樂」就是倚借的藝術品的這雙重的功能。早在20世紀20年代針對創造社太陽社只注重文學的認知和教育作用，強調「一切文學都是宣傳」，魯迅指出：「一說『技巧』，革命文學家是又要討厭的。但我以為一切文藝固是宣傳，而一切宣傳卻並非全是文藝，這正如一切花皆有色（我將白也算作色），而凡顏色未必都是花一樣。革命之所以於口號，標語，布告，電報，教科書……之外，要用文藝者，就因為它是文藝。」〔註7〕魯迅在承認文學的認知和教育作用的基礎上強調了其審美特性的一面。長期以來，我們總是講內容決定形式，總是在認知的層面強調文學的社會作用和教育作用，誰一談形式和技巧就被扣上形式主義的帽子加以撻伐，而對形式主義到底講些什麼，有什麼樣的理論主張以及這種理論主張有沒有一定的合理性卻很少去思考和研究。如果拋開以往對形式主義的偏見，拋開是內容決定形

〔註4〕　〔美〕安納・傑弗森、戴維・羅比等著，陳昭全等譯：《西方現代文學理論概述與比較》，湖南文藝出版社1986年版，第8頁。

〔註5〕　〔美〕安納・傑弗森、戴維・羅比等著，陳昭全等譯：《西方現代文學理論概述與比較》，湖南文藝出版社1986年版，第6頁。

〔註6〕　朱光潛：《朱光潛美學文集》第二卷，上海文藝出版社1982年版，第289頁。

〔註7〕　魯迅：《魯迅全集》第四卷，人民文學出版1981年版，第84頁。

式和是形式決定內容的各執一端的理論糾纏，只從文學創新的角度，從創作過程或藝術表現方式來分析的話，形式主義還是有一定的合理性和借鑒意義的。

形式主義的代表人物是前蘇聯的維克托·什克洛夫斯基，他在《作為程序的藝術》一文中提出了文學創作的「陌生化」原則。他說：「……被人們稱作藝術的東西之所以存在就是為了要重新去體驗生活，感覺事物，為了使石頭成為石頭的。藝術的目的是提供作為一種幻象的事物的感覺，而不是作為一種認識；事物的『反常化』（有「陌生化」「奇異化」「特異化」「反常化」「間離化」等多種不同的譯法，但用「陌生化」的較多）程序及增加了感覺的難度與範圍的高難形式的程序，這就是藝術的程序，因為藝術中的接受過程是具有自我目的的，而且必須被強化；藝術是一種體驗人造物的方式，而在藝術裏所完成的東西是不重要的。」〔註 8〕在這裡，什克洛夫斯基強調兩點：一是藝術是對生活和事物的審美體驗和感受，而不是認知。感覺之外無藝術；二是怎麼來對生活和事物進行審美體驗和感受，即用「陌生化」的方法來加深和延長這種審美體驗和感受。前者講的是文學的本質規律或原則即文學的「本體論」或形式主義者所謂的「文學性」，後者是在前者指導下的具體的創作方法。按照這種觀點，「藝術不是對現實的反映，而是對現實的一種幻想和假定，它訴諸於人的感知、情感、想像，撥動人的靈性、詩性和情趣。唯其如此，只有通過審美感覺亦或審美體驗去體驗生活。藝術的全部精義、靈魂、魅力在於感受。」〔註 9〕這完全打破了傳統的分析文學作品時的「通過什麼描寫表現了什麼思想」的思維方式，而是把重點放在了這種描寫本身。什克洛夫斯基說：「我的文學理論是研究文學的內部規律。如果用工廠的情況作比喻，那麼，我感興趣的不是世界棉紗市場的行情，不是托拉斯的政策，而只是棉紗的支數及其紡織方法。」〔註 10〕也就是說，形式主義把文學的重點放在「怎麼寫」上。認為既然文學的目的就是讓人們對生活和事物進行審美體驗和感受，那麼寫作就是怎麼來加深和延長這種審美體驗和感受的問題。具體來說，要加深這種審美體驗和感受就要打破人們思維和感的習以為常的「自動化」的慣性，而要延長這種審美體驗和感

〔註 8〕 〔蘇〕維·什克洛夫斯基：《作為程序的藝術》，見伍蠡甫、胡經之主編：《西方文藝理論名著選編》下卷，北京大學出版社 1987 年版，第 384 頁。

〔註 9〕 馮毓云：《藝術即陌生化——論俄國形式主義陌生化的審美價值》，《北方論叢》2004 年 1 期。

〔註 10〕 〔蘇〕維·什克洛夫斯基：《散文理論》，方珊等譯：《俄國形式主義文論選》，生活·讀書·新知三聯書店 1989 年版，第 14 頁。

受就要增加閱讀和理解的難度，而這二者都需要用「陌生化」的方法和技巧來完成和實現。先來看第一個問題，即打破人們思維和感受的「自動化」以加深審美體驗和感受的問題。什克洛夫斯基認為，在日常生活中，人們總是按照以往的習慣去機械性地認識和感知事物，這種習慣性和機械性使人們對事物的感知變得麻木而遲鈍，甚至變成了一種自動化和潛意識的行為。他說：「如果我們在感覺的一般規則的基礎上開始研究，那麼我們就可以看到，動作在變成習慣的同時，也變成自動的。……如果誰去回味他曾經有過的感覺，即保存著第一次拿筆或者第一次說外語的感覺，把這一感覺與他無數次重複體驗過的東西比較，那麼就會同意我們的意見。」〔註11〕他認為藝術就是要打破人們這種對生活和事物的自動化和機械化的感知方式，恢復對生活和事物的質樸的新鮮的感覺，「使石頭成其為石頭」，即使人們真正感受到石頭的視像和質感，而不是作為觀念的石頭。「藝術就是一種恢復有意識的體驗的方法，一種打破遲鈍機械的行為習慣的方法，使我們得以在這個存在著清新與恐懼的世界中獲得新生。」〔註12〕什克洛夫斯基以托爾斯泰為例來說明作家是怎樣使讀者恢復對事物的質樸的新鮮的感覺的。托爾斯泰在描寫時有意不按我們習慣的認知的方式寫我們熟悉的事物的名稱，而是好像第一次見到一樣來描寫，描寫事件就好像這事件是第一次發生那樣。稱「點綴」為「一小塊繪彩紙板」，稱「聖餐」為「一小塊白麵包」。通過小姑娘的眼睛描寫參加軍事會議者的談吐舉止給人以新奇滑稽的感覺等等。也就是說，藝術就是打破人們遲鈍機械的行為習慣而恢復有意識地對生活和事物的體驗。「由此可見，陌生化的實質就是要更新我們對生活和世界的陳舊感覺，把我們從那種狹隘的實用、認知以及其它種種利害關係的束縛中解脫出來，擺脫習以為常的機械化、自動化的控制，使我們面臨各種事物始終懷有新穎之感、震顫之感，從而去充分領悟世界和人生的豐富含蘊。」〔註13〕再來看第二個問題，即怎麼延長人們的審美體驗和感受的問題。對這個問題，形式主義的理論主要從藝術的陌生化變形、語言的陌生化和難化及結構的延宕幾個方面進行了一些說明和探討。藝術變形就是用陌生化的手法，偏離已有的

〔註11〕〔蘇〕維·什克洛夫斯基：《作為程序的藝術》，見伍蠡甫、胡經之主編：《西方文藝理論名著選編》下卷，北京大學出版社1987年版，第384頁。

〔註12〕〔美〕弗雷德里克·詹姆遜，錢佼汝、李自修譯：《語言的牢籠——馬克思主義與形式主義》，百花洲文藝出版社1995年版，第42頁。

〔註13〕劉萬勇：《論俄國形式主義批評的科學化努力》，《湖北民族學院學報》2006年第1期。

藝術規範，改變生活或事物的原有的形態。即通過種種不同的形式手法，對公認的思想及其表現範疇實施變形。對日常語言，主導意識形態或其它文學作品代碼所加之於現實之上的特定的接受或思維模式進行顛覆，以達到形式的陌生化效果。語言的陌生化和難化就是不能用直白的語言進行平鋪直敘地說明或描述，而要利用種種修辭方法使詞語扭曲、變形，使語言和詞語的能指和所指不再一一對應，使所指偏離能指產生歧義或多義，從而使人們感到新奇並產生豐富的聯想。至於結構的延宕，什克洛夫斯基在《情節編構手法與一般風格手法的聯繫》一文中做了較為詳細的分析：「為什麼要在繩索上行走，而且要每走一步下蹲一次？」「扭曲而艱澀的，使人變得笨口拙舌的詩歌語言，奇怪的、不同尋常的詞彙，異乎常規的詞語排列。」「為什麼李爾王認不出肯特？為什麼肯特和李爾王又認不出愛德加？」「為什麼相認都要在最後一幕？」「為什麼奧維德從做愛中提煉出『愛的藝術』時，建議在享受快樂時不要急急忙忙？」這就是藝術的延宕。「故事不斷被打散，又不斷重新組合，都遵循著特殊的，尚未人知曉的情節編排規律。」〔註14〕弗雷德里克‧詹姆遜在論述形式主義的藝術的延宕手法時認為：「主要的陌生化類型表現為延宕，分步合成（即將一件事分解成一段段的情節），雙重情節（包括將不相干的情節與故事相互穿插），以及『展示技法』（即有意識地將讀者的注意力吸引到敘事本身的基本手法上）。」〔註15〕作家鐵凝在談創作經驗時談到了「文學的快和慢」的問題，她把自己，特別是把《笨花》歸入了慢的一類。認為文學的慢「是一種作家的寫作姿態，是一種對生活的耐煩之心，對文學的笨拙的敬意，必要時自己和自己過不去的較真，對寫作意志、耐力有意識的迎難而上。作家的敘述視野、藝術胸懷、思想抱負，應該在細膩樸素、沉著從容、仁愛的敘述中得到結實準確的體現。」她告戒作家要「警惕快。在長篇小說的創作中，應該警惕用寫作提綱代替寫作本身。」〔註16〕這是一個作家對藝術的延宕體悟的經驗之談。總之，既然藝術的目的就是讓人們在對生活和事物的體驗和感受中享受美感，那麼就要想法增加這種審美快感的時延，結構的延宕就是調動一切藝術手法，推遲情節高潮的到來。

〔註14〕〔蘇〕維‧什克洛夫斯基著，劉宗次譯：《散文理論》，白花洲文藝出版社 1994 年版，第 28 頁。

〔註15〕〔美〕威爾弗雷德‧古爾靈等著，劉宗次譯：《文學批評方法手冊》，春風文藝出版社 1988 年版，第 50 頁。

〔註16〕鐵凝：《長篇小說創作中的四個問題——從〈笨花〉說開去》，《長城》2006 年 4 期。

四、陌生化的方法與技巧

以上我們考察了形式主義的「陌生化」理論，這種注重「怎麼寫」的理論，對我們這些長期以來總是強調「寫什麼」的作家和研究者們來說，無疑是給我們打開了觀察和認識文學的另一扇窗，讓我們對文學的形式與技巧有了一種理性的認識和理解。那麼在具體的寫作和研究中怎樣做到陌生化呢？下面我們就從文學的觀念、語言和結構這三個方面做一點簡單的探討。

觀念的陌生化。所謂觀念的陌生化就是思想觀念的創新，就是要打破已有的思想觀念的束縛，打破舊的思維習慣和範式，從新的角度，用新的價值尺度和道德標準來來對事物做出評判。自五四新文化運動以來，有三次大的觀念的變化和更新，每一次都帶來了文學的革新、發展和繁榮。第一次是五四時期，當時之所以出現了「問題小說」（魯迅的小說也多為社會問題小說）和「問題劇」的熱潮，就是當時思想觀念，特別是價值觀和道德觀發生巨大變化的產物。五四新文化運動的先驅者豎起了「德先生」和「賽先生」兩面大旗，可以說，這兩面旗幟──民主與科學成了他們當時衡量一切的價值標準。在這之前，中國人幾千年來遵循「三綱五常」的傳統封建道德規範生活得心安理得，可是用民主與科學的標準衡量，就發覺這裡面原來存在著那麼多的不合理。比如，由「夫為妻綱」衍生出來的「父母之命，媒妁之言」的包辦婚姻一直被視為天經地義；「在家從父，出嫁從夫，夫死從子」的剝奪婦女人身自由的封建禮教被認為是婦女的行為準則；做「節婦」「烈婦」的對婦女的野蠻虐殺被贊為是婦女高尚的美德。而用民主的標準來衡量，這一切原來是從法律上剝奪了婦女的人身權利；從倫理上否定婦女的獨立人格。於是，婦女解放問題、家族制度問題、婚姻戀愛問題、歷史人物和歷史事件的重新評價問題等等，都被發現了，被提出來了，被寫成小說和劇本來反映和呼籲了。第二次大的思想觀念的解放和變化是粉碎「四人幫」後，特別是真理標準的討論使人們衝破了「兩個凡是」的束縛，從極左的條條框框中解放出來，人們「重回五四起跑線」，再次以人為本，以人為中心來肯定和強調人、人性、人的價值和人的尊嚴，文學上湧現出「傷痕小說」、「反思小說」、「改革小說」和「尋根小說」的熱潮。第三次是20世紀80年代中後期，受西方近現代哲學思潮和文藝思潮的影響，人們的思想觀念也發生了很大的變化，特別是西方的形式主義、新歷史主義和後現代主義，在對原有的「題材決定論」，傳統的歷史觀和價值觀帶來巨大衝擊的同時，也給文學創作和研究帶來了生機和活力。出現了以馬原、余華為代表的「先鋒

派」探索小說，以莫言、蘇童、劉震雲為代表的新歷史主義小說和以徐星、王朔為代表的後現代味十足的小說。這就是思想觀念的轉變帶來的文學的巨大變化。所以作家和文學研究者都要善於學習和思考，不斷衝破原有的思想藩籬，不斷轉換思維方式。像黑格爾說的：「我們在藝術美裏所欣賞的正是創作和形象塑造的自由性，無論是創作還是欣賞藝術形象，我們都好像逃脫了法則和規律的束縛。我們離開了規律的謹嚴和思考的陰森凝注，去在藝術形象中尋求靜穆和氣韻生動……」〔註17〕既然我們的學術研究可以「大膽地假設，小心地求證」（胡適語），我們的文學創作也可以在不違背人類基本情感的基礎上大膽地想像和虛構，用心地描寫和表現了。我們瞭解了形式主義的理論，可以在肯定文學的反映現實生活的認知和教育作用的同時，又認識到它的虛構和想像的詩性特點及感受和體驗的審美特點。具體到創作上，就是在確定了「寫什麼」之後，重要的是考慮「怎麼寫」。比如，在寫歷史題材或戰爭題材的時候，能不能不刻意地描寫和宣染民族仇恨或階級仇恨而表現人類的基本的愛與恨的情感，寫人們被拖入戰爭的無辜與苦難，寫美好的生活與事物被毀滅的悲憾。在寫戰爭英雄的時候也不要總把他們寫成打仗有癮的戰爭狂人，而表現他們的複雜的情感與被迫捲入戰爭的無奈。這樣人們看了作品之後才不是增加仇恨甚或是對戰爭的嚮往，而是討厭戰爭永遠嚮往和維護平。再比如，在全球化語境下，在東西文化對抗與交融的情況下，如何使我們的文學走向世界的問題？按照後殖民的理論觀點，西方對第三世界實施政治軍事控制是屬於前殖民，而前殖民階段結束後他們在經濟上利用資本輸出、跨國公司，在文化上利用文化滲透，以文學上的評獎、競賽等形式對第三世界的經濟和文化實施控制，這則屬於後殖民。在這種後殖民的語境下，第三世界國家的作家們面對西方文化有三種不同的書寫方式：第一種是抵抗性文化書寫。即對西方文化採取抵制和批判的態度。在西方作家的筆下，西方人總是被寫得富有理性，有教養，高貴，文明而勇敢；而東方人則是愚昧無知，專制野蠻，貪婪好色等。一些第三世界國家的作家認為這是西方人站在優越的地位對東方的有意的貶低與歪曲，於是他們也以牙還牙地把西方人寫成狂妄自私，好勇鬥狠，毫無倫理道德感的性開放或同性戀者。特立尼達作家薩繆爾·塞爾封的小說《昇天的摩西》對《魯濱遜漂流記》來了個顛覆式的換位摹仿，把魯濱遜與星期五換成黑人摩西與白人鮑勃，把倫敦白人鮑勃寫成文盲僕人，把黑人摩西寫成文明主人。第二種是認同性文

〔註17〕黑格爾著，朱光潛譯：《美學》第一卷，商務印書館 1979 年版，第 8 頁。

化書寫。即一些東方作家，爲了得到西方的承認，不惜挖掘自己民族文化中的負面的東西，甚至歪曲自己的民族文化來迎合西方人的欣賞趣味和認同標準。如有些作家或導演刻意挖掘諸如野合、搶親、亂倫、酷刑、納妾、掌燈臨幸等民族文化中的野蠻與落後的東西，來滿足西方人的好奇心與偷窺欲。第三種是混合性文化書寫。即各取所長，用西方的文學形式與技巧來敘述自己的故事。其實，我們能否超越這種對抗、認同或各取所長的思維模式，在人類基本的共同情感的基礎上來消除和統一不同文化傳統的對抗和差異。如《刮痧》就是用人類愛與同情的這一基本的共同情感來消除不同文化傳統的對抗和差異，最後達到理解與和諧。《刮痧》是把一個中國家庭放到美國來表現不同文化傳統的差異與和諧。能否描寫一個跨國的家庭，或是把一個美國的家庭放到中國來，或是以西方人的視角來描寫這種不同文化傳統的差異呢？

語言與結構的陌生化。語言的陌生化就是調動各種修辭手法有意偏離語言習慣或語法規範，達到語言表達的新穎奇特，形象生動，意蘊豐富，耐人尋味的效果。黑格爾在談到歌德和席勒的早期作品時認爲他們是「拋開了過去製造的一切規則，故意破壞那些規則，一切都重新開始。」〔註18〕語言是文學的表達媒介，是文學形式中最重要的因素。結構主義的學者們甚至把語言抬到哲學本體論的高度。所以語言的陌生化是文學陌生化的重要方面。其實語言的陌生化是中外歷代文學家早已認識到並在創作實踐中自覺運用和追求的技法。只是沒有人對此進行陌生化的理論概括和闡述罷了。如我國古代韓愈的「推敲」字詞，杜甫的「語不驚人死不休」就是力求做到語言的陌生化。具體說來，要做到語言的陌生化，一個重要的原則就是偏離語言習慣，擺脫邏輯或語法規範。調動各種修辭手法打破人們熟知的抽象概念式的認知經驗，建立起一種修辭的審美語境。用修辭的審美方式「解除概念認知的普遍性，激起鮮活的感性經驗。……掙脫了事物的邏輯關係，重建了一種審美關係，這種審美關係是兼容性的，超越世界的現成秩序，導向陌生化的認知經驗。」〔註19〕我們可以以文學比喻來說明這個問題。按照邏輯規則，只有同類事物之間進行比較才有意義。比如長江和黃河可以比長短，大樹和高樓可以比高低，這些同是屬於空間上的量；鋼鐵和石頭可以比重量，可以比

〔註18〕黑格爾著，朱光潛譯：《美學》第一卷，商務印書館 1979 年版，第 34～35 頁。
〔註19〕譚學純：《修辭話語建構雙重運作：陌生化和熟知化》，《福建師範大學學報》
　　　　2004 年 5 期。

硬度，同屬於物體上的量；年和月可以比長短，同屬於時間上的量；號聲可以和鼓聲比高低，同屬於聲音上的量。但是江河不能和年月比長短，樹木不能和聲音比高低，因爲屬於不同的類，所以它們無法比，並且比來也沒有意義。所以《墨子‧經說下》說「木與夜孰長，智與粟孰多」？但是這些邏輯上的條條框框卻不能移來約束文藝上的比喻。比喻恰恰是「凡喻必以非類」。同類不比，同類相比則失去了意義。「譬如說：『他真像獅子』，『她簡直是朵鮮花』，言外的前提是：『他不完全像獅子』，『她不就是鮮花』。假如他百分之百地『像』獅子，她貨真價實地『是』鮮花，那兩句就不成爲比喻，而是『驗明正身』的動植物分類法了」。〔註20〕所以比喻愈是以不類爲類愈妙。古代詩人寫情思悠久，每以道里遙遠相較量。如張仲素《燕子樓詩》第一首：「相思一夜情多少，地角天涯未是長」，……晏幾道《碧牡丹》：「靜憶天涯，路比此情猶短」，《清商怨》：「要問相思，天涯猶自短」，……王實甫《西廂記》：「繫春心，情短柳絲長」，以「心情」與「柳絲」比短長。明人院本《喜逢春》：「真是胖子過夏，插翅也飛不過去」。……以光陰之難過，擬於關山難越。〔註21〕這種以空間比時間或以時間比空間的比喻不勝枚舉。這是典型的「異類」相比，雖然不合邏輯的規律，但是卻有很好的修辭效果，增強了作品的具體可感性，表現出作家聯想和想像的豐富，能叫讀者在情感上接受。假如比喻等文藝修辭完全拘守邏輯規則，那麼諸如「紅杏枝頭春意鬧」；「人言路遠是天涯，天涯更比殘更短」；「只恐雙溪舴艋舟，載不動許多愁」等等名句，也就無緣出現了。所以錢鍾書先生認爲「智與粟」比「多」、「木與夜」比「長」，在修詞上是容許的。錢先生欣賞格利巴澤的觀點，即從邏輯思維的立場來看，比喻被認爲是「事出有因的錯誤」（Figura èun errore fatto con ragione），是「自身矛盾的謬語（eine contradictio in adjecto），因而也是邏輯不配裁判文藝（doss die logik nicht die Richterin der Kunst ist）的最好證明」。〔註22〕

除了擺脫邏輯或語法規範之外，使語言的陌生化的另一個有效的手段就是「以故爲新，以俗爲雅」。「故」即舊的，俗的，習以爲常的。在文學上這種襲舊蹈常的「故」使人不感興趣甚至厭倦。而全新的東西人們不易接受或理解，也往往失去熱情和興趣，所以在「故」的基礎上翻出新意是最好的辦法。「以

〔註20〕錢鍾書：《舊文四篇》，上海古籍出版社1979年版，第37頁。
〔註21〕錢鍾書：《管錐編》（補訂）第五冊，中華書局1986年2版，第19頁。
〔註22〕錢鍾書：《錢鍾書論學文選》六卷，花城出版社1990年版，第73頁。

故爲新」包括修詞和立意兩方面的意義和內容。就修詞上來說，古羅馬修詞學大師崑體良教人們當「選用新詞之最舊者，舊詞之最新者，即謂於新穎之詞取其已經用者，於陳舊之詞取其猶沿用者」。〔註 23〕新詞取其已用者，舊詞取其猶沿用者，都是叫人既能理解又感新穎的詞。黃庭堅說：「蓋以俗爲雅，以故爲新，百戰百勝。此詩人之奇也」。（黃庭堅《再次韻楊明叔・引》）什克洛夫斯基也認爲文詞最易襲故蹈常，落套呆板，故作者手眼須使熟者生，或亦曰使文者野。錢鍾書先生認爲，「以故爲新，以俗爲雅」對什克洛夫斯基的「使熟者生」的主張早已夙悟先覺。「夫以故爲新，即使熟者生也；而使文者野，亦可謂之使野者文，驅使野言，俾入文語，納俗於雅爾。……抑不獨修辭爲然，選材取境，亦復如是。歌德、諾瓦利斯、華茲華斯、柯爾律治、雪萊、狄更斯、福樓拜，尼采、巴斯可里等皆言觀事體物，當以故爲新，即熟見生。」〔註 24〕

　　就現代文學作家而論，魯迅和錢鍾書可以說是追求藝術上的陌生化效果的兩個最有代表性的作家。作爲既是文學家又是思想家和革命家的魯迅，他的陌生化追求必然更多地表現在思想的革新上。在文學創作中就表現爲立意和命題的新穎獨創上，表現爲在人們習以爲常的舊有認識上翻出新意或是更進一步。比如，在五四新思潮的激蕩之下，人們爭相駕起「個性解放」、「婚姻自主」的船帆在這個時代潮流中博擊風浪，而魯迅在小說《傷逝》中卻向這些單純爲個性解放和婚姻自主而博擊風浪者們顯示，前面只有一片「死海」，而只有把個性解放和社會解放結合起來，才能開劈出一條通向自由和幸福的航道。在人們都在爲娜拉的出走鼓掌喝彩的時候，魯迅先生卻冷靜地追問一句「娜拉走後怎樣」？指出在婦女沒有獨立的經濟地位的社會裏，娜拉個人的反抗是無力的，所以走後也只有墮落和回來兩條路。〔註 25〕當然，我們說魯迅注重思想上的陌生化是相比較而言，其實他也時有修詞或技巧上的陌生化的藝術表現，只不過不如思想內容方面明顯罷了。比如魯迅談到在封建社會裏，女人只是男人的活財產，男人可以爲所欲爲，而女人卻要從一而終，嚴守貞操，即使「只在心裏動了惡念，也要算犯姦淫」的。對此，魯迅說：「如果雄狗對雌狗用起這樣巧妙而嚴屬的手段來，雌的一定要急得『跳牆』。然而人卻只會跳井，當節婦，貞女，烈女去」。〔註 26〕魯迅先生這段話，

〔註 23〕錢鍾書：《管錐編》（補訂）第五冊，中華書局 1986 年 2 版，第 230 頁。
〔註 24〕錢鍾書：《談藝錄》（補訂本），中華書局 1984 年版，第 320～321 頁。
〔註 25〕魯迅：《魯迅全集》第一卷，人民文學出版社 1981 年版，第 158 頁。
〔註 26〕魯迅：《魯迅全集》第五卷，人民文學出版社 1981 年版，第 284 頁。

就是在「狗急跳牆」這句俗語上生發，經過巧妙地安排而來的。倘若只是簡單地說：「狗急跳牆」，「人急跳井」。雖然也算「以古為新」，但風致就減少了。魯迅先生把舊的俗語拆開，用一個假設句並且把狗擬人化，把「跳牆」和「跳井」相近的詞組織在一起，就做到了陌生化的效果。形象生動，幽默風趣。錢鍾書先生的陌生化追求特別注重形式或技巧，著眼於修詞設色，文字安排。比如：「要像個上等文明人，須先從學問心術上修養起，決非不學無術，穿了燕尾巴服（Swallow tail），喝著雞尾巴酒（Cocktail），便保得住狐狸尾巴不顯出野蠻原形的」。〔註27〕這完全從人們常說的「露出狐狸尾巴」這個俗語生發而來。露出狐狸尾巴，指露出原形、露餡兒；由「狐狸尾」而想到「燕尾」，「雞尾」，進而聯想到「燕尾服」、「雞尾酒」這些在西方盛大高雅的宴會上穿的禮服、喝的酒。為了和「狐狸尾巴」相搭配，又在「燕尾服」和「雞尾酒」後面都加上個「巴」字，使之變得通俗，達到語言的陌生化效果，使整段話叫人讀來自然風趣。再如：「相傳幸運女神偏向著年輕小夥了，料想文藝女神也不會喜歡老頭兒的；不用說有些例外，而有例外正因為有公例」。〔註28〕從「小夥子」和「例外」推想到老頭兒和公例；「你既然不肯結婚，連內助也沒有，真是『賠了夫人又折朋』」。〔註29〕由「賠了夫人又折兵變化而來；「以後飛機接連光顧，大有絕世佳人一顧傾城、再顧傾國的風度」。〔註30〕由「傾城傾國」變化而來。等等。可以看出，錢先生的陌生化注重修詞設色上的用心經營，看似即興而為，順手偶得，實則是利用各種修詞方式或句式變化來變更原有的形式而翻出新意。此外，錢先生還按「順之即凡，逆之即聖」的規律，常用一種反仿式的逆溯尋常思路的方式來以古為新。比如：「我們對採摘不到的葡萄，不但想像它酸，也很可能想像它是分外地甜」。〔註31〕由「吃不到葡萄就說葡萄是酸的」一句俗語，經過逆向思維，從而與古為新，別添曲致。其它如：「你若要知道一個人的自己，你須看他為別人做的傳；你若要知道別人，你倒該看他為自己做的傳。自傳就是別傳」：〔註32〕「『妻子如衣服』，

〔註27〕錢鍾書：《中國固有的文學批評的一個特點》，《文學雜誌》1937 年 1 卷第 4 期。
〔註28〕錢鍾書：《圍城》，人民文學出版社 1980 版，第 1 頁。
〔註29〕錢鍾書：《圍城》，人民文學出版社 1980 版，第 298 頁。
〔註30〕錢鍾書：《圍城》，人民文學出版社 1980 版，第 39 頁。
〔註31〕錢鍾書：《圍城》，人民文學出版社 1980 版，第 2 頁。
〔註32〕錢鍾書：《寫在人生邊上》，開明書店 1949 年版，第 3 頁。

當然衣服也就等於妻子」〔註33〕等等，都屬於這種形式。我們說，錢先生的陌生化追求注重形式技巧，這也是比較而言，其實，像上面的「自傳」與「別傳」的例子已經不僅是形式上的問題了。就其對那些沽名釣譽，把自傳和別傳搞得名實不符的無行文人的諷刺來看，已經是思想內容上的以故爲新了。再如：「狗銜肉過橋，看見水裏的影子，以爲是另一隻狗也銜著肉；因而放棄了嘴裏的肉，跟影子打架，要搶影子銜的肉，結果把本來有的肉都丟了。這篇寓言的本意是戒貪得，但是我們現在可以應用到旁的方面。據說每個人需要一面鏡子，可以常常自照，知道自己是個什麼東西。不過，能自知的人根本不用照鏡子；不自知的東西，照了鏡子也沒有用——譬如這隻銜肉的狗，照鏡以後，反害他大叫大鬧，空把自己的影子，當作攻擊狂吠的對象。本來，狗一樣的東西，照什麼鏡子！」〔註34〕由人們熟知的戒貪得而轉換爲「不自知的東西，照了鏡了也沒有用」的對沒有自知之明的人的嘲諷，這已不僅是逆溯尋常思路的形式了，就思想內容來說，也已經是陌生化了。其實，就是著眼於形式技巧上的陌生化也都不能和思想內容完全分開。因爲「變遷了形式，就變遷了內容」。

五、陌生化的「度」

　　既然藝術創新即陌生化，陌生化即偏離習慣與規範，擺脫邏輯，那麼，是不是可以完全不顧習慣、規範與邏輯，不顧讀者的接受能力和欣賞習慣而任意地難化和陌生化呢？是不是可以完全打破原有語言符號的編碼程序而任意地設置「敘事圈套」呢？也就是說陌生化應該掌握什麼樣的「度」？我們說，陌生化應該是讓讀者感到新穎奇特而又能欣賞與理解。著名作家鐵凝在談《笨花》中的方言運用時說：「生活的肌理，日子的表情，不在那些符號化的句型裏面，而應該浸泡在毛茸茸的刻畫裏，這些刻畫就包括著語言的準確，敘述的分寸，方言的得當應用。但是這些刻畫，這些描寫，又不能變成羅列、擁塞得密不透氣。爲了生活氣息，就以土賣土，滿嘴方言。這種方言、這種敘述、這種刻畫，一定要貼著人物的皮膚和呼吸走。一部作品的鄉土氣韻，很可能有一部分表現在作家對方言的運用上，但是我仍然強調不能泛濫。特別地、一味地強調某一個地域的方言，用不好會給讀者的閱讀帶來障礙，其實也會影響這部作品的整

〔註33〕錢鍾書：《圍城》，人民文學出版社 1980 版，第 47 頁。
〔註34〕錢鍾書：《寫在人生邊上》，開明書店 1949 年版，第 36～37 頁。

體氣象。」〔註35〕這裡講的其實就是對陌生化的一種「度」的把握。運用方言就是一種語言陌生化的方式，但是要適可而止，不能泛濫。否則就會造成閱讀障礙，影響整部作品。語言符號的編碼程序可以改變或更新原有的規律而不是簡單地破壞或取消規律。設置「敘事圈套」應該讓讀者有興趣進入你的「圈套」而不是拒絕你的「圈套」。也就是說，偏離習慣與規範是在熟知習慣與規範的基礎上的對習慣與規範的更新與創造，擺脫邏輯是為了運用邏輯。所以陌生化其實是「出新意於法度之中，寄妙理於豪放之外」，（蘇軾語）是「從心所欲，不逾矩」。我們還以文學中的比喻來說明這種擺脫邏輯與運用邏輯的關係。在談到律詩的對偶與用喻時有人主張：「律詩對偶，固須銖兩悉稱，然必看了上句，使人想不出下句，方見變化不測」。對此，錢鍾書先生批評說：「然苟推王氏之說以至於盡，則將成詼詭之『無情對』；如『西班牙』與『東坡肉』、『愛妾換馬』與『老子猶龍』、『三星白蘭地』與『五月黃梅天』，……『看了上句，想不出下句』，即約翰生所謂：『使觀念之配偶出人意表，於貌若漠不相關之物像察見其靈犀暗通』……『兩事愈疏遠而復拍合，則比像愈動心目』」。〔註36〕藝術表現的創新就是要出人意表而又要叫人領略其靈犀暗通之處。這就要擺脫邏輯而又運用邏輯。比如，上面我們談到，比喻不受邏輯的制約。不過，不受邏輯的制約並不是和邏輯勢不兩立，而是既排除邏輯又運用邏輯。運用邏輯而又不是認真地運用邏輯，而是在比喻的基礎上「將錯就錯」地運用邏輯推理，造成更深一層，更曲折更隱避的比喻——曲喻。比如「鬢邊雖有絲，不堪織寒衣」。（賈島《客喜》）先把頭髮比為絲線，然後再坐實這種比喻，以邏輯推理的方式推出既然是絲線就能織衣服，形成更進一層的比喻。再如「鶯啼如有淚，為濕最高花」。（李商隱《天涯》）以邏輯推理的方式推出「有淚」，並且是「為濕最高花。」這是就現成「比喻字面上，更生新意；將錯而遽認真，坐實以為鑿空」。〔註37〕按邏輯講：「雪山比象，安責尾牙；滿月況面，豈有眉目」。而「至詩人修辭，奇情幻想，則雪山比象，不妨生長尾牙；滿月同面，盡可妝成眉目」。〔註38〕雪山比象而長尾牙；滿月況面而妝眉目，這其中就是故意犯「事出有因的錯誤」，坐實比喻而運用邏輯，進而推出更深一層的比喻。這是擺脫

〔註35〕鐵凝：《長篇小說創作中的四個問題——從〈笨花〉說開去》，《長城》2006年第 4 期。

〔註36〕錢鍾書：《談藝錄》（補訂本），中華書局 1984 年版，第 521～522 頁。

〔註37〕錢鍾書：《談藝錄》（補訂本），中華書局 1984 年版，第 22 頁。

〔註38〕錢鍾書：《談藝錄》（補訂本），中華書局 1984 年版，第 22 頁。

邏輯和運用邏輯的辯證的統一。先是擺脫邏輯，以假當真，坐實比喻，以錯就錯。然後再利用邏輯，推進一層，以偏概全。這就是「詩人狡獪」之處。比如，明汪廷訥《獅吼記》陳季常懼內，渾云：「我娘子手不是薑，怎麼半月前打的耳光，至今猶辣」。先由手和薑形狀上的相似，以手比薑，並故意坐實比喻，這是擺脫邏輯。然後從薑的味道推出辣，這又是運用邏輯。而把薑的「辣味」混同於被打得「辣痛」，這又是擺脫邏輯。正是這種擺脫邏輯而又運用邏輯，造成比喻的新鮮感和諧趣。所以比喻的關鍵是要掌握好本體與喻體之間似同處與不同處的「度」；解決好「似是而非，似非而是」；「如」而不「是」，不「是」而「如」的矛盾。擺脫邏輯是要變熟悉為陌生，而運用邏輯又是要變陌生為熟悉。正是這種陌生與熟悉的雙軌運作，既給人們以新鮮刺激的審美感受，又不至於造成閱讀和接受障礙而產生拒絕心理。這不僅是修辭或語言陌生化應該掌握的規律和「度」，而且也是結構布局乃至思想觀念上追求陌生化時應該掌握的規律和「度」。

總之，全球化的時代列車已經把我們帶進了信息化和商品化的社會，文學作品已經面對的是職業化或專業化的讀者，這樣，創新就成了評判作家和作品的最重要的標準和尺度。因為取自現實生活的題材具有相對的穩定性和客觀性，不能日日更新，更不能隨意創造，而表現方法的變化翻新卻永無止境，所以作家不必在「寫什麼」上搜奇騖新，而要在「怎麼寫」上出奇制勝。具體來說就是吸取形式主義理論的合理成分，轉變片面地只重文學的認知和教育而忽視文學的審美體驗和感受的思維方式，而追求思想觀念和藝術表現上的陌生化。但在陌生化處理上又要把握好「度」。

二、論當前文學批評的標準與規範

一

　　早在 30 年代，魯迅就諷刺過那種亂罵與亂捧的文學批評，他說，「其實所謂捧與罵者，不過是將稱讚與攻擊，換了兩個不好看的字眼。指英雄爲英雄，說娼婦是娼婦，表面上雖像捧與罵，實則是剛剛合適，不能責備批評家的。批評家的錯處，是在亂罵與亂捧，例如說英雄是娼婦，舉娼婦爲英雄。批評家的失了威力，由於『亂』，甚而至於『亂』到和事實相反，這底細一被大家看出，那效果有時就相反了。」﹝註1﹞當前文學批評界充斥著除魯迅所說的「亂罵」和「亂捧」之外，還有大量的「媚俗」的批評，而人們所要求的正常的文學批評卻處於所謂「失語」或「缺席」的尷尬境地。

　　所謂「亂罵」。當前表現爲一種自我炒作式的「酷評」。這些「酷評家」承襲了「文革」時「四人幫」式的惡劣文風，以「打棍子」，「扣帽子」爲能事。他們一個突出的特點就是把目標對準諸如魯迅、郭沫若、茅盾、老舍、錢鍾書以至王蒙、余秋雨這些現當代的大家或名人，以給大家名人挑毛病來顯示自己的高明，以罵名人來一夜之間暴得大名。這些「酷評家」大致又可以分爲兩種類型：一種是對那些名人大家只憑自己的主觀臆斷絲毫不講學理的漫罵和貶毀；如罵「魯迅是一塊老石頭。……他的反動性也不證自明」。說「讓魯迅到一邊歇一歇吧」。﹝註2﹞貶毀魯迅不是「正經作家」，「光靠一堆雜文幾個短篇是立

﹝註1﹞ 魯迅：《魯迅全集》第五卷。人民文學出版社 1993 年版，第 585 頁。
﹝註2﹞ 朱文、韓東等：《斷裂：一份問卷和五十六份答卷》《備忘：有關「斷裂」行爲的問題回答》，《北京文學》1998 年第 10 期。

不住的，沒聽說世界文豪只寫這點東西。」嘲諷魯迅寫《傷逝》不成功，「男女過日子的事兒，他老人家實在是生疏」。說魯迅沒有思想，只不過「早期主張『全盤西化』，取締中醫中藥，青年人不必讀中國書；晚年被蘇聯蒙了，以爲那兒是王道樂土，嚮往了好一陣，後來跟『四條漢子』一接觸，也發覺不是事兒。」〔註3〕另一種是深文周納，「以居高臨下的姿態睥睨一切，以惟我獨尊的氣勢橫罵一切，以道德攻評代替學術辨析，」〔註4〕甚至以蓋棺定論的口氣一總否定了整個現當代文學的作家作品、文學理論及批評。難怪有人氣憤的稱「這些『批評』壓根兒就不能叫『文學批評』，而只能叫『武學批評』」。〔註5〕如責令余秋雨懺悔，譴責魯迅「既然愛國，他爲什麼要拒絕回國刺殺清廷走狗的任務？……難道他不是怯懦嗎？魯迅的棄醫從文與其說是愛國的表現，不如說是他學醫失敗的結果，……一個號稱爲國民解放而奮鬥了一生的人卻以他的一生壓迫著他的正室妻子朱安，他給朱安帶來的痛苦，使他成了一個地地道道的壓迫者。因爲童年長期的性格壓抑以及成年以後長期的性壓抑，魯迅難道眞的沒有一點性變態？……魯迅終其一生都沒有相信過民主，……他是一個徹底的個人自由主義者（『文革』中紅衛兵那種造反有理的觀念正是這種思想的邏輯延伸）」〔註6〕。這些「酷評家」要麼就是根本不講批評標準的主觀臆斷的漫罵貶毀；要麼就是把非文學領域裏的標準濫用到文學領域，造成文學批評的失範。他們有向大家名人扔下白手套的勇氣，但又缺乏那些大家名人必備的學識修養和資料積累，所以他們的「挑戰」還達不到學理的層面，而只是一種情緒發泄或自我炒作。無損於那些大家名人的光輝而只在他們自己臉上抹上了幾塊白粉。頗有點像艾蕪小說《南行記》中的偷馬賊，雖然被逮住打得遍體鱗傷，卻以別人知道他做了偷馬賊而感到自豪和快樂。

所謂「亂捧」。就是吹喇叭、抬轎子式的「捧評」。這些「捧評」家，完全不講批評家的社會責任感和藝術良知，不講實事求是的批評精神。他們有的只知順從長官意志或者盲目崇拜作家的名望、地位，對其作品無原則地「吹噓上天，絕倒於地，尊珠如璧，見腫謂肥」。〔註7〕動不動就把「大師」、「精品」、「傑作」的桂冠廉價送人；有的在文壇拉幫結夥，搞小圈子，哥們義氣，

〔註3〕王朔：《我看魯迅》，《收穫》2000年第2期。
〔註4〕秦弓：《學術批評要有歷史主義的態度》，《人民政協報》2000年2月4日。
〔註5〕李建軍：《關於「酷評」》，《文學自由談》2001年4期。
〔註6〕葛紅兵：《爲二十世紀中國文學寫一份悼詞》，《芙蓉》1999年6期。
〔註7〕錢鍾書：《管錐編》，中華書局1986年2版，第389頁。

姐們投緣，於是你說我的作品好讀，我說你的思想深刻；你說我是青年作家的傑出代表，我說你是精神界勇猛的戰士；你把我的作品收進精品文庫，我提名你的作品上獲獎名單……相互吹捧，互相撫摩；還有的純粹淪為商業廣告包裝式的吹鼓手，他們完全受出版商操縱，利用傳媒，製造賣點，坑騙讀者。正像有的學者指出的，「沒有比傳媒的商業化炒作和批評家的喪失原則的吹捧更有害於創作的了。他們勾肩搭背，擠眉弄眼，上下其手，不負責任地討好作者，坑害讀者。他們硬是要把狗屎說成黃金。這簡直是在審美的精神領域犯罪。這是一種基源於商業動機的腐敗性合謀。他們在謀殺文學，是在行騙。這些批評家和傳媒人也許並不缺乏審美感知力和判斷力，他們缺乏的是真正的知識分子氣質，缺乏為讀者負責的道義感，缺乏說真話的勇氣。很多時候，我寧願聽狗叫，也不願聽批評家說話。從他們的嘴裏出來的永遠是空話、假話和套話。」〔註8〕

　　除亂罵與亂捧之外，還有一種迎合小市民低級趣味的媚俗化的批評。這些媚俗化的批評家把文藝混同於文娛，把娛樂性、趣味性和讀者的數量作為衡量文藝的標準。他們不是引導讀者培養健康的審美趣味，提高自己的欣賞層次和水平，而是迎合甚至鼓勵大多數低層次讀者的只追求感官刺激的膚淺庸俗的審美習慣。於是乎，鴛鴦蝴蝶派的言情、豔情小說，精神鴉片式的武俠傳奇小說被抬上了天，早在五四時期就被新文化陣營斥為「嫖界指南」的《留東外史》，因為寫「狂嫖」之外還寫了「武俠」，是「俠」的「嫖」，這叫有些人看來是更刺激，用個新潮點的詞說就是「爽」，以致有人看到此書之後以為是發現了新大陸，贊其為「一部空前絕後的大書」，「奇書」。於是乎，一批格調低下的作家被捧成文學大師，而真正的嚴肅文學大師茅盾等卻被搞得無立身之地，被踩進了十八層地獄。對此，這些媚俗化的批評家還氣壯理不直的振振有辭，說這是遵從讀者的民意。把文學批評等同於民意測驗或政治選舉。對此，錢鍾書先生早在半個多世紀以前就曾撰文批評：「文學非政治選舉，豈以感人之多寡為斷，亦視能感之度，所感之人耳。」〔註9〕

　　總之，就是這些罵評、捧評與媚評的眾聲喧嘩，把當代批評界攪得烏煙瘴氣，黑白顛倒。使文藝批評這位昔日驕傲瀟灑的文壇王子變成了一個抽去

〔註8〕李建軍：《關於文學批評和陝西作家創作的答問》，《文學報》2001 年 1 月 11 日。

〔註9〕錢鍾書：《中國文學小史序論》，《國風》半月刊 3 卷 8 期。

了脊梁骨的畸形兒，抬不起頭，直不起腰，找不著北，除了漫罵和媚笑就是「失語」和「缺席」。這一切都是批評的獨立品格的失落而造成的。所以，呼喚和確立文藝批評的獨立品格，是文藝批評界的當務之急，也是本文的主旨所在。下面就從批評家的獨立品格和批評本身的獨立品格兩個層面來試論文學批評的獨立品格。

二、批評家的獨立品格

批評家的獨立品格表現在兩個方面，一是指批評家的高尚的獨立的人格；一是指批評家要遵循文藝自身的特點和規律進行批評。

（一）批評家的獨立的人格

法國啓蒙運動的領袖人物狄德羅在論到作家和批評家時說：「我們現在太急於露臉了，我們執筆的時候可能學識既不豐富，道德方面的修養也不足。如果道德敗壞了，趣味也必然會墮落。眞理和美德是藝術的兩個朋友。你想當作家嗎？你想當批評家嗎？那就請首先做一個有德行的人。如果一個人沒有深刻的感情，別人對他還能有什麼指望？而我們除了被自然中的兩項最有力的東西——眞理和美德深深地感動以外，還能被什麼感動呢？」〔註10〕作家要有德行，批評家尤其要有德行，這個德行首先就是批評家的獨立的人格。在批評時就表現爲強烈的社會責任感和藝術良知，即不東倒西倚，不屈從於權勢，不盲從於名人，不被金錢利誘，不顧師生情面，不講哥們義氣，不搞名利交換，而是秉持公心，好處說好，壞處說壞的客觀公正的批評態度。既不以人廢文，也不因人捧文。就像莫泊桑說的，「一個眞正名實相符的批評家，就只該是一個無傾向、無偏愛、無私見的分析者，像繪畫的鑒賞家一樣，僅僅欣賞人家請他評論的藝術品的藝術價值。他那無所不知的理解力，應該把自我消除得相當乾淨，好讓自己發現並讚揚甚至於他作爲一個普通人所不喜愛的、而作爲一個裁判者必須理解的作品。」〔註11〕這裡，莫泊桑所說的「自我」當然不是指的批評家的獨立的分析判斷，而是指的批評家個人的自私的偏狹的情感。那麼，批評家怎麼才能盡可能地達到批評的客觀公正，把自己的偏狹減少到最低限度呢？筆者認

〔註10〕狄德羅：《論戲劇詩》，伍蠡甫、胡經之編：《西方文藝理論名著選編》上卷，北京大學出版社 1985 年 11 月版，第 261 頁。

〔註11〕莫泊桑：《小說》，伍蠡甫、胡經之編：《西方文藝理論名著選編》中卷，北京大學出版社 1985 年 11 月版，第 261 頁。

為，這除了要求批評家保持主觀的獨立人格，即客觀公正、實事求是的批評態度外，更主要的，是要求批評家要遵循文藝自身的特點和規律進行批評，即要符合文藝批評的規範，要採用科學的、適當的批評標準。

（二）批評家要遵循文藝自身的特點和規律進行批評

1. 文藝批評的規範問題

每一門藝術都有自己的特點，每一個學科都有自己的規範，像每一種遊戲都有自己的規則一樣。這些規範或規則是長期經驗的總結，有相對的穩定性，不能廢棄，這體現了事物的繼承性；但是，另一方面，這些規範或規則又不斷的被突破或修改，這又體現了事物的發展性，從藝術上說就是創新。不過這種突破或修改只能是在繼承的基礎上進行，而不是憑空的突破，任意的修改。也就是說，無論是科學的研究還是競技的遊戲，都要遵從一定的規範或規則，這些規範或規則可以突破或修改，但不能廢除，也不能混用，如果廢除或混用，這個學科或遊戲的自身也就被取消了。文學領域也是這樣。我們可以拿新詩發展的事實來說明這一問題。聞一多的《詩的格律》〔註12〕在新詩發展史上無疑是一篇富於建設性的重要詩論，在今天看來，它的價值倒不在於它模仿西方象徵主義「純詩」理論所提出的詩的「音樂的美」、「繪畫的美」和「建築的美」的具體的詩歌創作主張，而在於文章斷然宣佈：「詩人樂意戴著腳鐐跳舞。」「越有魄力的作家，越是要戴著腳鐐跳舞才跳得痛快，跳得好。只有不會跳舞的才怪腳鐐礙事，只有不會作詩的才感覺得格律的束縛。對於不會作詩的，格律是表現的障礙物；對於一個作家，格律便成了表現的利器。」這裡，聞一多所說的詩人「要戴著腳鐐跳舞」，是在新詩發展的特殊時期強調詩歌自身特有的規定性。新詩初創期，在胡適的「要須作詩如作文」，〔註13〕甚至「有什麼話，說什麼話；話怎麼說，就怎麼說」的所謂「一切打破」的「詩體的大解放」〔註14〕理論的影響下，詩歌完全不講藝術規律，拆除了自身的所有壁壘，無限制的越界。其結果就像孫玉石先生所描述的：「『胡適之體』初期白話詩的泛濫，過分注重語言上的白話而忽略新詩的詩性

〔註12〕聞一多：《詩的格律》，《晨報》副刊《詩鐫》1926年5月13日。
〔註13〕胡適：《嘗試集‧自序》，《胡適文存》一集，黃山書社1996年12月版，第140頁。
〔註14〕胡適：《嘗試集‧自序》，《胡適文存》一集，黃山書社1996年12月版，第148頁。

特質；郭沫若《女神》式的呼喊詩的繁衍，有袒露的直率而無更深的詩情內蘊……冰心《春水》《繁星》格的小詩的過分無節制的盛行，詩意全無的三兩句寫景詠情之語，也冒充新詩在刊布流行……」〔註15〕看，「一切打破」的「詩體的大解放」的代價是詩歌自身價值的失落，難怪聞一多先生指責胡適的新詩理論「是詩的自殺政策」了。〔註16〕確實，各種藝術門類，甚至各種不同的概念，都是人類在認識和探求過程中，把所感覺到的事物進行分類，把每一類事物的共同特點抽象出來加以概括而形成的。所以每一個不同的概念都反映了某一類事物的一般的、本質的特徵，也就是說，都有其特殊的規則或規定性，這些規則或規定性就是事物自身的有機構成，如果破壞或消解這些規則或規定性，那麼概念自身也被消解而失去原來的意義。我們可以用體育競賽來形象地說明這一問題。許多體育項目具有很高的觀賞價值，已經變成了競賽藝術，而這些項目本身主要就是由一系列的規則構成。比如足球這個項目，除規定一定的場地、雙方的一定的人數、皮球及球網的大小尺度之外，還有禁區、點球、角球、越位、直接任意球、間接任意球等種種規則，而其中一個最重要的規則，就是不准用我們在平時最運用自如的兩隻手接觸皮球，而主要用腳和頭。可以說，整個競賽遊戲主要就是由一系列的規則構成，誰違反了規則，就要受到黃牌警告或被紅牌罰下。如果我們不遵守這些規則，如果我們用兩手來搶球，那麼足球也就成了橄欖球、籃球或手球了，再也不是足球了。所以這些規則可以修改，但絕對不能廢除，也不能把橄欖球、籃球或手球的規則混用到足球上來。球員所追求的自由就是要在遵守這些規則的情況下顯示自己高超的球藝。文藝和文學批評也都有自己的詩規藝律，即有自身特殊的規定性。所以無論創作還是批評，都要遵循文藝自身的特性和規律，如果隨意越界或犯規，就無異於自行取消文藝或批評本身，或導致文藝或批評本意的喪失。當然，無論是文藝還是批評都貴在創新，但這個創新並不意味著脫離開文藝和批評本身的客觀規定性而隨意發揮，而是「出新意於法度之中，寄妙理於豪放之外」；〔註17〕是在充分認識和掌握了文藝和批評的規律之後的「隨心所欲，不逾矩」；是在規矩之內的變化不測，即「珠走於盤而不出於盤」的規律和自由的統一。用錢鍾書先生的話說就是：「自由是以

〔註15〕孫玉石：《中國現代主義詩潮史論》，北京大學出版社 1999 年 3 月版，第 50 頁。

〔註16〕劉烜：《聞一多評傳》，北京大學出版社 1983 年 7 月，第 129 頁。

〔註17〕蘇軾：《經進東坡文集事略》卷六十一《書吳道子畫後》。

規律性的認識爲基礎，在藝術規律的容許之下，創造力有充分的自由活動。」〔註18〕所以，自由和創新都是在一定的規則之內的活動。規則可以更新和改變，但卻不能取消或無視。正像各個體育項目的規則不能混雜亂用，創作上要「用語錄體小品文的句法，新詩的韻節和格式，寫出分五幕十景的小說」〔註19〕只不過是一個諷刺調侃的笑話一樣，文學批評也決不能是包含一切社會科學甚至自然科學學科的無邊的泛文化批評。當然，文學批評作爲文藝學的一個重要分支學科，爲了自身的豐富和發展，必須解放思想，放出眼光，打通學科壁壘，盡可能地吸收其它學科乃至一切人類文化的先進方法和思想，但是，打通壁壘不是放棄領地，到其它學科領域觀光采納切莫忘了回歸自己的家園，不然，自身就要被淹沒在泛文化批評的汪洋大海之中。

那麼，文學與其它學科的關係怎樣呢？特別是與之相近或相鄰的歷史和哲學是怎樣的一種關係呢？文、史、哲不分家是句長了白鬍子的老話，這句話自然強調的是文、史、哲三個學科之間的密切關係，但它決不是說可以不分學科把三者攪和在一起。同樣，人們常說搞文學的人要讀歷史和哲學的書，搞史學或哲學的人要讀文學、哲學或史學的書也是在熟讀自己學科的書之後，爲了擴大眼界，得到啓發，以便使自己的研究更加深入而採取的一種方法或措施，而決不像《圍城》中的冒牌哲學家褚愼明似的，科學文學的書他都看，就是不看哲學書。〔註20〕褚愼明似的搞哲學的偏要談文學，搞文學的偏要大談哲學和歷史，當然難免炫耀賣弄、譁眾取寵之嫌了。一個人要想把所有學科的知識都集於一身只能是一種永遠也實現不了的空想。錢鍾書先生在《詩可以怨》中論述了各學科之間的關係及人的主觀願望與客觀的限制。他說：「人文學科的各個對象彼此繫連，交互映發，不但跨越國界，銜接時代，而且貫穿著不同的學科。由於人類生命和智力的嚴峻局限，我們爲方便起見，只能把研究領域圈得越來越窄，把專門學科分得越來越細。此外沒有辦法。所以，成爲某一門學問的專家，雖在主觀上是得意的事，而在客觀上是不得已的事。」〔註21〕錢先生這裡指出了各學科交互映發的聯繫性，但也強調了劃分學科的必要性和客觀性。實際上，正像出現社會分工標誌著生產力和人類社會的發展進步一樣，學科的劃分也是人類認識和思想發展的一大進步。

〔註18〕錢鍾書：《宋詩選注》，人民文學出版社1989年9月版，第61頁。
〔註19〕錢鍾書：《人、獸、鬼》，開明書店1946年6月版，第117頁。
〔註20〕錢鍾書：《圍城》，人民文學出版社1980年版，第94頁。
〔註21〕錢鍾書：《錢鍾書論學文選》，花城出版社1990年版，第162頁。

2. 文藝批評的標準

文藝批評的失範或混亂，說到底是批評標準的混亂。評判任何事物都要有一個標準。比如，我們說一輛車或一匹馬的好壞，是以其載重量和速度為衡量的標準的；說一臺電視機好與不好是以其尺寸的大小，接收信號的強弱，清晰度的高低為衡量的標準的。評判作家作品，也應該有一個標準。但這個標準不像評判一輛車一匹馬或一臺電視機的標準那樣顯而易見，那樣容易被人們普遍地認可或接受。人們會因政治立場、認識水平、性格愛好甚至個人的利益或恩怨選取不同的標準，對同一個作家或同一部作品做出不同甚至絕然相反的評價。正像魯迅在論到《紅樓夢》時所說：「單是命意，就因讀者的眼光而有種種：經學家看見《易》，道學家看見淫，才子看見纏綿，革命家看見排滿，流言家看見宮闈秘事……」〔註22〕就魯迅自身來說，贊之者稱其為「精神界之戰士」、「思想界權威者」、「新文學的奠基人」、「思想革命的先驅者」、「民族魂」、「人民文豪」等，而毀之者則說「魯迅先生貫會幹『捏造事實，傳播流言』和『放冷箭』等種種的卑劣行為」；〔註23〕說魯迅「一下筆就構陷人家的罪狀……不是斷章取義，便是捏造事實」；〔註24〕說魯迅的特長「即在他尖銳的筆調，除此別無可稱」、「沒有大規模的文學上的努力」〔註25〕就是同一陣線的作家也有人指責魯迅「戴其紙糊的權威者的假冠入於身心交病之狀況」；〔註26〕「彷徨於藝術與名利的明暗之間」、「不特身心交病，且將身敗名裂矣」。〔註27〕有人給魯迅扣上「封建餘孽」、「對於社會主義是二重性反革命人物」、「戴著白手套的法西斯蒂」〔註28〕等種種大帽子。就是同一個人，一會稱讚魯迅是中國最早、最成功的鄉土文藝家，說他的代表作能「與世界名著分庭抗禮，博得不少國際的光榮」，一會又辱罵魯迅「心理變態」、「人格卑污」，是「二十四史儒林傳所無之奸惡小人」，說「魯迅的人格是渺小、渺

〔註22〕 魯迅：《絳洞花主》小引，《魯迅全集》第 8 卷，人民文學出版社 1993 年版，第 145 頁。

〔註23〕 陳西瀅：《西瀅致啓明》，《晨報》副刊 1926 年 1 月 30 日。

〔註24〕 陳西瀅：《西瀅致志摩》，《晨報》副刊 1926 年 1 月 30 日。

〔註25〕 梁實秋：《北京文藝界之分門別戶》，載上海《實事新報·學燈》1927 年 6 月 4 日。

〔註26〕 高長虹：《走到出版界·1925 年，北京出版界形勢指掌圖》，載 1926 年 11 月 7 日《狂飆》周刊第 5 期。

〔註27〕 高長虹：《我走出了化石的世界，待我吹送些新鮮的溫熱進來》，載 1927 年 1 月 9 日上海《狂飆》周刊第 14 期。

〔註28〕 杜荃：《文化戰線上的封建餘孽》，載《創造月刊》2 卷 1 期。

小、第三個渺小；魯迅的性情是兇惡、兇惡、第三個兇惡；魯迅的行為是卑劣、卑劣、第三個卑劣」。〔註29〕看，同一個魯迅，因人們的政治立場、性格愛好和個人的利益或恩怨選取了不同的批評標準，造成了對魯迅評價的天淵之別。所以，確認一個符合時代特點和發展規律，具有科學性和真實性，能夠得到大多數作家和批評家贊成或認同的批評標準，對文藝和文藝批評自身以及社會的思想道德意識的健康發展都是一件極為重要的事。那麼怎樣來確立這一標準和這一標準的具體內容呢？這確實是一個相當複雜的值得文藝界和理論界認真探討的問題。既不能把多年來要求的「政治標準第一，藝術標準第二」簡單地改為思想標準和藝術標準了事；也不能作為對「政治標準第一，藝術標準第二」的反撥而完全不講思想性政治性，只講所謂審美性和藝術性，甚至片面地以西方的形式主義理論標準來硬套我們的文學，以致有學者批評說：「原本來明明白白的事情我們也弄不明白了。原本來我們知道魯迅的小說是小說，但據說藝術是不能有功利目的的，而魯迅是主張『為人生的藝術』的，是有功利目的的，所以魯迅的小說似乎又不是小說了。」〔註30〕其實，藝術和批評是和時代脈搏緊密相連的，尤其時代的價值觀和道德觀對其影響更為直接和突出。比如，五四時期之所以出現了「問題小說」（魯迅的小說也多為社會問題小說）和「問題劇」的熱潮，就是當時價值觀和道德觀發生巨大變化的產物。當時，五四新文化運動的先驅者豎起了「德先生」和「賽先生」兩面大旗，可以說，這兩面旗幟——民主與科學成了他們當時衡量一切的價值標準。在這之前，中國人幾千年來遵循「三綱五常」的傳統封建道德規範生活得心安理得，現在，用民主與科學的標準一衡量，發覺這裡面原來存在著那麼多的不合理。比如，原來，由「夫為妻綱」衍生出來的「父母之命，媒妁之言」的包辦婚姻被視為天經地義；「在家從父，出嫁從夫，夫死從子」的剝奪婦女人身自由的教條被認為是婦女的行為準則；做「節婦」「烈婦」的對婦女的野蠻虐殺被贊為是婦女的美德。現在，用民主的標準一衡量，原來是從法律上剝奪婦女的人身權利；從倫理上否定婦女的獨立人格。於是，婦女解放問題、家族制度問題、婚姻戀愛問題、歷史人物和歷史事件的重新評價問題等等，等等，都被發現了，被提出來了，被寫成小說和劇本來反映

〔註29〕蘇雪林語，見陳漱渝著：《冬季到臺灣來看雨》，中國文史出版社 1998 年 3 月版，第 185～187 頁。

〔註30〕王富仁：《關於中國現代文學史編寫問題的幾點思考》，載《文學評論》2000年 5 期。

和呼籲了。這就是價值觀的變化帶來的文藝的巨大變化。有點類似於新時期開始時人們用實踐是檢驗真理的唯一標準衝破了「兩個凡是」的束縛，從極左的思想中解放出來後，文學上出現了「傷痕小說」、「反思小說」、「改革小說」和「尋根小說」的熱潮一樣。所以，要確定文藝批評標準，重要的還是要確定價值標準。當然，共產主義的理想信念是我們最高的價值標準，不過，在現在我們的社會主義初級階段，我們不妨還有一個最低的價值標準，我認為，這個最低的價值標準可以延續五四提出的民主與科學的標準，因為就文學來說，現在的當代文學仍然是五四新文學這個大的文學源流的發展和延續。無論是現代文學還是當代文學，它們的本質的規定性就是具有「現代性」。所謂「現代性」，一是指形式，即不同於古典文學的白話文形式；二是指內容，即五四科學民主的理性精神。考察現當代文學中的作家作品、文學思潮、文學運動和文學流派，都要把其放到五四新文學這個大的源流中來分析和定位。首先看其是否在形式和內容上都符合五四新文學的本質規定，因為五四提出的科學民主的任務遠未完成，現在「法輪功」的猖獗和各種封建迷信活動的泛濫，人們民主意識的淡漠就是明證。既然價值標準可以延續五四的民主與科學的標準，那麼文學批評的思想標準就可以在這一價值標準指導下確定。筆者認為，這個標準既不能籠統地說成「真、善、美」那樣抽象的概念叫人覺得無法操作，又不能具體到以是否對某項社會運動有利或篇幅的長短來判別它的優劣，把其變成毫無概括力和普遍性的功利主義或形式主義的標準。而是採取既可操作，又有概括力和普遍性且能為絕大多數人所接受和認可的標準。大體上說，一個作家偉大與否，其作品是否有歷史的穿透力而具有長久的生命力，就其作品來說，應主要從審美、價值和道德三個方面來衡量；就其作者來說，應該和同時代作家來做橫向比較並考察其對後世的影響。具體說來，衡量他作品的審美標準應該看其是否夠得上藝術品，是否具有典型性，藝術形式的完美程度如何，是否具有原創性；衡量他作品的思想價值標準應該看其是否表現了反封建的科學民主的五四的理性精神，是否符合時代特點和發展規律，是否具有真實性和先進性；衡量他作品的道德標準應該看其是否表現了健康向上的精神，是否表現了人類之愛或人性和人民性。就作家自身來說，主要看其與以往作家相比有哪些繼承和超越；與同時代作家相比有哪些獨特的特點和風格；對後世是否能產生較大的影響。筆者不揣冒昧，提出這樣一個自認為比較易於操作的批評標準，不知能否得到大多數作

家和批評家接受或認同，如能拋磚引玉，引起理論界和批評界對這一問題的
討論和重視，筆者也就不勝欣慰了。

三、文學批評自身的獨立品格

　　狄德羅在論到作家和批評家和讀者的關繫時說：「作家的任務是一種狂妄
的任務，他自以爲有資格教訓群眾。而批評家的任務呢，那就更狂妄了，他
自以爲有資格教訓那些自信能教訓群眾的人。作家說：先生們，你們要聽我
的話，因爲我是你們的老師。批評家說：先生們，你們應該聽我的話，因爲
我是你們的老師的老師。對群眾來說，他們有他們自己的主張。假設作家的
作品不高明，他們嗤之以鼻；如果批評家們的意見是錯誤的，他們也同樣對
待。」〔註 31〕狄德羅這裡涉及到了創作、批評與讀者，或者說作家、批評家
與讀者的自我定位和相互之間的關係問題。其實，這三者之間根本沒有高下
優劣的等級之分，更沒有主從或隸屬之別，他們之間是平行、平等、互補互
動的。長期以來，一些作家和批評家由於對自己定位不清楚，對相互之間的
關係缺乏正確的理解，以致發生了一些不和諧的爭論，影響了創作和批評互
補互動的相互促進。比如，一些作家總認爲批評是從屬於創作的，是爲創作
服務的，認爲批評家的任務就是跟在藝術家腳印後面作注解。他們把批評比
作創作的「儐相」或「伴郎」，甚至看成是創作之樹上長的蘑菇木耳之類的「寄
生蟲」，認爲批評家端的是作家的飯碗，所以有人稱「紅學家」們是吃曹雪芹
飯的，稱研究魯迅的是吃魯迅飯的，以致有吃郭沫若飯的，吃茅盾飯的，吃
錢鍾書飯的等種種說法，甚至學者型作家錢鍾書先生自己也在散文中諷刺批
評家說：「生前養不活自己的大作家，到了死後偏有一大批人靠他生活，譬如，
寫回憶懷念文字的親戚和朋友，寫研究論文的批評家和學者。」〔註 32〕基於
這樣的思想，當批評家的批評與作家的思路不一致時，作家往往抱怨批評家
不懂創作，批評不中肯，對寫作毫無幫助。因爲有人把作家比作廚師，把批
評家比作品嘗師，所以，有些作家在聽到批評家對自己的作品的批評意見時，
還會不屑地抱怨批評家只會指手畫腳橫挑鼻子豎挑眼，並和作家叫板說，你
也進廚上竈燒幾個菜我看看！而另一種情況則是批評家自視高於作家，把自

〔註 31〕狄德羅：《論戲劇詩》，伍蠡甫、胡經之編：《西方文藝理論名著選編》上卷，
　　　　 北京大學出版社 1985 年 11 月版，第 259 頁。
〔註 32〕錢鍾書：《寫在人生邊上》，中國社會科學出版社 1990 年 5 月版，第 44 頁。

己看作君臨作家之上的審判官，認為作家不懂理論，其作品的好壞，全由批評家說了算。其實這兩種傾向都是錯誤的，都是沒有擺正自己的位置，沒有搞清楚兩者之間的關係。在這個問題上，郭沫若就作家與批評家的平行獨立關係這一點說得比較中肯，他認為：「文藝是發明的事業，批評是發現的事業。文藝是在無之中創造出有，批評是在砂中尋出金。」〔註33〕

首先，批評並不依附於創作而是獨立的。批評也是一種精神創造，批評的實現，也是批評家人格的實現。如果說創作是以現實生活為素材，那麼，批評就是以作家作品為素材，即以創作生活為素材，二者同為精神勞動。作家精神勞動的成果是作品，批評家精神勞動的成果是理論批評。作家的創作可能是以某一個小的環境（如某個村莊、工廠、學校、機關、公司等）和某幾個人為素材和原型的，但是，他的作品出版後卻不僅僅是給這個小環境的某幾個人來看的，而是成為全人類的精神財富，所以作家在創作時決不局限於這個小環境或某幾個人的真實情況，而是加上自己的創造性的想像和價值判斷，作家作品的好壞決不能只由這個小環境的某幾個人來做決斷。同樣，批評家對一些作家作品的理論批評，也決不僅僅是給某個或某幾個作家來看的，決不僅僅負有表揚或批評的職責，而也成為全人類的精神財富，是給廣大讀者看的，是要和理論家和批評家進行精神對話的。所以作家和批評家是平行平等的而不是依附或隸屬的關係，二者的工作有聯繫但又是分別獨立的，是具有不同的性質的，即具有「詩」和「思」的不同，創作是「詩」，而批評卻是科學的「思」。批評是有獨立的品格的。

另外，批評雖然可以對作家作品按照自己的理解進行闡釋，引導讀者或作者進行欣賞、體味、比較、選擇進而作出判斷和評價，但批評家也決不能自視為君臨作家和讀者之上的審判官，認為自己的責任就是要指導讀者，教訓作者。因為作家和批評家和讀者都是平行平等的，作家和讀者包括其它的批評家或理論家對批評家的批評同樣是抱著一種欣賞的態度來閱讀和理解的，對批評家的觀點或者認同、或者理解、或者反對、或者置之一笑都無不可，因為上帝──讀者（包括作家和其它的批評家或理論家）並沒有賦予批評家法律上的裁決權。

既然作家和批評家和讀者都是獨立的、平行平等的，那麼，他們是否可以我行我素，彼此之間老死不相往來呢？答案顯然是否定的。我們說他們是

〔註33〕郭沫若：《批評與夢》，《郭沫若文集》第 10 卷，人民文學出版社，第 118 頁。

獨立的、平行平等的是強調他們各自的獨立品格，而不是否定他們之間的聯繫，其實他們之間，特別是創作與批評之間的聯繫又是非常密切的，是互補互動的。就像生活的多彩多姿能爲創作提供豐富的素材一樣，創作的繁榮多樣也能給批評提供鮮活的素材，而多樣的、健康向上的文藝批評又能回過頭來促進創作的提高和繁榮，這就是創作與批評之間的互補互動的密切關係。

總之，筆者認爲，當前文藝批評的混亂、「失語」或「缺席」狀態，是由於文藝批評的獨立品格的失落。文藝批評的獨立品格包括兩個方面，即批評家的獨立品格和文藝批評自身的獨立品格。就批評家的獨立品格來說：一是指批評家的高尚的獨立的人格；一是指批評家要遵循文藝自身的特點和規律進行批評。批評家的高尚的獨立的人格是指在批評時把自己的偏狹減少到最低限度，盡可能地達到批評的客觀公正；批評家要遵循文藝自身的特點和規律進行批評，是指批評家在批評時要符合文藝批評的規範，要採用科學的、適當的批評標準。文藝批評的失範或混亂，說到底是批評標準的混亂。而要確定文藝批評標準，重要的還是要確定價值標準。共產主義的理想信念是我們最高的價值標準，而在我們的社會主義初級階段，我們不妨還有一個最低的價值標準，這個最低的價值標準可以延續五四提出的民主與科學的標準。文藝批評的思想標準可以在這一價值標準指導下確定。大體上說，評價作品，應主要從審美、價值和道德三個方面來衡量；評價作者，應該和同時代作家來做橫向比較並考察其對後世的影響。就文學批評自身的獨立品格來說，作家、批評家與讀者之間根本沒有高下優劣的等級之分，更沒有主從或隸屬之別，他們之間是平行、平等、互補互動的。創作是以現實生活爲素材，批評是以作家作品爲素材，二者同爲精神勞動。批評家對作家作品的理論批評，決不僅僅是給某個或某幾個作家來看的，而是面對全人類的精神成果，是給廣大讀者看的，是要和理論家和批評家進行精神對話。作家和批評家的工作有聯繫但又是分別獨立的，是具有不同的性質的，即具有「詩」和「思」的不同，創作是「詩」，而批評卻是科學的「思」。批評家也決不是君臨作家和讀者之上的審判官。創作與批評之間是互補互動的關係。文藝批評是有自己的獨立品格的。

三、形式主義理論的意義及局限

　　傳統文論主張內容決定形式，形式服務於內容。強調內容的主導作用。而 20 世紀初前蘇聯的以維克托・什克洛夫斯基、羅曼・雅可布遜、鮑里斯・艾亨巴烏姆等為代表的形式主義派則把形式強調到「本體論」的高度，即把形式看成是文學之所以為文學的「文學性」或「內部規律」。他們反對傳統文論把作品分為內容和形式的兩分法，認為如果形式成份意味著審美成份，那麼藝術中的所有內容事實也都成為形式的審美現象。基於這種考慮，他們把傳統意義上的內容與形式的概念用材料和程序來置換或取代。認為「作者從自然界和現實生活中取得的各種事物、事件、形象、詞等，都可作為藝術品的材料，作者用其特有的程序對這些材料進行特殊處置，使材料提升為作為審美對象的藝術品。把現成的原材料與處置後的藝術材料加以比較，就能發現藝術程序，所以程序不等同於手法，它比手法、技巧等詞的含義要寬泛，它包括手法、技巧、安排、搭配等一切對現成材料進行『變形』處理而引起審美效果的藝術加工方式。這樣，藝術程序使原材料變為藝術品具有決定性意義，藝術研究的主要任務就是要對藝術程序進行系統的研究，因為只有它決定作品是否具有藝術性，換言之，只有對藝術程序進行分析，才能找到藝術性產生的根源，也才能說明藝術品之所以為藝術品的根本原因。當然，藝術形式是藝術性的成分，它自然是藝術程序的直接結果。」〔註1〕形式主義的領袖人物是什克洛夫斯基，他在《作為程序的藝術》一文中提出了文學創作

〔註 1〕 胡經之、王岳川主編：《文藝美學方法論》，北京大學出版社 1994 年版，第 182 頁。

的「陌生化」原則。他說：「……被人們稱作藝術的東西之所以存在就是爲了要重新去體驗生活，感覺事物，爲了使石頭成爲石頭的。藝術的目的是提供作爲一種幻像的事物的感覺，而不是作爲一種認識；事物的『反常化』（有「陌生化」「奇異化」「特異化」「反常化」「間離化」等多種不同的譯法，但用「陌生化」的較多）程序及增加了感覺的難度與範圍的高難形式的程序，這就是藝術的程序，因爲藝術中的接受過程是具有自我目的的，而且必須被強化；藝術是一種體驗人造物的方式，而在藝術裏所完成的東西是不重要的。」〔註2〕這是形式主義的富有綱領性的核心觀點。在這裡，什克洛夫斯基強調兩點：一是藝術是對生活和事物的審美體驗和感受，而不是認知。感覺之外無藝術；二是怎麼來對生活和事物進行審美體驗和感受，即用「陌生化」的方法來加深和延長這種審美體驗和感受。前者講的是文學的本質規律或原則即文學的「本體論」或形式主義者所謂的「文學性」，後者是在前者指導下的具體的創作方法。就第一個問題來說，形式主義者們爲了凸顯和確立文學作爲一門獨立學科的自主性，反對把文學作爲反映、認知或教育的工具，反對把文學的作用和職能混同於哲學、社會學、歷史學、心理學、教育學等其它人文學科。他們強調文學自身的本質規定性。即形式或程序。雅可布遜說：「文學科學的對象不是文學而是文學性，即那個使某一作品成爲文學作品的東西」。〔註3〕艾亨巴烏姆主張文學研究的目的就是「研究那些使文學有別於其它任何一種材料的特點」。〔註4〕我國的著名文藝美學家朱光潛先生也認爲：「材料只是生糙的鋼鐵，選擇與安排才顯出藝術的錘鍊刻畫。就生糙的材料說，世間可想到可說出的話，從前人在大體上都已經想過說過，然而後人卻不能因此不去想不去說，因爲每個人有他的特殊的生活情境與經驗，所想所說的雖大體上仍是那樣的話，而想與說的方式卻各不相同。變遷了形式，就變遷了內容」。〔註5〕也強調形式的重要作用。按照形式主義的觀點，「藝術不是對現實的反映，而是對現實的一種幻想和假定，它訴諸於人的感知、情感、想像，撥動

〔註2〕〔蘇〕維・什克洛夫斯基：《作爲程序的藝術》，見伍蠡甫、胡經之主編：《西方文藝理論名著選編》下卷，北京大學出版社 1987 年版，第 384 頁。

〔註3〕〔美〕安納・傑弗森、戴維・羅比等著：陳昭全等譯：《西方現代文學理論概述與比較》，湖南文藝出版社 1986 年版，第 8 頁。

〔註4〕〔美〕安納・傑弗森、戴維・羅比等著：陳昭全等譯：《西方現代文學理論概述與比較》，湖南文藝出版社 1986 年版，第 6 頁。

〔註5〕朱光潛：《朱光潛美學文集》第二卷，上海文藝出版社 1982 年版，第 289 頁。

人的靈性、詩性和情趣。唯其如此，只有通過審美感覺亦或審美體驗去體驗生活。藝術的全部精義、靈魂、魅力在於感受。」〔註6〕這完全打破了傳統的分析文學作品時的「通過什麼描寫表現了什麼思想」的思維方式，而是把重點放在了這種描寫本身。什克洛夫斯基說：「我的文學理論是研究文學的內部規律。如果用工廠的情況作比喻，那麼，我感興趣的不是世界棉紗市場的行情，不是托拉斯的政策，而只是棉紗的支數及其紡織方法。」〔註7〕艾亨巴烏姆說：「悲劇觀眾的哭泣是對藝術家的可怕的判決。對藝術家來說，重要的是善於激起觀眾心中的特殊的同情形式；對於觀眾來說，這一憐憫應成為他藝術享受的材料。……臺上主角死去的最後一聲歎息，激起的不是觀眾的眼淚，而是他們的掌聲。『藝術的勝利』——永遠是一種騙局：觀眾要求的好像是同情，可實際上，藝術家引導觀眾走向享受；觀眾被請來接受『內容』，而事實上，內容被形式所『消滅』（恰恰是消滅，不是『和諧』，像教科書喜歡說的那樣！）觀眾與其說是注意主角的苦難本身，不如說是注意它的發展和建構活動……對觀眾來說，重要的是看到悲劇善於喚起同情感——在這一形式中，同情感對他變成是嶄新的、與現實生活不相似的情感。因此，他從藝術家那裡期待的不是這一情感本身，而是喚起這種情感的獨特程序。這些程序愈是精巧、獨創，藝術感染力就愈為強烈。它們愈是隱蔽，騙局就愈為成功——這就是藝術的勝利：『藝術就是隱藏藝術』。如果按列夫·托爾斯泰的意見，藝術——『聯結的無窮迷宮』的話，那麼同情就是悲劇迷宮的入口，但卻不是指引迷津的路標。」〔註8〕二人均強調「程序」的重要。也就是說，在文學作品的「寫什麼」與「怎麼寫」這個問題上，形式主義把目光放在「怎麼寫」上。而認為「寫什麼」是無關緊要的。

在強調了文學的本質是一種對生活和事物的審美體驗和感受的過程而不是認知之後，第二個問題就是怎麼來讓讀者對生活和事物進行審美體驗和感受，即具體的「怎麼寫」。在這個問題上，什克洛夫斯基主張用「陌生化」的

〔註6〕馮毓云：《藝術即陌生化——論俄國形式主義陌生化的審美價值》，《北方論叢》
2004年1期。
〔註7〕〔蘇〕維·什克洛夫斯基：《散文理論》，方珊等譯：《俄國形式主義文論選》，
生活·讀書·新知三聯書店1989年版，第14頁。
〔註8〕〔蘇〕鮑里斯·艾亨巴烏姆：《論悲劇和悲劇式的》，見伍蠡甫、胡經之主編：
《西方文藝理論名著選編》下卷，北京大學出版社1987年版，第391～392
頁。

方法實現讓讀者對生活和事物的審美體驗和感受的過程並盡量加深和延長這種審美體驗和感受。具體來說，要加深這種審美體驗和感受就要打破人們思維和感受的習以爲常的「自動化」的慣性，而要延長這種審美體驗和感受就要增加閱讀和理解的難度，而這二者都需要用「陌生化」的方法和技巧來完成和實現。

　　先來看第一個問題，即打破人們思維和感受的「自動化」以加深審美體驗和感受的問題。什克洛夫斯基認爲，在日常生活中，人們總是按照以往的習慣去機械性地認識和感知事物，這種習慣性和機械性使人們對事物的感知變得麻木而遲鈍，甚至變成了一種自動化和潛意識的行爲。他說：「如果我們在感覺的一般規則的基礎上開始研究，那麼我們就可以看到，動作在變成習慣的同時，也變成自動的。……如果誰去回味他曾經有過的感覺，即保存著第一次拿筆或者第一次說外語的感覺，把這一感覺與他無數次重複體驗過的東西比較，那麼就會同意我們的意見。」〔註9〕他認爲藝術就是要打破人們這種對生活和事物的自動化和機械化的感知方式，恢復對生活和事物的質樸的新鮮的感覺，「使石頭成其爲石頭」，即使人們真正感受到石頭的視像和質感，而不是作爲觀念的石頭。「藝術就是一種恢復有意識的體驗的方法，一種打破遲鈍機械的行爲習慣的方法，使我們得以在這個存在著清新與恐懼的世界中獲得新生。」〔註10〕什克洛夫斯基以托爾斯泰爲例來說明作家是怎樣使讀者恢復對事物的質樸的新鮮的感覺的。托爾斯泰在描寫時有意不按我們習慣的認知的方式寫我們熟悉的事物的名稱，而是好像第一次見到一樣來描寫，描寫事件就好像這事件是第一次發生那樣。稱「點綴」爲「一小塊繪彩紙板」，稱「聖餐」爲「一小塊白麵包」。通過小姑娘的眼睛描寫參加軍事會議者的談吐舉止給人以新奇滑稽的感覺等等。也就是說，藝術就是打破人們遲鈍機械的行爲習慣而恢復有意識地對生活和事物的體驗。「由此可見，陌生化的實質就是要更新我們對生活和世界的陳舊感覺，把我們從那種狹隘的實用、認知以及其它種種利害關係的束縛中解脫出來，擺脫習以爲常的機械化、自動化的控制，使我們面臨各種事物始終懷有新穎之感、震顫之感，從而去充分領

〔註9〕〔蘇〕維・什克洛夫斯基：《作爲程序的藝術》，見伍蠡甫、胡經之主編：《西方文藝理論名著選編》下卷，北京大學出版社1987年版，第384頁。

〔註10〕〔美〕弗雷德里克・詹姆遜，錢佼汝、李自修譯：《語言的牢籠──馬克思主義與形式主義》，百花洲文藝出版社1995年版，第42頁。

悟世界和人生的豐富含蘊。」〔註 11〕在這一點上，形式主義與主張「生命感是常新的」符號學有相通之處。蘇珊・朗格說：「藝術反對一般化，反對規範化，而提倡那種雖然十分普遍卻肯定會受到理論壓制的個性化的形式。生命感是常新的、無限複雜的，因此在其可能採取的表達方式上也有著無限多樣的變化。」〔註 12〕

　　再來看第二個問題，即怎麼延長人們的審美體驗和感受的問題。對這個問題，形式主義的理論主要從藝術的陌生化變形、語言的陌生化和難化及結構的延宕幾個方面進行了一些說明和探討。藝術變形就是用陌生化的手法，偏離已有的藝術規範，改變生活或事物的原有的形態。即通過種種不同的形式手法，對公認的思想及其表現範疇實施變形。對日常語言，主導意識形態或其它文學作品代碼所加之於現實之上的特定的接受或思維模式進行顛覆，以達到形式的陌生化效果。語言的陌生化和難化就是不能用直白的語言進行平鋪直敘地說明或描述，而要利用種種修辭方法使詞語扭曲、變形，使語言和詞語的能指和所指不再一一對應，使所指偏離能指產生歧義或多義，從而使人們感到新奇並產生豐富的聯想。至於結構的延宕，什克洛夫斯基在《情節編構手法與一般風格手法的聯繫》一文中做了較為詳細的分析：「為什麼要在繩索上行走，而且要每走一步下蹲一次？」「扭曲而艱澀的，使人變得笨口拙舌的詩歌語言，奇怪的、不同尋常的詞彙，異乎常規的詞語排列。」「為什麼李爾王認不出肯特？為什麼肯特和李爾王又認不出愛德加？」「為什麼相認都要在最後一幕？」「為什麼奧維德從做愛中提煉出『愛的藝術』時，建議在享受快樂時不要急急忙忙？」這就是藝術的延宕。「故事不斷被打散，又不斷重新組合，都遵循著特殊的，尚未人知曉的情節編排規律。」〔註 13〕艾亨巴烏姆在分析席勒的悲劇《華倫斯坦》時也說：「……要完全充分地展開悲劇情節，要『用形式消滅內容』並使同情成為成功地運用悲劇形式的結果。應該限制、減緩悲劇，按席勒本人的說法，應該『拖延情感的折磨』。拖延和限制的程序（詩歌藝術的一般規則）可以是各種各樣的，但是它們應當是合情合

〔註 11〕劉萬勇：《論俄國形式主義批評的科學化努力》，《湖北民族學院學報》，2006年 1 期。

〔註 12〕〔美〕蘇珊・朗格，劉大基、傅志強譯：《情感與形式》，中國社會科學出版社 1986 年版，第 380 頁。

〔註 13〕〔蘇〕維・什克洛夫斯基，劉宗次譯：《散文理論》，百花洲文藝出版社 1994年版，第 28 頁。

理的，同時又盡可能隱匿，以便『欺騙』觀眾。……其所以拖延悲劇，並非因爲席勒需要研究遲鈍者的心理，而是恰恰相反——因爲華倫斯坦延宕，以至悲劇應當被拖延，而這一拖延又被掩蓋了。」〔註14〕弗雷德里克·詹姆遜在論述形式主義的藝術的延宕手法時認爲：「主要的陌生化類型表現爲延宕，分步合成（即將一件事分解成一段段的情節），雙重情節（包括將不相干的情節與故事相互穿插），以及『展示技法』（即有意識地將讀者的注意力吸引到敘事本身的基本手法上）。」〔註15〕形式主義把文學看爲一種審美體驗和感受的過程，因而要求作家要設法加深和延長這一過程。這確實道出了文學作爲藝術的一種本質的特性。

我們讀一部好的文學作品，比如讀《紅樓夢》，讀《老人與海》，就像看一場精彩的球賽或做一次快樂的旅行一樣，注重的不是事後的結果，不是事後我們得到了什麼，不是要瞭解薛寶釵在賈寶玉與林黛玉之間第三者插足的三角戀愛關係，不是要知道一個打魚的老漢與一群鯊魚之間的一場惡鬥，不是注重一場球賽的比分或一次旅行的目的，而是帶給我們新奇、激動、興奮、刺激、驚喜、期待這種種審美體驗和感受的過程本身。讀一部好的小說是沉浸在想像的文學世界裏去忘情地陶醉，看一場球賽是欣賞球員的精彩表演，旅行在乎的是「沿途的風景以及看風景的心情」。無論是讀一部好的作品還是看一場精彩的球賽或是一次快樂的旅行，我們都不願草草地結束，都久久不能釋懷，希望還能有續篇或加時賽。這就是審美的人生，這就是藝術的人生，這就是詩意的人生。作家鐵凝在談創作經驗時談到了「文學的快和慢」的問題，她把自己，特別是把《笨花》歸入了慢的一類。認爲文學的慢「是一種作家的寫作姿態，是一種對生活的耐煩之心，對文學的笨拙的敬意，必要時自己和自己過不去的較真，對寫作意志、耐力有意識的迎難而上。作家的敘述視野、藝術胸懷、思想抱負，應該在細膩樸素、沈著從容、仁愛的敘述中得到結實準確的體現。」她甚至認爲讀小說是爲了讓生命的速度放慢。好的長篇小說可以使我們有限的生命至少看上去可以暫時的無限延長，因爲當你讀好的長篇小說時，就進入了別人的生命故事和精神世界，你的視野和精神

〔註14〕〔蘇〕鮑里斯·艾亨巴烏姆：《論悲劇和悲劇式的》，見伍蠡甫、胡經之主編：《西方文藝理論名著選編》下卷，北京大學出版社 1987 年版，第 393～394 頁。

〔註15〕〔美〕威爾弗雷德·古爾靈等著，姚錦青、黃虹煒等譯：《文學批評方法手冊》，春風文藝出版社 1988 年版，第 50 頁。

得以開闊，你的生命質量也隨之得以提升，你的生命本身也可以說是隨之得以延長。因此她告誡作家要「警惕快。在長篇小說的創作中，應該警惕用寫作提綱代替寫作本身。」〔註16〕這是一個作家對藝術的延宕體悟的經驗之談。總之，既然藝術的目的就是讓人們在對生活和事物的體驗和感受中享受美感，那麼就要想法增加這種審美快感的時延，結構的延宕就是調動一切藝術手法，推遲情節高潮的到來。

長期以來，我們總是講內容決定形式，總是在認知的層面強調文學的社會作用和教育作用，誰一談形式和技巧就被扣上形式主義的帽子加以撻伐，而對形式主義到底講些什麼，有什麼樣的理論主張以及這種理論主張有沒有一定的合理性卻很少去思考和研究。如果拋開以往對形式主義的偏見，拋開是內容決定形式和是形式決定內容的各執一端的理論糾纏，只從文學創新的角度，從創作過程或藝術表現方式來分析的話，形式主義還是有一定的合理性和借鑒意義的。早在20世紀20年代針對創造社太陽社只注重文學的認知和教育作用，強調「一切文學都是宣傳」，魯迅指出：「一說「技巧」，革命文學家是又要討厭的。但我以為一切文藝固是宣傳，而一切宣傳卻並非全是文藝，這正如一切花皆有色（我將白也算作色），而凡顏色未必都是花一樣。革命之所以於口號，標語，布告，電報，教科書……之外，要用文藝者，就因為它是文藝。」〔註17〕魯迅在承認文學的認知和教育作用的基礎上強調了其審美特性的一面。

形式主義這種注重文學的獨立性和自主性，注重文學的審美感受和體驗，注重文學的「程序」即「怎麼寫」的理論，對我們這些長期以來總是強調文學是社會生活的反映，強調文學的社會意義，強調文學的「寫什麼」的作家和研究者們來說，無疑是給我們打開了觀察和認識文學的另一扇窗，讓我們對文學的形式與技巧有了一種更理性的認識和理解。這種與傳統的認識和理論迥然相異的理論，充滿著創新的精神和理念。

首先，形式主義的理論創立就是一種創新的結果，是在批判已有理論的基礎上創立的。體現出強烈的創新的欲望和要求。形式主義的倡導者們批判了文學的「摹仿說」和「再現說」，批評這些人把文學依附於歷史學、政治學、哲學或社會學，把文學作為歷史文獻資料來研究。批判以往的文學理論認為把作品分為內容和形式而忽視了文學自身的規律和作家的獨創性。批判心理

〔註16〕鐵凝：《長篇小說創作中的四個問題——從〈笨花〉說開去》，《長城》2006年4期。

〔註17〕魯迅：《魯迅全集》第四卷，人民文學出版1981年版，第84頁。

學派的藝術即認識及形象思維的理論，批評他們把藝術變成了一種純智力活動、認識活動或思想活動。批評象徵派在解釋作品時的隨心所欲的主觀隨意性等。總之，形式主義是在破除舊說中立起來的新說。

第二點，也是最根本最重要的一點，就是形式主義的「陌生化」理論本身就體現出對藝術的永無止境的創新要求。「陌生化」就是要永遠打破人們思維和感受的習以爲常的「自動化」的慣性，偏離已有的藝術規範，打破已有的思想觀念的束縛，打破舊的思維習慣和範式；從新的角度，用新的價值尺度和道德標準來對事物做出評判；就是要改變生活或事物的原有的形態，通過種種不同的形式手法，對公認的思想及其表現範疇實施變形；就是要用種種修辭方法而使人們感到表達的新奇並產生豐富的聯想。這種永無止境的創新要求也是符合文學的本質規定性的。文學作品屬於特殊的精神產品，它與物質產品有絕然不同的特性。流水線生產出來的物質產品甚至不允許有絲毫的「與眾不同」，否則就視爲不合格產品。而文學藝術品的價值就在於它的由作家的不同的性格氣質、審美趣味、生活經歷等而形成的獨特性和個性，它只能是「這一個」而不允許是「複製品」。精神產品貴在創新而拒絕重複和模仿。這就是爲什麼「第一個把少女比做鮮花的人是天才，第二個是庸才，第三個便是蠢材」的道理。

形式主義帶來了文藝觀念的變革和文藝理論研究的重大突破。它竭力揭示文學的自主性和其審美體驗和感受的特性，對我們理解文學的本質規律和特點有巨大的啓示作用。另外，它的注重作品和語言，注重「怎麼寫」的「陌生化」理論對實際的文學創作及後來西方發展起來的結構主義和新批評等有重大影響。當然，這種產生於近一個世紀之前，由當時莫斯科大學和彼得堡大學的一些年輕的大學生以激進的反傳統的姿態所創立的理論體系，自然也不可避免的存在著局限與不足。比如，爲了強調形式或次序的重要意義，他們徹底否定文學的內容的存在的合理性。什克洛夫斯基主張：「文學作品是純形式，它不是物，不是材料，而是材料之比。正如任何比一樣，它也是零維比。因此作品的規模、作品的分子和分母的算術意義無關緊要，重要的是它們的比。戲諧作品、悲劇作品、世界作品、室內作品，世界與世界或者貓與石頭的對比，所有這一切都是同等的。」〔註 18〕其實，內容與形式是一枚硬

〔註18〕胡經之、王岳川主編：《文藝美學方法論》，北京大學出版社 1994 年版，第 182 頁。

幣的兩面，彼此是無法分開的。所有的內容都靠一定的形式來表現，而所有的形式也都表達一定的內容。強調內容的人是從認知的角度，把文學看成現實世界的反映，看重文學的認知和教育作用；強調形式的人從個體的感受和體驗出發，看重文學的審美功能。其實任何眞正的藝術品都具有認知和審美的雙重功能，我們常說的「寓教於樂」就是倚借的藝術品的這雙重的功能。再如：形式主義派爲了強調文學研究的獨立性和自主性，有意地抹殺社會生活對文學的重大影響，有意地割斷文學與社會學、歷史學、政治學、心理學等各人文學科的密切聯繫。在強調以作品爲研究中心的同時，忽視了作者對作品的重要作用等。

　　總之，形式主義注重文學的獨立性和自主性，主張藝術是對生活和事物的審美體驗和感受，而不是認知。文學就是用「陌生化」的方法來使讀者對生活和事物進行審美體驗和感受並設法加深和延長這種審美體驗和感受。這種與傳統的認識和理論迥然相異的理論，充滿著創新的精神和理念。使我們對文學的自身特點及文學創作的形式與技巧有了一種更理性的認識和理解。當然，我們在肯定它在文藝理論上的創新的意義的同時，也要看到它爲了強調形式或次序而徹底否定內容的存在，爲了強調文學自主性而有意地抹殺社會生活對文學的重大影響，割斷文學與其它人文學科的密切聯繫，強調作品而忽視作者對作品的重要作用等局限與不足。

四、論《講話》的實踐功能與理論建構

　　理論與實踐相結合的實踐性是毛澤東文藝思想的最顯著特色和活的靈魂。《在延安文藝座談會上的講話》（以下簡稱《講話》）開門見山地表明了作者的初衷與目的。即「求得革命文藝對其它革命工作的更好的協助，藉以打倒我們民族的敵人，完成民族解放的任務。」〔註1〕「就是要使文藝很好地成為整個革命機器的一個組成部分，作為團結人民、教育人民、打擊敵人、消滅敵人的有力的武器，幫助人民同心同德地和敵人作鬥爭。」〔註2〕坦承「我們是以最廣和最遠為目標的革命的功利主義者。」〔註3〕並明確提出要解決作家們的「立場問題」、「態度問題」、「工作對象問題」和「學習問題」。這種強烈的問題意識清楚地表達了《講話》的實踐功能，即為最終打敗日本侵略者完成民族的解放而解決解放區文藝界當時存在的有礙革命事業進行和革命文藝發展的各種問題。回望當年，自從中央紅軍在陝北建立起邊區政府，延安就成了指引全國革命的燈塔。七・七事變以後，她更像磁石一樣吸引著全國各地進步的知識分子。丁玲、何其芳、艾青、柯仲平、嚴辰、蕭軍、羅烽、陳學昭、冼星海、張仃等一大批作家和藝術家衝破國民黨政府設置的重重封鎖和障礙，紛紛來到這「有著無限的希望和光明」的解放區。初到延安，他們都有一種暗夜迷途的流浪兒回到慈母的懷抱一樣的安全感和幸福感。加之看到解放區的自由民主空氣和工農兵群眾艱苦奮鬥、英勇抗日的事蹟，更使這些剛剛脫離了國統區陰暗桎梏的牢籠的作家們無不感到異常振奮，他們抑

〔註1〕　《毛澤東選集》第三卷，人民出版社1966年7月版，第804頁。
〔註2〕　《毛澤東選集》第三卷，人民出版社1966年7月版，第805頁。
〔註3〕　《毛澤東選集》第三卷，人民出版社1966年7月版，第821頁。

制不住要表達和歌唱這種興奮和快樂的心情。丁玲一掃莎菲、夢珂時代的消極和迷茫，戎裝躍馬到隴東前線為抗日將領彭德懷、左權書寫頌歌，被毛澤東贊為「昨天文小姐，今日武將軍」；何其芳摒棄了「畫夢錄」和「預言」式的孤寂苦悶與虛無縹緲的幽思，開始放聲歌唱延安，為解放區的「少男少女們」歌唱，讚美「生活是多麼廣闊」，詩風變得開朗明快；善於體驗和表現祖國和人民的苦難生活和命運的也艾青也擺脫了「大堰河」或「北方」式的憂鬱，而是在站在革命聖地延安，告訴人們光明的到來。在《黎明的通知》中表現出無比樂觀歡快的情緒……。然而，只要有人群的地方就會有矛盾。延安的政治生活也不像他們預設的那樣完美無缺，個別地方也有官僚主義、強制命令等不健全不合理的現象。「太陽上也有黑子」。「人民也有缺點的。無產階級中還有許多人保留著小資產階級的思想，農民和城市小資產階級都有落後的思想，這些就是他們在鬥爭中的負擔。」〔註4〕人民大眾強烈的要求從民族壓迫和階級壓迫下解放出來的革命性是極可寶貴的，但他們的內心和血液中還積澱著不是一朝一夕能抹去的幾千年的「精神奴役的創傷」。面對解放區的所謂「陰暗面」，這些天真熱情的作家們無法面對理解和接受這種種與他們的預設相悖的狀況。這使他們開始從興奮中冷靜下來陷入苦悶的歎息。因為這些吸吮著五四思想的乳汁成長起來的知識分子，還不能站在當時民族救亡和中國革命全局的政治高度來看問題，而是以五四啟蒙的個性解放和人道主義精神作為審視和判斷事物的價值標準。就是在這種文化立場和價值標準錯位的情況下，有人開始指責延安缺少「理解」、「溫暖」和「同志之愛」；（蕭軍《論同志之「愛」與「耐」》）認為延安對作家缺乏理解和尊重。表示「生不願封萬戶侯，但願一識韓荊州」；（艾青《瞭解作家，尊重作家》）主張要用文藝的形式來批評解放區的缺點，甚至要像魯迅用雜文來和反動派鬥爭那樣來用雜文抨擊和暴露解放區的陰暗面。（羅烽《還是雜文的時代》）於是，出現了一批揭露和諷刺性的小說、雜文和漫畫作品。如丁玲的小說《在醫院中》和《我在霞村的時候》，前者針對工農出身的幹部和職員的狹隘保守，描寫他們既不懂業務，又不尊重知識和人才；後者批評霞村村民封建愚昧的落後意識；馬加的小說《間隔》以及丁玲的雜文《三八節有感》，《輕騎隊》牆報上的漫畫《「路線」鬥爭》等，則嘲諷一些工農出身的老幹部在組織的幫助下與女知識青年結婚，為解放區的婦女申訴。尤其是王實味的《野百合花》《政治

〔註4〕《毛澤東選集》第三卷，人民出版社1966年7月版，第806頁。

家，藝術家》和《「硬骨頭」與「軟骨病」》等雜文，更是不適當地把黨的領導幹部稱爲「大頭子」、「小頭子」，指責延安「衣分三色，食分五等」，鼓勵知識分子堅持揭露政治家的「一切骯髒和黑暗」的所謂「硬骨頭」精神。儘管這些作品創作的初衷是好的，其批評意見換在和平年代看來也是有可取性的，但是，在民族革命戰爭的特殊的歷史語境下卻是不合時宜且起了不太好的作用，因爲這樣的作品當時刺傷了那些工農幹部和群眾的情感和自尊，他們自身的經歷和文化素養決定他們無法接受這樣的批評和嘲諷，造成了知識分子和工農兵群眾之間的隔閡與對立。這種由文藝問題引發的矛盾對立的升級甚至激化勢必會影響到解放區政治的安定與走向。就是在這種情勢下，爲解決當下面臨的複雜而嚴重的矛盾和問題，毛澤東在做了大量調查研究的基礎上，主持召開了延安文藝座談會並在會上做了長篇講話，主旨就是要解決文藝爲什麼人和如何爲這一根本的原則問題。爲革命文藝的發展制定了系統的理論、方針和政策，不但使解放區文藝走上了規範化的軌道，而且規定了新中國文藝的性質與走向。使廣大文藝工作者認清了自己的責任和使命。結束了當時文藝界思想上的混亂狀況，成功地化解了知識分子與工農兵群眾之間的矛盾與對立，保證了黨緊緊地依靠工農奪取全國革命的勝利。所以歷史地看，《講話》是完全必要和毋庸置疑的，其意義無論怎樣估價都不會過高。這就是《講話》的實踐功能。當然，文藝的本質特性是其精神審美功能，但是在民族危亡的特殊歷史語境下，如果誰以審美功能來否定其實踐功能，指責《講話》的實用主義或功利性，那麼他就是掉進了機械的教條主義的陷阱。就像農民的本質工作是種田，但當侵略者打到家門時拿起武器禦敵則成了當務之急，是無可指責的。

　　《講話》不僅有很強的實踐功能，而且有以馬克思主義爲基點的系統的完整的理論建構。她在爲什麼人和如何爲這一總的原則和前提下對文藝與生活的關係和文藝與黨的整個革命事業的關係進行了系統地論述。內容涉及文藝的屬性和特點、文藝創作的源泉、文藝的借鑒與吸收、文藝的接受美學考量即普及與提高的問題、文藝與政治的關係、文藝的統一戰線問題及文藝批評問題等。各個問題的論述環環相扣，形成一個系統的有機整體。

　　文藝是爲人民大眾的，這是馬克思主義的出發點，用毛澤東的話說這「是一個根本的問題，原則的問題。」〔註5〕所以要求作家的立足點一定要轉到人

─────────────

〔註 5〕《毛澤東選集》第三卷，人民出版社 1966 年 7 月版，第 814 頁。

民大眾的立場上來。為什麼人的問題解決了接下來就是如何為的問題。既然文藝是為人民大眾的,那就要表現人民大眾的生活並使他們看得懂和接受。毛澤東從文藝與生活的關係及普及與提高的關係來深入闡述。即要求作家深入生活與工農兵相結合併處理好普及與提高的關係。首先,文章從馬克思主義物質決定意識的高度定義文藝的屬性並指出創作的源泉。「作為觀念形態的文藝作品,都是一定的社會生活在人類頭腦中的反映的產物。」〔註6〕認為人民生活「是一切文學藝術的取之不盡、用之不竭的唯一的源泉。」〔註7〕既然人民生活是創作的唯一的源泉,那麼也就決定了作家必須深入生活與人民群眾打成一片。進一步講,要使人民大眾看得懂和接受,首先就是要普及。當然,毛澤東是辯證的唯物主義者,在強調「源」時也沒有忘記「流」:「必須繼承一切優秀的文學藝術遺產,批判地吸收其中一切有益的東西,作為我們從此時此地的人民生活中的文學藝術原料創造作品時候的借鑒。」〔註8〕在強調生活時也沒有忘記文藝的特性:「文藝作品中反映出來的生活卻可以而且應該比普通的實際生活更高,更強烈,更有集中性,更典型,更理想,因此就更帶普遍性。」〔註9〕在強調普及時也沒有忘記提高:「我們的提高,是在普及基礎上的提高;我們的普及,是在提高指導下的普及。」〔註10〕清楚地闡明了「源」與「流」、生活與藝術、普及與提高的辯證關係。

在談了文藝與生活的關係之後,《講話》具體論述了文藝與黨的整個革命事業的關係。具體包括文藝與政治的關係、文藝的統一戰線問題及文藝批評問題等。站在無產階級政黨的立場上,毛澤東認為「無產階級的文學藝術是無產階級整個革命事業的一部分,如同列寧所說,是整個革命機器中的『齒輪和螺絲釘』。」〔註11〕同時毛澤東又強調文藝界的統一戰線。要求黨的文藝工作者要在抗戰、民主及藝術方法與藝術作風上和黨外的一切文學家藝術家團結起來。在文藝與政治的關繫上,毛澤東認為「文藝是從屬於政治的,但又反轉來給予偉大的影響於政治。」〔註12〕就文藝批評問題,毛澤東提出文藝批評的政治標準和藝術標準。指出「任何階級社會中的任何階級,總是以

〔註6〕《毛澤東選集》第三卷,人民出版社1966年7月版,第817頁。
〔註7〕《毛澤東選集》第三卷,人民出版社1966年7月版,第817頁。
〔註8〕《毛澤東選集》第三卷,人民出版社1966年7月版,第817頁。
〔註9〕《毛澤東選集》第三卷,人民出版社1966年7月版,第818頁。
〔註10〕《毛澤東選集》第三卷,人民出版社1966年7月版,第819頁。
〔註11〕《毛澤東選集》第三卷,人民出版社1966年7月版,第822頁。
〔註12〕《毛澤東選集》第三卷,人民出版社1966年7月版,第823頁。

政治標準放在第一位，以藝術標準放在第二位的。」〔註13〕同時毛澤東強調「政治和藝術的統一，內容和形式的統一，革命的政治內容和盡可能完美的藝術形式的統一。」〔註14〕可以看出，《講話》是把上世紀 20～30 年代創造社、太陽社的無產階級革命文學理論、瞿秋白等的文學是政治的留聲機理論及「左聯」的文藝大眾化理論加以整合和揚棄，建構起一套系統而完整的具有中國特色和時代特色的馬克思主義文藝理論體系。這一馬克思主義的基本原理與中國革命的具體實踐相結合的典範文獻，由於其在中國革命實踐和革命文藝發展中所起的歷史作用和所蘊含的深刻的思想內容而成了文藝界繞不開說不完的話題。

　　《講話》自發表到新中國建立直至「文革」結束一直是文藝界遵循的唯一指針，甚至被一些人「神化」、「聖化」和極端政治化。如「文革」期間「四人幫」捏造出所謂「主題先行」，「三突出」等一套極左理論冒充毛澤東文藝思想，給新中國文藝的發展帶來災難性的破壞。新時期以來，作為對「文革」時期只講政治，不講藝術的極左思想的反撥，一些人從一個極端走向另一個極端，表現出背離甚至否定《講話》精神的傾向。他們有的把「政治標準第一，藝術標準第二」這一在特定歷史條件下提出的具體的批評標準與文藝上的極左路線劃等號；有的認為《講話》只是當時民族革命戰爭時期的特殊的「歷史文件」，只適用於當時特定歷史條件下的解放區。這些人一是沒有把《講話》精神和文藝上的極左路線區別開來；二是沒有把《講話》的根本原則和裏面講的具體問題區別開來。今天，當與《講話》的發表已經拉開了近 70 年的歷史距離之後，我們應該站在新世紀以開放和發展的眼光把其放在馬克思主義文論、古代文論和西方文論這多元文化參照系中來對其進行理性地審視，做出客觀的實事求是的評價。不但要高度評價其歷史意義和作用，而且要深刻理解其人民性的基本原則和精神是代表了中華民族先進文化的前進方向的，它不但在民族革命戰爭的特殊時期指導了革命文藝的發展，就是在現在，諸如：文藝為人民大眾服務；「在普及基礎上的提高，在提高指導下的普及」以及作家要深入人民生活等都還是不過時的，對我們目前文藝的健康發展仍有指導意義。比如新時期以來作家們多次討論的「寫什麼和怎麼寫」的問題實際仍然是「文藝為什麼人和如何為」的問題的繼續和延伸。同時，也

〔註13〕《毛澤東選集》第三卷，人民出版社 1966 年 7 月版，第 826 頁。
〔註14〕《毛澤東選集》第三卷，人民出版社 1966 年 7 月版，第 826 頁。

不能把《講話》當成萬古不變的教條，搞所謂「句句是眞理」。也要看到產生於特殊歷史語境下的《講話》所存在的歷史局限與偏頗。如認爲「文藝是從屬於政治的」並規定「政治標準第一，藝術標準第二」就忽視了文藝的獨立性及自身特點和規律；認爲「在階級社會裏就是只有帶著階級性的人性，而沒有什麼超階級的人性。」〔註15〕「世上決沒有無緣無故的愛，也沒有無緣無故的恨。」〔註16〕「你是資產階級文藝家，你就不歌頌無產階級而歌頌資產階級；你是無產階級文藝家，你就不歌頌資產階級而歌頌無產階級和勞動人民：二者必居其一。」〔註17〕這些帶有強烈階級對立和二元對立色彩的結論就已不適合現今和平年代構建和諧社會的新形勢；在解決知識分子與工農的矛盾時，爲了保護工農的革命性，要求知識分子按照工農的面貌來改造自己，影響了知識分子作用的發揮，影響了作品的多種風格的發展；過分強調「爲什麼人和如何爲」的絕對以接受者爲中心的傾向勢必忽略或消弱了創作者的個性和創造性等。所以，我們應該把《講話》看成一個與時俱進的不斷完善和發展的體系，其中的一些具體的提法或方針可以隨著時代的發展和情況的變化而作出相應的調整。如「政治標準第一，藝術標準第二」可以調整爲「思想標準和藝術標準」；「爲工農兵服務」可以調整爲「爲人民服務，爲社會主義服務」等。而《講話》所代表的最廣大人民群眾的根本利益的人民性的基本原則和方向，則是不變的永恒的眞理。就像人要穿衣吃飯這個事實不會因爲進入電子時代或網絡時代而有所改變一樣。

〔註15〕《毛澤東選集》第三卷，人民出版社 1966 年 7 月版，第 827 頁。
〔註16〕《毛澤東選集》第三卷，人民出版社 1966 年 7 月版，第 827 頁。
〔註17〕《毛澤東選集》第三卷，人民出版社 1966 年 7 月版，第 829 頁。

五、文學研究力戒浮躁

　　一個作家要不粗製濫造，不模仿別人，不複製自己，永遠尋求新的意象、新的手法和新的思想，這確實是一件極難極苦的事情。作家鐵凝在談藝術創作時說：「藝術和生命都是寂寞的，在所有藝術的後臺上永遠有著數不清的高難度的訓練，數不清的預演、排練，數不清的單調、乏味的過程。……所有的藝術都是永無休止的勞動」。認為我們現在的文學缺少「耐煩之心」。「耐煩之心」，這句如拉家常的樸實話語，卻把當前文學創作的浮躁病診斷得一清二楚。是的，一個真正想有所作為的作家一定要耐得住寂寞和煩惱，力戒偷懶和浮躁。文學創作是這樣，文學研究又何嘗不是如此呢！

　　現在儘管一些所謂名學者也被「炒」得身價百倍，其生活和工作條件好得讓那些當年蝸居於亭子間的魯迅們、那些漂泊流離或是困於上海「孤島」的錢鍾書們眼熱得能噴出火來，然而，我們現在卻沒有出現像魯迅、胡適、錢鍾書、林語堂那樣大師級的人物。這一事實大概總要使現在的那些神氣活現、派頭十足的名學者們多少感到一點尷尬和汗顏吧！那麼為什麼我們現在的時代土壤上不能培養和生長出文學或學術大師呢？是因為這代學人缺少學術眼光和學術勇氣嗎？可以肯定地說不是！其實我們這代學人眼界寬得很，上世紀 80 年代我們就慷慨激昂地「走向世界」，高談「20 世紀文學」。90 年代又熱衷於討論「現代性」及現代主義、後現代主義、後殖民主義、女權主義等各種各樣時髦的主義。我們的學術膽量不敢說「包天」，起碼可以說敢「包地」，因為「全球化」又成了現在學界最熱門的話題。這樣看來，和前代學人相比，我們這代學人的眼光不是低了，而是高了，我們的學術氣魄或膽量不是小了，而是大了。那麼我們到底缺少什麼呢？首先，我們缺少的是靜下心

來，耐得住寂寞，實實在在地做的實幹精神。我們熱衷於跟在西方人後面談論「現代性」、「後殖民」、「全球化」這樣大而空的概念，做那種從觀念到觀念的旅行。雖然我們寫出了一篇篇洋洋萬言的大塊頭的文章，但這些文章究竟能解決什麼問題，它們經過時間的篩眼過濾後到底能剩下點什麼有價值的東西，這看來卻是值得懷疑的。

讓我們對照一下前輩學者魯迅、胡適、錢鍾書們是怎麼做的，看他們是以什麼贏得大師的地位的。儘管魯迅、胡適、錢鍾書都是真正學慣中西的大家，但他們決不「玩」那些大而空的概念，而是一點一滴地從解決實實在在的問題做起。魯迅為講授中國小說史的課程而對古代小說進行了系統的梳理，編寫出《古小說鉤沉》《小說舊聞抄》，作《中國小說史略》等，為古代小說研究奠定了基礎。為支持文學革命而寫出《狂人日記》等一批白話小說，為五四新文學奠定了基礎；胡適倡導文學改良、倡導白話文，這些話題雖然大，但卻並不空。而且他身體力行首先寫出一部《嘗試集》，作出一部《白話文學史》。他提倡「整理國故」，自己就寫出一部《吳敬梓年譜》，踏踏實實考證了《水滸傳》和《紅樓夢》，開創了新「紅學」等；至於錢鍾書，我們且不說他以「打通」和比較的方法對中國古代的十部經典進行考證和闡釋的煌煌巨著《管錐編》，也不談充溢著他淵博的知識和才華的詩話力作《談藝錄》，只要讀一下他青年時面向西方讀者用英文寫的介紹中國的傳統和文化，糾正西方人對中國歷史文化及中國人性格、風俗習慣等的無知和誤解，對中國文學的誤讀和誤導以及考證中國文化在西方傳播的一系列文章，就可以瞭解他實實在在下了多少苦工夫。比如他在牛津大學所作的長達 10 餘萬言的學位論文《十七、十八世紀英國文學中的中國》（China in the English Literature of the Seventeenth Century、China in the English Literature of the Eighteenth Century），全面考察 17、18 世紀英國文獻中有關中國的記載，並對這些記載進行認真的梳理，辨別真偽，考察承傳，讓人們瞭解當時英國人所看到、聽到和想像中的中國和中國人以及他們怎樣以西方的習慣和價值標準來看待和評價中國事物、歷史和文化等。再有，他在一系列的英文文章中糾正西方人對中國書的誤讀和誤導。如：凱德琳‧揚在她的書中把陸游的「雪中忽起從戎之興」（「in the Snow-Storm」）四行詩中的「桑乾」翻譯成「枯桑樹」。錢先生指出「桑乾」是古代中國詩人造的非常有名的一條河的名字，不應該逐字地翻譯為「枯桑樹」（withered mulberry trees）。指出拉托萊特的《中國人：歷史和文化》一書

中說班超是小說家,說唐代傳奇是用白話寫成的等常識性的錯誤。指出 Le Gros Clark 評注和翻譯的《蘇東坡詩選》英文版中的錯誤:在「舉酒屬客,誦明月之詩,歌窈窕之章」中,「明月」也指一首詩,應用斜體。將《放鶴亭記》中重要的一句「秋冬雪月千里一色」丟掉了。再者,「蘇子」和「東坡居士」都譯成了詞面意思:「我,蘇的兒子」及「東坡,退隱的學士」,等等。這樣的「挑刺」自然會使那些驕傲的西方人冷汗直流,但也惟其如此,才稱得上是平等的對話與交流,也才能贏得人家對我們的真正的尊重。那些跟在西方人後面亦步亦趨,一會「現代性」,一會又「後殖民」的人們,無論擺出什麼樣激進的反西方話語霸權的姿態,實際上仍然沒有跳出西方話語的圈套。這裡我們且不論錢先生所作的這些對中西文化交流的重要意義,只就這些文章本身而論,如果沒有一種耐得住寂寞、靜下心來的踏踏實實的實幹精神,要完成這樣細緻而艱苦的工作恐怕也是不可能的。

和前輩學者比起來,我們這代學人除了浮躁之外,還眼高手低,欠缺學術研究必備的素養和能力。魯迅、胡適、錢鍾書等都有深厚的國學功底而又在海外留學多年,真正是中西貫通,他們都有雄厚的學術資本,所以他們無論是翻譯、創作還是研究都能得心應手。而我們這代學人的學識積累可以說是先天不足又遇上了政治的自然災害,年輕一代的學者本來有條件把自己「鑄造成材」,然而卻又抵禦不住商品時代的浮躁之風,使得我們現在的學者們在知識儲備上普遍的資本不足而又缺乏學術研究的嚴格訓練。無怪乎他們總唯新是鶩地「炒」那些大而空的概念,讓他們像錢鍾書、林語堂那樣嫻熟而風趣地用漢語向中國人講述西方文化而又用英文向西方人介紹中國文化。不說他們坐不住,就是坐得住,他們又能做得來,做得了嗎?所以無論作家還是學者,要想在創作或學術上真正有所成就,一要擺平心態,甘於寂寞,力戒浮躁。永遠踏踏實實地勞動;二要積累資本,練好「內功」,努力把自己鑄造成才、學、膽、識具備的名副其實的作家或學者。

六、談現代文藝論爭的特點與趨勢

一

　　馮驥才先生在爲《文學爭鳴檔案》一書題詞說：「文學的爭鳴史，實際上是社會思想史和藝術史最奪目或最刺目的折射。……文學的爭鳴史是最深刻的文學史」。〔註1〕可以想像，一部文學史如果缺少了文學爭鳴及與此相關的文學思潮和文藝運動，那就變成了一部乾乾巴巴的點鬼簿式的作家名錄或作品詞典，因爲它已被抽掉了「史」的骨骼和筋絡。任何文學作品的產生都不是孤立的現象，都是和當時特定的政治、經濟、思想、文化相聯繫的，拋開這些特定的時代背景，讀者就無法正確地理解作家和作品。而文學爭鳴，就是最眞實地記錄了特定歷史時期各色人等的思想、觀點、心態和追求，各派社會力量和社會思潮的衝突與碰撞，因而，瞭解和研究特定歷史時期的文學爭鳴，就是把讀者帶回到特定的歷史情境中去，讓讀者在親身感受、體驗、分析、比較論爭各方的觀點的基礎上，去解讀和理解作家作品。這種「到場」的親身參與式的閱讀不但有助於增加閱讀的興趣和對原作品的理解，而且在瞭解了事情的來龍去脈、前因後果的基礎上，就不是對論爭各方的觀點簡單地做出「對」與「錯」的判斷，而是在崇敬那些爲眞理而戰甚至爲維護眞理而受到了不公正的待遇的英雄們的同時，會以寬容和諒解的心態來對待那些現在看來是抱有錯誤觀點的人們（注意：是人而不是那些錯誤的觀點）。

〔註1〕張學正等主編：《文學爭鳴檔案》，南開大學出版社2002年8月版。

　　文學作品屬於特殊的精神產品，它與物質產品有絕然不同的特性。流水線生產出來的物質產品甚至不允許有絲毫的「與眾不同」，否則就視爲不合格產品。而文學藝術品的價值就在於它的由作家的不同的性格氣質、審美趣味、生活經歷等而形成的獨特性和個性，它只能是「這一個」而不允許是「複製品」。由於人們的政治立場、思想水平、性格愛好及文化修養的不同，所以對作品的獨特性和個性的認識和理解也就產生了差異，於是就出現了讚賞、批評和反批評。爭鳴者們在論爭中盡可能地擴展自己的知識視野，調動自己的知識積累，展示自身的智慧和風采，增強自己的思辨能力和論辯技巧，在相互的激烈碰撞中迸射出思想的火花，使人們的認識水平和思想境界得到提升。比如魯迅在談到與創造社和太陽社關於「革命文學」的論爭時就說：「我有一件事是要感謝創造社的，是他們『擠』我看了幾種科學底文藝論，明白了先前的文學史家們說了一大堆，還是糾纏不清的問題。並且因此譯了一本蒲力漢諾夫的《藝術論》，以救正我——還因我而及於別人——的只信進化論的偏頗」。〔註2〕

　　文藝爭鳴是一種常態的文藝現象。「百花齊放」是眾多種花的爭奇鬥豔，而不是一種花的鋪天蓋地；「百家爭鳴」是「百種禽鳥叫各自的音調，而不是同種的一百頭禽鳥比賽同一音調的嗓子誰高誰低。」所以，文藝爭鳴需要寬鬆的學術環境和論爭者的寬容的爭鳴心胸。同時，「百家爭鳴」是「百鳥」的鳴唱而容不得「狼嚎」的噪音。也就是說，爭鳴者在自由爭鳴的時候也要遵守一定的爭鳴規則，不要強調自己的自由而破壞別人的自由和整個的爭鳴環境。歷史證明，凡是文化環境寬鬆，學術爭鳴活躍的時代，文藝就繁榮發展，反之，則衰微凋零。在古希臘，由於各自相對獨立的城邦國家奴隸主內部有比較充分的民主氣氛，學術爭鳴蔚爲風氣，形成了歐洲文學藝術的黃金時期。而到中世紀則形成一神獨唱，百家噤聲。直到「文藝復興」衝破虛偽而腐朽的神學的禁錮，才又迎來了學術的自由和文學藝術的繁榮。中國歷史上「百家爭鳴」的黃金時代是春秋戰國時期，當時，禮樂制度隨著周天子的衰微而名存實亡，一些知識分子出於對社會的責任感和對人的終極關懷，紛紛著書立說，爲社會和人生指點迷津，相互論辯。也促成了文學上的「百花齊放」。清人章學誠論文時說：「蓋至戰國而文章之變盡，至戰國而著述之事專，至戰

〔註 2〕 魯迅：《魯迅全集》第四卷，人民文學出版社 1981 年版，第 6 頁。

國而後世之文體備。故論文於戰國，而升降盛衰之故可知也。」〔註3〕此後，魏晉南北朝和唐、宋時代的文化環境也都比較寬鬆，促成了古代文藝理論、唐詩、宋詞的形成、發展和繁榮。漢代的「罷黜百家，獨尊儒術」極大的阻礙了學術的自由發展，文學上幾乎也只剩下雕琢華麗，歌功頌德的「賦」在那兒自鳴得意的一鳥獨唱。元、明、清也推行了文化專制政策，只有一些潛在寫作的雜劇和小說還能流傳後世，而當時的所謂主流文學到現在已幾乎是「一片白茫茫大地眞乾淨」。文人大都「避席畏談文字獄，著書只爲稻粱謀」，躲到考證或「小學」的避風港裏去聊以自慰去了。

　　五四新文化運動和五四文學革命是中國歷史上「百家爭鳴」的又一個潮頭。事情應從中國近代的民族危機和文化危機說起。本來，中國的經濟文化在歷史上一度居於世界領先地位，但自 14 世紀歐洲文藝復興以來，西方人從中世紀封建神學的束縛下解放出來，自由、獨立、平等、人權思想的確立，大大調動了人們的主動性和創造性，使政治經濟、科學技術和學術思想都得到飛速發展。而中國封建統治者則不斷完善和強化以「三綱」爲核心的封建的倫理政治，爲維護封建專制極權統治，扼殺人的獨立性和創造性而培養人的奴隸性，使得中國原地踏步，和西方拉大了差距，以至鴉片戰爭列強打上門來時我們只能處於被動挨打的地位，造成了近代中國的嚴重的民族危機。無數有識之士奮勇急起探索民族的獨立和復興之路。如果說從「以夷制夷」到「洋務運動」走的是一條科技救國的道路，而「戊戌變法」和「辛亥革命」走的是政治和軍事救國的道路的話，那麼，五四新文化運動和五四文學革命就是把這種救亡圖存提到了思想文化的層面。科技救國和政治軍事救國的相繼失敗使五四時期的一批有識之士開始深挖阻礙民族革新進步的根源，而民主共和的名存實亡以及袁世凱復辟、張勳復辟等一系列復辟活動中的尊孔朝孔的現實使他們認識到，維護封建制度的舊的倫理道德、思想文化是制約中國社會革新前進的最深的根源。陳獨秀即把人的覺悟分爲政治覺悟和倫理覺悟兩個層次，認爲人們有了政治覺悟就舉行革命建立共和，但是，如果沒有倫理的覺悟，舊的倫理思想就要和共和政治發生矛盾，使共和陷於失敗。所以陳獨秀認爲「倫理的覺悟爲吾人最後覺悟之最後覺悟。」〔註4〕「蓋倫理問

〔註 3〕章學誠撰，劉公純標點：《文史通義》內篇《詩教上》，中華書局新 1 版，1961
　　　　年 9 月版。
〔註 4〕陳獨秀：《吾人最後之覺悟》，《青年雜誌》1 卷 6 號。

題不解決，則政治學術皆枝葉問題。縱一時捨舊謀新，而根本思想未嘗變更，不旋踵而仍復舊觀者，此自然必然之事也。孔教之精華曰禮教，為吾國倫理政治之根本。其存廢為吾國早當解決之問題。」〔註5〕「若夫別尊卑重階級，主張人治，反對民權之思想之學說，實為製造專制帝王之根本惡因。吾國思想界不將此根本惡因剗除淨盡，則有因必有果。無數廢共和復帝制之袁世凱，當然接踵應運而生，毫不足怪。」〔註6〕可以看出，五四新文化運動的先驅者們是以高度的社會責任感，站在民族生死存亡的角度來批判舊道德和舊文化的。在他們看來，民族要生存發展，就要建立西方式的民主共和制，而民主共和制的基礎就是「法律上之平等人權，倫理上之獨立人格，學術上之破除迷信，思想自由」，〔註7〕而這三者又是和講尊卑貴賤等級的孔教根本不相容的。所以「孔教與共和乃絕對兩不相容之物，存其一必廢其一。」〔註8〕認為「三綱五倫之道德，則既非利己，又非利人。既非個人，又非社會。乃封建時代以家族主義為根據之奴隸道德也。此種道德之在今日，已無討論之價值。」〔註9〕喚醒人們「我們不是為君主而生的！不是為聖賢而生的！什麼『文節公』呀，『忠烈公』呀，都是那些吃人的人設的圈套，誆騙我們的！我們如今應該明白了，吃人的就是禮教的！講禮教的就是吃人的呀！」〔註10〕吳虞在給陳獨秀的信中指出：「孔子自是當時之偉人，然欲堅持其學說以罩天下後世，阻礙文化之發展，以揚專制之餘焰，則不得不攻者，勢也。」〔註11〕當時五四先驅者們認定維護封建專制制度的封建傳統文化是摧殘人性的，桎梏了整個民族的生機和活力，是國家孱弱、民族危機的根源。所以當時他們以科學民主為武器，來揭露封建禮教吃人的本質，明確提出「打孔家店」，「推倒古典文學」，打倒「桐城謬種，選學妖孽」……這樣，辛亥革命使得中國人從幾千年的封建帝制解放出來，五四新文化運動和五四文學革命又使他們從幾千年的封建思想桎梏下掙脫出來。人們的精神和思想獲得了空前的開放和自由的空間。人們要探索新的政治制度來取代舊的政治制度，要對傳統文化進行徹

〔註5〕陳獨秀：《憲法與孔教》《新青年》2卷3號。
〔註6〕陳獨秀：《袁世凱復活》《新青年》2卷4號。
〔註7〕陳獨秀：《袁世凱復活》《新青年》2卷4號。
〔註8〕陳獨秀：《復辟與尊孔》《新青年》3卷6號。
〔註9〕常乃德：《紀陳獨秀君演講辭》，《新青年》3卷3號。
〔註10〕陳獨秀：《憲法與孔教》，《新青年》2卷3號。
〔註11〕吳虞：《吃人與禮教》，《新青年》6卷6號。

底地改造並建構新的文化。表現在文化思想上就是大家爭相拿西方近代的學術思想來進行實驗和借鑒，一時尼采的超人哲學、叔本華的唯意志論、羅素的數理邏輯、杜威的實驗主義，當然還有馬克思主義等等西方近現代的哲學和社會科學思潮紛紛湧入中國，與此相應，文學藝術上西方的古典主義、浪漫主義、現實主義、自然主義以及弗洛伊德的精神分析學、波特萊爾的象徵主義等各種各樣的現代派文學也都粉墨登場。出現了百家爭鳴的大開放的時代景觀。真正是不同種類和顏色的藝術之花競相怒放，不同的學術觀點或政治文化主張自由地爭鳴。胡適在與同學好友梅光迪、任叔永等人的論爭中明確了文學改革的思路；白話在與文言的論爭中取代了文言；新詩在與舊詩的論爭中站穩了腳跟；「問題與主義」的論爭使馬克思主義得到了廣泛的傳播……。可以說，現代學術思想、現代文化和新文學就是在這種激烈的爭鳴和論辯中催生、成長和發展壯大起來的。

二

「文化是在社會不同思想、不同願望和要求的交流中發生和發展的，各種不同的文化追求之間是有矛盾和鬥爭的，但這種矛盾和鬥爭必須用文化的手段進行，文化的發展是在用文化的手段進行文化的鬥爭過程中實現的。一個民族文化的統一主要不表現在一個民族全體成員都有相同的思想和相同的追求，而在於這個民族不同文化追求間能夠用和平的文化交流的手段進行溝通並逐漸解決彼此之間能夠解決的矛盾，把文化的鬥爭提高到一個更高的層次，不至於使文化的鬥爭導致公開的實際的社會衝突。」〔註12〕這裡所說的「用文化的手段進行文化的鬥爭」就是指文化思想包括學術和文藝的爭鳴。從宏觀來看，自五四至現在，中國文化思想的發展似乎走了一個環形的路線，而實質上卻是經歷了一個否定之否定的過程。即一元→多元→一元→多元的環形路線。

五四新文化運動衝破了封建文化思想的一統天下，形成各種文化思想並存的多元爭鳴的局面。到上世紀 20 年代末，在民族救亡情緒高漲的情況下，在創造社、太陽社的大力倡導和宣傳下，經過大規模的關於「革命文學」的論爭，大多數人選擇了左翼文化思想。雖然對許多人來說，與其說這是一種文化選擇，還不如說是一種政治選擇更為確切，但不管怎樣，左翼文化思想

〔註12〕王富仁：《中國現代文化指掌圖》，人民文學出版社 2004 年 2 月，第 58 頁。

在爭鳴中佔據了優勢並呈現出用左翼文化思想統一思想文化界的態勢。「左翼」文學從一開始就站在為無產階級解放鬥爭服務的立場上來提倡無產階級革命文學，帶有很強的時代性和政治色彩，因此，必然受到來自並未接受階級鬥爭學說的人們的非難和批評。而「左翼」作家為維護無產階級文學的正當性和主流地位，自然就難免要與來自各方面的反對者進行論辯。於是就發生了「左翼」作家與「新月派」作家關於文學的人性與階級性的論爭，與「民族主義」文藝派關於文學的民族意識與階級性的論爭，與「自由人」、「第三種人」關於文學自由與階級性的論爭等。到抗日戰爭爆發前的 1936 年，「左翼」作家內部為在建立文藝界抗日民族統一戰線問題上達成共識而爆發了大規模的「兩個口號」的論爭。抗日戰爭的爆發雖然使得中國內部文化思想的鬥爭暫時緩解而表現出一致對外的趨向，但在抗日的統一戰線中也仍然存在著不同的思想觀點的論辯與交鋒。如在抗日戰爭的特殊歷史語境下，絕大多數作家都簡單地把文學創作視為直接宣傳抗戰的工具或武器，而一些自由主義作家如梁實秋、沈從文、朱光潛、施蟄存等人，則堅持文學自身的特性，反對「勉強把抗戰截搭上去」的「空洞的『抗戰八股』」。主張作家要做遠離了「宣傳」空氣，遠離了「文化人」身份，同時也遠離了那種戰爭的浪漫情緒的「具有特殊性的專門家」〔註13〕而不要做一般的宣傳家。認為新文學運動在 1920 年代後期先是和上海的商業資本結緣，後又與政治派別發生了關係，因此在「商品競賣」與「政治爭寵」中逐漸墮落。所以文學運動要重造。那就是努力把文學「從『商場』和官場解放出來，再度成為『學術』一部門。」〔註14〕認為「用文藝作宣傳工具，作品既難成功，就難免得反結果，使人由厭惡宣傳所取的形式因而厭惡到所宣傳的主張。……一味作應聲蟲，假文藝的美名，做吶喊的差役，無論從道德觀點看或從藝術觀點看，都是低級趣味的表現。」〔註15〕認為「抗戰以來，我們到底有了多少純文學作品？……如果我們把田間先生式的詩歌和文明戲式的話劇算作是抗戰文學的收穫，縱然數量不少，也還是貧困的可憐的。」〔註16〕這些觀點實際上是原來「新月派」、

〔註13〕沈從文：《一般或特殊》，《今日評論》第 1 卷第 4 期，1939 年 1 月 22 日。

〔註14〕沈從文：《文學運動的重造》，《文藝前鋒》第 1 卷第 2 期，1942 年 10 月 25 日。

〔註15〕朱光潛：《文學上的低級趣味》，《時與潮文藝》第三卷第五期，1944 年 7 月 15 日，第 33 頁。

〔註16〕施蟄存：《文學的貧困》，《文藝先鋒》第 1 卷第 3 期，1942 年 11 月 10 日。

「自由人」、「第三種人」等的「人性論」或「文藝自由論」的文藝觀的繼續和延伸。當時，激進的抗戰作家把這些觀點作為與抗戰主流思潮相悖的「與抗戰無關論」、「反對作家從政論」、「文學貧困論」進行了嚴肅的批判。其實論爭的關鍵問題還是文藝與政治的關係問題。沈從文等強調文藝自身特性的觀點有其合理性，但在當時全民抗戰的特殊的歷史語境下卻是不合時宜的。被認為是脫離抗戰現實的「胡適主義」的注腳。是抗戰文藝洪濤激浪的澎湃當中的逆流。再如，張天翼暴露國統區抗戰工作中的黑暗面的小說《華威先生》發表之後被日本《改造》雜誌別有用心地譯載並加了「按語」，於是有人認為暴露黑暗的作品容易成為被敵人利用作為他們反宣傳的作品，會影響群眾的抗日情緒，所以暴露黑暗就是幫助了敵人。而茅盾、張天翼、吳組緗等作家則認為暴露與諷刺是非常必要的，是嚴肅的抗戰工作。於是發生了關於「暴露與諷刺」的論爭。此外，在民族救亡的特殊語境下，西南聯大教授林同濟、陳銓、雷海宗等創辦《戰國策》半月刊並在重慶「大公報」上開闢「戰國副刊」。推崇尼采的「超人哲學」，認為當時是「戰國時代的重演」，主張強權政治。提出「民族至上」，「國家至上」，要求為民族國家而不惜犧牲個人的自由和民主權力。這個帶著強烈的非理性的極端民族主義色彩的文化派別被稱為「戰國策派」或「戰國派」。他們主張用「尚力政治」的手段達到民族生存與復興的目標。圍繞這一目標來進行文化的重構。由於他們主張強權政治反對政治的民主化而被視為法西斯主義受到嚴厲的批判。

　　1942 年毛澤東的《在延安文藝座談會上的講話》發表，其目的就是要把共產黨領導下的左翼作家的文藝思想統一到毛澤東文藝思想上來。在共產黨領導的解放區，很快就達到了這一目標。而在國統區則發生了「關於現實主義與主觀問題的論爭」。引發論爭的核心人物是左翼理論批判家胡風。1943 年，胡風在為「文協」理事會起草的總結報告《文藝工作底發展及其努力方向》中提出作家應發揚「主觀戰鬥精神」，強調作家「要克服人格力量或戰鬥要求底脆弱或衰敗」，要抵抗社會「對於文藝家底人格力量或戰鬥要求的蔑視或摧殘。」〔註 17〕後又在《希望》創刊號上發表《置身在為民主的鬥爭裏面》。主張發揚作家的「主觀戰鬥精神」以堅持革命的現實主義。他承認藝術作品是現實生活的反映，但是他反對作家在創作時簡單地客觀地描摹現實生活，而要求作家要有主觀的介入，要對生活進行仔細

〔註 17〕胡風：《文藝工作底發展及其努力方向》，《抗戰文藝》第 9 卷第 3、4 期合刊。

的體驗、選擇、把捉，要以作家的人格力量盡到批判的責任。他不反對作家要與人民群眾結合，但不是遷就，更不是向民眾懺悔或看齊，而是在肯定他們的總體欲求合於歷史發展方向的同時，認識到他們自身存在的缺陷與不足，要在相互搏鬥或批判中彼此得到改造或提升。《希望》創刊號上同時發表了舒蕪的哲學論文《論主觀》，從哲學理論上支持胡風的觀點。提出「主觀精神」、「戰鬥要求」、「人格力量」是決定文藝創作的關鍵。胡風和舒蕪的觀點招致了眾多的批評。尤其是來自解放區的作家，他們負有宣傳和貫徹毛澤東《講話》精神的使命。認定「藝術是現實生活在作家頭腦中的反映」；「人民生活是藝術創作的唯一源泉」；文藝是為人民大眾的，是歌頌工農兵的。胡風強調主觀戰鬥精神的「自我擴張」是藝術創造的源泉；強調批判民眾落後的「精神奴役的創傷」等觀點的提出是他們不能接受的。由此，邵荃麟、何其芳、喬木（喬冠華）、黃藥眠等發表了一大批文章，以脫離政治是更危險的偏向的觀點批評胡風的「主觀戰鬥精神」的理論。胡風則寫了《論現實主義的路》，進一步闡述了他的觀點並對批評文章中的觀點一一加以反駁。論爭的雙方在堅持文藝的現實主義方向上是一致的，但是，在怎樣才是真正的現實主義上有不同的理解。胡風認為現實主義創作並不只是客觀的反映現實生活，而是經過作家的「主觀」作用，要以作家的「人格力量」來盡到對現實的批判的責任。胡風強調的是文藝創作過程這一具體的文藝自身的問題，而反對者則站在文藝與政治的關係的角度對其進行批評。其實，客觀反映論與主觀介入論、文藝為人民大眾與批判大眾的「精神創傷」不是對立而是可以互補的。可惜由於歷史的原因和宗派主義情緒的干擾沒有能夠使這些理論問題進行更深入的探討。

三

　　中華人民共和國建國伊始，就開始了大規模地開展了思想文化的統一運動。文藝思想論爭在思想文化統一的運動中扮演了重要的角色。重要的如「十七年」時的關於現實主義的論爭，關於人情、人性問題的論爭，關於反映人民內部矛盾問題與「寫中間人物」問題的論爭等。當然，這些論爭大都伴隨著為達到政治和思想文化的高度統一所發動的一場場政治運動而把論爭變成了一次次的批判運動。正像王富仁先生所分析的：「《紅樓夢研究》批判和胡適思想批判：旨在把以英美派知識分子為主體的學院派文化納入到毛澤東思

想體系中來；粉碎『胡風反革命集團』的鬥爭：旨在把以啓蒙派為主體的社會文化派知識分子納入到毛澤東思想體系中來；反『右派』鬥爭：旨在把各種不同派別的知識分子納入到毛澤東思想體系中來。」〔註18〕到上世紀60年代，這種文化思想的統一基本完成，到「文化大革命」又進一步地極端強化和政治化。直到新時期，人們才又用「實踐是檢驗真理的唯一標準」來衝破了「兩個凡是」的束縛，打破了左的僵化的教條思想的一元統治，呼籲知識分子獨立的價值和人格操守。人、人性、人道主義、文藝自身的特點和規律以及多年來被批判、淡化和遺忘了的五四時期輸入的西方的種種思潮和藝術流派又成為人們熱中討論的思想資源。就是在這種意義上有人提出「重回五四起跑線」。加之，隨著改革開放政策的確立，我們以進取的姿態主動打開國門面對世界，首先讓我們不得不正視的事實是我們的科學技術和經濟發展已經大大落後於西方先進國家。這激勵著我們大力引進科學技術，改變與經濟發展和社會發展不相適應的經濟體制和政治體制。於是我們從計劃經濟轉變為市場經濟並逐步建立起保證市場經濟健康發展和社會穩定進步的一系列的法制秩序。與此相應，在思想文化、學術研究方面，最先引起我們興趣的也是西方的研究方法，以至形成80年代前期的「方法熱」，人們不無天真地把「系統論」、「信息論」、「控制論」想像為能迅速有效地解決一切問題的神奇工具。到20世紀80年代中期，人們逐漸從「方法熱」中冷靜下來，認識到方法不是萬能的，要解決根本的問題，最重要的還是要改變思想觀念，又形成所謂「觀念熱」。於是西方當代各種思潮和理論又成了「擋不住的誘惑」，憑藉現代化的傳媒手段迅速被移植進來。西方的現代心理學、存在主義、現象學、現代主義、後現代主義以及出口轉內銷的新儒家等等都紛紛粉墨登場。現代主義反傳統，後現代主義又反現代主義，而新儒家又試圖用他們改造過的傳統的儒家文化來在世界範圍內挽救頹敗的世風……。於是，隨著思想解放的不斷深入，文藝論爭更加頻繁，諸如：「歌德」與「缺德」論爭、《苦戀》論爭、朦朧詩論爭、人道主義論爭、西方現代派文學問題論爭、文藝與政治的關係問題論爭、形象思維問題論爭、典型觀問題論爭、關於胡風事件及胡風文藝思想的論爭、「性格二重組合原理」問題論爭、文學主體性問題論爭、文學「方法論」問題論爭、文藝真實性問題論爭、愛情描寫問題論爭、文學「尋根」問題論爭、關於「重寫文學史」問題的論爭、文學與人文精神的論

〔註18〕王富仁：《中國現代文化指掌圖》，人民文學出版社2004年2月版，第57頁。

爭以及圍繞魯迅的自上世紀 80 年代初的關於後期「左聯」問題和有關「費厄潑賴」問題的論爭等。一種多元的思想文化的競爭的局面再次形成。

　　所以，現代文藝論爭最大的特點就表現為「一元→多元→一元→多元」這種「由分而合再由合而分」的一種趨勢和過程。建國前呈現為從五四打破傳統的「一元」觀念而形成「百家爭鳴」的局面，到「左翼」一統的趨勢；從抗戰統領下的有限的爭鳴到「工農兵」方向的奠定。建國後從「十七年」到「文革」文化思想呈現為強勢的統一趨勢，而新時期後則呈現為由統一到多元的趨勢和過程。這就是現代文藝論爭所走過的大致的路徑和發展趨勢。由此，我們考察和評價任何一次論爭都要把它放到它所處的趨勢和過程中去考慮，這樣我們就會理解每一次論爭雙方的成敗，不是由雙方的理論和邏輯思辨所決定的，而是由這種統一或多元的趨勢所決定的。

第二輯　文學史寫作與文藝思潮

一、關於文學史寫作的幾個問題

普及型的文學史和研究型的文學史

　　我們的文學史可以有兩種類型，一種是普及型的，一種是研究型的。所謂普及型的，就是一般用為高校教材或寫給一般文學愛好者看的。這樣的文學史，要求通俗全面。所謂通俗，就是以一個導遊的身份，把新文學的發生發展以及新文學這個奇妙的園林中的每一處景點介紹交代清楚，在這個介紹交代過程中，也應該像導遊一樣，使用樸實凝煉而不妨帶點輕鬆幽默的語言，盡量少用或不用學術術語。所謂全面，就是全面系統地考察新文學發生發展的全過程，要點、線、面兼顧。所謂「線」，就是理清新文學發生發展的脈絡，各種文學運動、文學思潮或流派的承傳關係。如「為人生派」與 20 年代的「鄉土文學流派」、20 年代李金髮為代表的「象徵詩派」與 30 年代的「現代詩派」、40 年代的「中國新詩派」（「九葉詩派」）以及新時期開始後的「朦朧詩派」等的承傳關係〔註 1〕；所謂「面」，就是從總體上對文學背景、文學現象及作家作品的概括的介紹或論述；所謂「點」，就是對那些在文學史上起了重大影響、改變了文學的面貌或發展方向的文學運動、文藝思潮或論爭及重點的作家作品的論述或評析。總之，這種普及型的文學史，既要有清楚的線索、全面的反映，又要重點突出。

　　研究型的文學史是寫給圈內人即搞現當代文學教學或研究的同行們看的，這些人對新文學園林中的各個景點都已經比較熟悉了，他們不再滿足於導遊的

〔註 1〕錢理群等：《中國當代文學史寫作筆談》，載《文學評論》2000 年第 1 期。

一般性的引導和介紹。他們希望的是有新的發現，最起碼是對舊景觀有新的體驗和新的認識。他們需要的不是導遊，而是具有創新精神的探索者和發現者，是具有獨特個性的欣賞者和評論者。並且，既然這種文學史是寫給圈內人看的，語言可以華麗典雅，甚至行話、「黑話」都可使用。所以，這種研究型的文學史，不要求面面俱到，也不要求拉出清楚的文學史的線索，但要求作者要充分地顯示自己的學術個性，要求必須在方法或觀念上有新的創意。我們以前眾多的文學史，基本上都是普及型的文學史，我們所說的「重寫文學史」，在很大程度上，特別是對我們圈內的人而言，是期待這種研究型的文學史的出現。

關於現當代文學的內涵

八十年代中期開始有學者提出二十世紀文學的概念，現在已經有多種《二十世紀中國文學史》問世，可見，二十世紀文學的觀念取得了部分學者的認同。這種以整體的時間切割來消解現當代文學觀念的提法，在當時對人們從長期形成的以政治為核心的一元思維模式下解放出來是起了相當的啟示和促進作用的，但是，就文學史的實際情況看，它卻並不是完美而富於科學性的。某一時期或某一階段的文學史是要描述出這一時期或一階段的文學總體概貌、發展走向及它與其它時期或階段的文學的不同特色，而不是不考慮文學發展特點的時間切割，也不是如勃蘭兌斯似的只論述一個世紀的某種文學思潮或流派。文學史不像一塊豆腐，可以由著我們整整齊齊地切割成大小均等的方塊。文學的發展更像綿延流動不息的長江大河，我們對這條大河的把握，考察它某一段的地形地貌、水流情況等，比量出它的長度進行等距離地分割更有意義。所以，按照 19 世紀、20 世紀、21 世紀……這樣的分期法來寫文學史，顯示不出文學發展的特點和規律，因為文學的發展變化不一定都要等到世紀之交的交界點上。可見，用 20 世紀文學的概念來消解或代替現當代文學的概念是不妥的。

既然 20 世紀文學的概念不能消解或代替現當代文學的概念，那麼，是不是現代文學和當代文學的概念就名副其實呢？它們分別具有什麼特定的內涵呢？其實，用現代文學和當代文學的概念也是特定時代下的權宜之計。一般來講，就時間上來說，現代文學是指 1917 年的五四文學革命到 1949 年建國前夕，當代文學則指自建國至現在。從整個文學史來看，不可能在幾千年的文學發展長河中專門截出 30 多年稱為現代文學，當代文學也不可能像滾雪球

似的永遠無限期的當代下去。其實，現代文學和當代文學不是兩個性質不同的概念，而是同一事物不同發展階段的兩種名稱。從發展的趨勢來看，或者是現代文學逐步地佔領當代文學的地盤，階段性地向 60 年代、70 年代、80 年代推進；或者是把當代文學真正變成名副其實的當代文學，把它規定為一個恒定的變量，以近 10 年或 20 年為當代文學，而當代文學這個雪球滾過去的都歸現代文學。就現代文學和當代文學這兩個概念的特定的內涵來看，所謂「當代」，即「當前」、「現在」之義，即與英文的「Contemporary」一詞同意，但它還寓有「當朝」、「本代」的含義。與我們現在的《當代文學史》和《共和國文學史》是同一概念，即與「當代」的後一個寓義相合，因而模糊了它的「當代性」。所謂「現代」一詞用在「現代文學」這一詞組中也不等同於英文的「Modern」，它含有「現代性」的含義。所謂「現代性」，一是指形式，即不同於古典文學的白話文形式；二是指內容，即五四科學民主的理性精神。這種「現代性」是現代文學、也是當代文學最本質的特徵。正是由於這一特徵，我們才說現代文學和當代文學是同一事物不同發展階段的兩種名稱，而不可以絕然打為兩截。它們不能籠統地被二十世紀文學的概念消解，它們自己組成了五四新文學的河流。所以，所謂《中國二十世紀文學史》《中國現代文學史》《中國當代文學史》都不如《中國五四新文學史》更為科學和合理。如果要分段的話，可以根據歷史發展情況分為若干階段，如《中國五四新文學史》（新民主主義階段、社會主義階段等）。〔註2〕

主流與多元

多年來，我們對主流文學的認識走進了一種誤區。我們總是把那些與某時代的政治運動結合緊密的文學視為主流文學。比如，從 30 年代的「左翼文學」、30、40 年代的「抗戰文學」、建國前後的「土改文學」、「農業合作化文學」、文革時的「革命樣板戲」到新時期的「改革文學」，都是我們以往所說的主流文學。其實，現當代文學從本質上來說，都屬於五四新文學的源流，我們寫文學史都要著眼於這個大的文學源流。考察現當代文學中的作家作

〔註2〕 參見李楊：《當代文學史寫作：原則、方法與可能性——從陳思和主編的《中
國當代文學史教程》談起》，載《文學評論》2000 年第 3 期。王光東、劉志榮：
《當代文學史寫作的新思路及其可行性——對於兩個理論問題的再思考》，載
《文學評論》2000 年第 4 期。

品、文學思潮、文學運動和文學流派，都要把其放到五四新文學這個大的源流中來分析和定位。首先看其是否在形式和內容上都符合五四新文學的本質規定。即形式上是白話文學作品，那種舊體詩或文言小說散文無論寫在什麼時期，反映什麼樣的主流思想，我們都不能叫其佔領我們的現當代文學史的地盤；從內容上講，那些反映五四科學民主精神的作品和思潮，不管它在當時特定的時代環境下多麼處於邊緣，多麼不受重視甚至受到排擠或批判，我們現在寫新文學史的人，應該著眼於整個新文學發展的源流而認定它是新文學的主流。相反，有些在特定的時代與政治運動結合緊密而卻與五四科學民主精神背離的所謂主流文學，把它放到五四新文學這個大的的源流中來考察，它卻只不過是一個小小的支流甚或是逆流。這裡要認清的一個問題是，五四提倡的科學民主的理性精神，到現在已經將近一個世紀了，這種思想是否已經過時了呢？我們說，五四提出的科學民主的任務遠未完成，現在「法輪功」的猖獗和各種封建迷信活動的泛濫，人們民主意識的淡漠就是明證。五四的科學民主精神，具體到文學中就是反對封建迷信和封建專制，主張人性、人的獨立平等意識的「人的文學」，特別是婦女解放，個性解放，婚姻自主，構成了五四的民主激流。這種五四的科學民主精神，是新文學現代性的最重要的特質，我們寫新文學史的人不能夠忽視，更不能夠丟掉，而是要堅持和深化。我們的有些學者就是在自覺或不自覺地堅持這種五四精神的原則上，寫出了具有突破性的文學史。比如陳思和先生的《中國當代文學史教程》，其中所提的「潛在寫作」不就是堅持的這種五四精神的原則嗎？〔註3〕

瞭解了在整個新文學發展的源流中，那些反映了五四科學民主精神的作品和思潮屬於這個源流的主流這一事實，我們再來談主流與多元的問題，就容易得多了。在現今的這種多元文化格局之下，許多人呼籲打破以往現當代文學史的一元價值觀，構建多元格局。我們說，就整個新文學發展的源流來說，所謂「多元」就是承認「眾聲喧嘩」，而決不是「無主題變奏」。具體來說，這個「多元」，就是在形式上的無限「多元」和內容上的「有限」「多元」，所謂形式上的無限「多元」，就是要打破以往只認定現實主義，甚至社會主義現實主義或革命的現實主義和革命的浪漫主義相結合的所謂「兩結合」的創作方法，而承認我們的新文學史中既有現實主義、浪漫主義，又有超現實主

〔註3〕 王富仁：《關於中國現代文學史編寫問題的幾點思考》，載《文學評論》2000年第5期。

義、唯美主義、象徵主義、現代主義、後現代主義等，不管什麼主義，只要它提供了一種值得人們欣賞的文學範式，我們都可以把它寫進文學史進行介紹和欣賞；所謂內容上的「有限」「多元」，就是打破以往單純地以政治標準和階級立場爲標尺來選擇和衡量作家作品，而尊重文學這種「允許人們以任何方式講述任何事情」的特點〔註4〕來選擇和評價作家作品。這樣，我們的眼界才會放寬，才不至於把眼睛只盯在那些有明顯的階級色彩和政治傾向的作家作品上，而同樣關注那些表現愛情、親情、友情及人類之愛、自然風光、生命體驗、命運抗爭等以人性和美爲描寫對象的作家作品。但是，我們在注意文學範式的多樣性和文學內容的寬泛性的同時，更要注意反映新文學的現代性，即理性與科學民主的五四精神，拒斥那些宣揚封建迷信、強權暴力及沒落情調的作家作品。這就是我們的既注意五四新文學發展源流中的主流，又注意文學的自身的特點的多元的寬容態度。

述史立場與價值標準

　　爲了擺脫過去文學史寫作的單一的政治模式的束縛，有的學者採取一種「還原歷史」的述史方法，力圖以不帶傾向性的評價而只是按照歷史的本來面貌來冷靜客觀地描寫新文學發展的歷史。我們說，這種努力是可貴的，但卻是難以實現的。因爲歷史是不可能「還原」的。歷史只是一堆零亂的原始的材料，把這些材料原封不動地搬來不僅是不可能的，就是能夠搬來堆在一起也算不上一本史書。所以只要作史就要對這些材料進行梳理和選擇，就要把選擇出來的材料進行貫穿和連綴，選擇哪些材料和用什麼樣的方法和線索把它們貫穿起來就顯示了作者的述史立場和價值評價。就是在這個意義上，我們可以說「一切歷史都是當代史」。有人把寫史比爲搭積木，一堆零亂的積木，可以搭出各種各樣的形狀，是搭成長城、樓房還是搭成橋梁，全看我們的選擇和用意。文學史也是這樣，是肯定「學衡派」還是肯定「新青年派」；是肯定「民族主義文藝」還是肯定「左聯」；是把胡適作爲專章來寫，還是把魯迅作爲專章來寫；是把徐志摩作爲專章來寫，還是把茅盾作爲專章來寫，這就有一個述史立場和價值評價問題。我們認爲以單一的政治立場不科學、不妥當，也不必就採取懷疑主義或取消主義的立場。我認爲，我們的新文學史家應該承認新文學的產生是中國文

〔註4〕　〔法〕雅克・德里達語：《文學行動》，中國社會科學出版社1998年3月版，第3頁。

學發展史上的一場革命，它具有現代性，即科學民主的理性精神；它促進了文
學的發展，促進了人的意識的覺醒。這些基本的觀點，對搞新文學的人來說，
就像數學中的公理和定義一樣去使用而無需去證明。只有站在這樣的立場上來
敘述歷史，才能比較科學而真實的描繪出新文學發生發展的歷史。

　　文學史寫作躲不開的除述史立場外，還有一個價值評價的問題。一部文
學史選擇哪些作家作品並對這些作家作品怎樣表述都有一個價值評價的問
題。洪子誠先生的《中國當代文學史》被人們認為是以客觀冷靜的態度「努
力將問題『放回』到『歷史情境』中去審查」的「觸摸歷史」式的敘述。但
作者自己又不無困惑地表示：「我們究竟能在多大程度上擱置評價，包括審美
評價？或者說，這種『價值中立』的『讀入』歷史的方法，能否解決我們的
全部問題？在這條路上，我們能走多遠？」「各種文學的存在是一回事，對這
些作出選擇與評價是另一回事。而我們據以評價的標準又是什麼？這裡有好
壞、高低、粗細等等的差異嗎？如果不是作為文學史，而是作為文學史，我
們對值得寫入『史』的文學的依據又是什麼？如果說文學標準、審美標準是
必要的話，那麼，我們的標準又來自何方？在這種情況下，『歷史還原』等等，
便是一句空話。我們最終只能依據強烈的主觀性，來作出我們的選擇和判
斷」。〔註5〕從洪先生的表述可以看出，在寫文學史時「擱置評價」，「還原歷
史」只能是一種理論的設想，而在實踐中是行不通的。洪先生所困惑的是：
評價的標準是什麼？它們來自何方？我們說，評價任何事物都要有一個標
準。比如，我們說一輛車或一匹馬的好壞，是以其速度和載重量為衡量的標
準的；說一臺電視機好不好是以其尺寸的大小，接收信號的強弱，清晰度的
高低為衡量的標準的。評判作家作品，也應該有一個標準。但這個標準不像
評判一輛車一匹馬或一臺電視機的標準那樣顯而易見，那樣容易被人們普遍
地認可或接受。人們會因政治立場、認識水平、性格愛好甚至個人的利益或
恩怨選取不同的標準，對同一個作家或同一部作品做出不同甚至絕然相反的
評價。正像魯迅在論到《紅樓夢》時所說：「單是命意，就因讀者的眼光而有
種種：經學家看見《易》，道學家看見淫，才子看見纏綿，革命家看見排滿，
流言家看見宮闈秘事……。」〔註6〕就是由於人們這種「隨其嗜欲」，「準的無

〔註5〕錢理群等：《中國當代文學史寫作筆談》，載《文學評論》2000年第1期。
〔註6〕魯迅：《絳洞花主小引》，《魯迅全集》第8卷，人民文學出版社1993年版，第
　　　　145頁。

依」的情況，造成對同一個作家或同一部作品評價的「緇澠並泛，朱紫相奪，喧議競起」〔註7〕的混亂局面。我們說，評價標準，或說文學批評標準，會因不同的時代、不同的地域及人們認識水平的不同、審美趣味的不同、政治立場的不同、看問題的角度的不同而有種種。如我國著名的孔子的「興、觀、群、怨」說，鍾嶸的「滋味」說，金聖歎的「人物性格」說，李漁的「情、文、風教」說，王國維的「意境」說直至「政治標準、藝術標準」及「眞、善、美」標準等等；西方也有柏拉圖的「政治效用」標準、亞里斯多德的「藝術本身」標準、賀拉斯的「寓教於樂」標準、郎加納斯的「崇高」標準、狄德羅的「啓蒙」標準及「別──車──杜」的「人民性」與「現實主義」相統一的標準直至現代派的「反傳統」的標準等等。在這眾多的標準中，我們既不能隨心所欲的選定一種標準去衡量世上所有的作品，也不能把所有的標準都套在同一部作品之上。而是應當使批評標準與批評對象對應統一。即要依據作家作品產生的特定的時代和特定的環境及作品的特定的形式和內容來選取不同的批評標準。這個標準既不能籠統地說成「眞、善、美」那樣抽象的概念叫人覺得無法操作，又不能具體到以是否對某項社會運動有利或篇幅的長短，把其變成毫無概括力和普遍性的功利主義或形式主義的標準。評價一個作家偉大與否，其作品是否有歷史的穿透力而具有長久的生命力，就其作品來說，應主要從審美、價值和道德三個方面來衡量；就其作者來說，應該和同時代作家來做橫向比較並考察其對後世的影響。比如評價魯迅，就要聯繫其作品產生的特殊時代條件，衡量他作品的審美標準應該看其是否有原創性；衡量他作品的思想價值標準應該看其是否表現了反封建的科學民主的五四的理性精神；衡量他作品的道德標準應該看其是否表現了人道主義或人性和人民性。就作家自身來說，要看其是否比同時代作家卓越，是否對後世有較大的影響。就作品的原創性來說，魯迅在我們的新文學史上貢獻了第一批新文學作品，顯示了「文學革命」的實績。並且「又因那時的認爲『表現的深切和格式的特別』，頗激動了一部分青年讀者的心」。〔註8〕所以，魯迅是我們小說新民族形式的創造者，我們不能拿史鐵生的《我與地壇》來否定魯迅的《從百草園到三味書屋》，正像我們不能拿現在的霓紅燈或日光燈來否定艾迪生發明電燈一樣；就思想價值來看，他的作品典型地表現了反封建的科

〔註7〕鍾嶸：《詩品序》。
〔註8〕魯迅：《魯迅全集》第六卷，人民文學出版社1981年版，第238頁。

學民主的五四精神，是《狂人日記》首先揭破了封建禮教「吃人」的本質，是魯迅的一批小說和雜文最先為婦女解放呼籲，最先表現出對農民的同情，表現出反專制爭民主的思想，明確指出中國封建文明的實質其實「不過是安排給闊人享用的人肉的筵宴。所謂中國者，其實不過是安排這人肉筵宴的廚房」。〔註9〕就道德標準來看，魯迅一開始創作就堅持以人或生命為本位的「人的文學」，其支撐點就是人性或人道主義，後來更是站到了以人民本位的立場上，為大多數人的解放而戰鬥，表現了可貴的人民性。他決不聽命於任何集團或個人的權力，也不為自己的名利而寫作。這種「俯首甘為孺子牛」的精神是最可寶貴的。和同時代的作家相比，無論是從思想的深刻性上，還是從技巧和手法的圓熟方面來看，魯迅都確實是高出一籌。當人們爭相駕起「個性解放」、「婚姻自由」的船帆在五四的時代潮流中搏擊風浪時，魯迅在《傷逝》中卻向這些單純為個性解放和婚姻自由而搏擊風浪者們顯示，前面只有一片「死海」，只有把個性解放和社會解放結合起來，才能開闢出一條通向自由和幸福的航道。當人們都在為娜拉的出走鼓掌喝彩的時候，魯迅卻冷靜地追問一句「娜拉走後怎樣？」指出在婦女沒有獨立的經濟地位的社會裏，娜拉個人的反抗是無力的，所以走後也只有墮落和回來兩條路。魯迅作品中表現的諸如此類的深刻的見解和思想，不但他同時代的作家無人可比，就是在現在，他的一些思想也是無人超越的。至於魯迅的影響這是有目共睹的，且不說二十年代在魯迅的影響下形成了一個著名的「鄉土文學流派」，就是今天，我們的知識分子有誰沒有讀過魯迅的書呢，誰不是在魯迅文學思想的乳汁的營養下成長起來的呢？可以說，魯迅的典範文體，他的最清醒的現實主義精神，他的韌性戰鬥精神薰陶和影響了中國一代又一代知識分子。當然，我們評價一個作家並不是要把這些標準都套到他身上去，只要他具備某一方面的條件，比如他的作品有原創性，或者他的作品表現了反封建的科學民主的五四的理性精神，或者他的作品表現了人道主義或人性或人民性等，我們都應該給予肯定。總之，我們的評價標準是依據五四新文學發生發展的實際情況，依據五四新文學所具有的現代性的特質而確定的，它既是具體的，又是寬泛的、寬容的。

〔註9〕魯迅：《魯迅全集》第一卷，人民文學出版社1981年版，第216頁。

二、新時期文學思潮對文學史寫作的影響與得失

　　新時期的文壇終於打破了長期以來以政治為主旋律的現實主義與浪漫主義的二重唱，出現了各種方法、主義和思想的眾聲喧嘩，形成花樣繁多或大或小或明或暗的思潮或流派。大體說來可歸納概括為三股大的文學思潮。一種是在解放思想的背景下旨在政治反撥、人的覺醒和文學獨立的新啟蒙主義文學思潮。在這種文學思潮的推動與影響下，湧現出「傷痕」文學、反思文學、尋根文學等諸種文學現象及人性、人道主義、文學主體性、純文學等等文學理論訴求；第二種是在現代化和現代性訴求下的現代主義或全球化文學思潮。在此影響下出現了精神分析小說、意識流小說、黑色幽默小說、魔幻現實主義小說、先鋒探索小說、新歷史主義小說、「朦朧詩」等等令人耳目一新的文學樣式甚至文學流派。與之相應的精神分析學、象徵主義、形式主義、結構主義、新歷史主義、女權主義等等西方文藝理論也紛至沓來；第三種是1990 年代後適應經濟轉型而出現的市場化商業化的世俗文學思潮。新寫實小說、新狀態小說、新市民小說、新都市小說、新體驗小說、身體寫作等諸多文學新潮以及後現代主義、解構主義理論，均是在世俗文學大潮的裹挾下應運而生。文學思潮的活躍不僅帶來了文學創作的繁榮，也促進了文學觀念、學術思想和研究方法的更新和變革，進而也影響了新時期以來文學史的書寫和建構。大體說來，新時期文學思潮與文學史建構呈現為同步互動的趨勢。即文學思潮促動了文學史的重構，而文學史的書寫又使得這些文學新潮更加清晰完善並具有文學史的意義。下面就以新啟蒙主義文學思潮、現代主義文

學思潮和市場化商業化的世俗文學思潮為例來具體分析其對新時期文學史書寫與重構的影響。

建國後「十七年」編撰的中國現當代文學史，基本上是以《新民主主義論》的框架建構起來的政治化的左翼文學史，「文革」時期這種政治化更是走到了極端。這種文學史不但構架是政治化的，其述史原則和對作家作品的評價標準均是政治化的，是一種抹殺人性和去文學化的產物。真正現當代文學發展的歷史在很大程度上受到扭曲和遮蔽。1976 年 10 月，持續十年之久的「文革」終於結束了。噩夢初醒的人們在解放思想，撥亂反正的大潮下開始控訴「文革」的「傷痕」，反思「文革」的成因，追尋文學的本質和屬性，確立人的尊嚴和價值。在這一系列的反思和追問中人們認識到，五四思想文化啟蒙的任務遠遠沒有完成，多年來文學一直作為政治的工具而迷失了自己的本性。於是人們提出「重回五四」的「人的文學」的籲求。理論界開始為人性、人道主義辯護，提倡文學的主體性甚至為了反撥以往要求文學從屬於政治的觀念，凸顯文學的本質和特性而提出「純文學」的口號。在這種新啟蒙思潮的影響下，創作上開始摒棄以往單純的平面化的頌歌模式，出現了以劉心武的《班主任》和盧新華的《傷痕》為代表的揭露「文革」創痛的「傷痕小說」；以茹志鵑的《剪輯錯了的故事》、魯彥周的《天雲山傳奇》、古華的《芙蓉鎮》等為代表的從政治和社會層面深入揭示和思考「文革」的荒謬本質及其發生的歷史原因和經驗教訓的「反思文學」；以蔣子龍的《喬廠長上任記》、張潔的《沉重的翅膀》、賈平凹的《雞窩窪人家》等為代表的反映新舊體制轉變所面臨的社會矛盾以及帶來的倫理觀念和道德觀念變化的「改革文學」；以韓少功的《爸爸爸》、阿城的《棋王》、李杭育的《最後一個漁佬兒》等為代表的力圖「超越社會政治層面，突入歷史深處而對中國的民間生存和民族性格進行文化學和人類學的思考」〔註1〕的「尋根小說」。新啟蒙思潮不僅激活並催發了思想理論和創作的活躍與繁榮，而且對現當代文學史的重構也產生了重要影響，其標誌性的理論突破有兩個：其一是 1985 年 5 月在「中國現代文學研究創新座談會」上錢理群、黃子平和陳平原提出了「二十世紀中國文學」的命題；〔註2〕其二是 1988 年《上海文論》第 4 期開闢了由陳思和、王曉明

〔註 1〕 丁帆、何言宏：《論二十年來小說潮流的演進》，《文學評論》1998 年第 5 期。
〔註 2〕 錢理群、黃子平、陳平原：《論二十世紀中國文學》，《文學評論》1998 年第 5
期。

主持的「重寫文學史」專欄，提出了「重寫文學史」的口號。前者以「民族
——世界」爲橫坐標，「個人——時代」爲縱坐標的寬闊的眼界，從文學自身
發展的角度提出「二十世紀中國文學」的概念，對打破人們長期形成的以政
治爲核心的一元思維模式，從而動搖以往的文學史的政治構架具有相當大的
啓示和促進作用；後者則重在打破以往文學史的政治和階級標準而重新確立
啓蒙標準和文學的審美標準來重估和解讀現當代的作家、作品和文學現象。
把文學史的重構落實到具有操作價值和實踐意義上來。這兩次文學史撰寫的
理論上的突破，對新時期現當代文學史的重新建構起到了重要的推動作用。
此後出現了多種版本的《二十世紀中國文學史》，可見「二十世紀中國文學」
的命題在現當代文學史架構上產生的影響。而「重寫文學史」討論中所確立
的啓蒙標準和審美標準則更是從根本上改變了史家的述史立場和價值評價，
從而導致新時期中國現當代文學史的內涵的轉變。諸如，文學史的發展的脈
絡不再以文學上的階級鬥爭或左翼文學爲主，而是把重點放到新文學自身發
生發展的特點和規律上來；作家作品的選擇也不再以階級標準或政治標準劃
線，許多被過去的文學史批判、迴避或淡化的重要的文學流派和作家被挖掘
出來給予介紹和評價。流派如象徵詩派、新月派、雨絲派、現代派、七月派、
九葉詩派、白洋淀詩群等；作家如沈從文、徐志摩、錢鍾書、張愛玲、周作
人、馮至、路翎、徐訏、無名氏、食指、芒克等。這種述史立場和內容的轉
換，真正改變了現當代文學史的內涵和格局。

　　自從鴉片戰爭使中國蒙羞受辱之後，富國強兵一直是近代以來幾代中國
先進知識分子不息的追求和夢想，無論是戊戌變法、辛亥革命、五四運動這
些著眼於政治制度或思想文化的變革或革命，還是「以夷制夷」、洋務運動、
實現四個現代化、改革開放這些著眼於器物或經濟層面的口號或政策，無不
或明或暗地隱含著現代化和現代性的訴求。早在 20 世紀 30 年代，胡適在《信
心與反省》中反省中國文化時說：「一個民族也和一個人一樣，最肯學人的時
代就是那個民族最偉大的時代；等到他不肯學人的時候，他的盛世已過去了，
他已走上衰老僵化的時期了，我們中國民族最偉大時代，正是我們最肯模仿
四鄰的時代；從漢到唐宋，一切建築、繪畫、雕刻、音樂、宗教、思想、算
學、天文、工藝，哪一件裏沒有模仿外國的重要成分？佛教和他帶來的美術、
建築，不用說了。從漢到今日，我們的曆法改革，無一次不是採用外國的新
法；最近三百年的曆法是完全學西洋的，更不用說了。到了我們不肯學人家

的好處的時候，我們的文化也就不進步了」。〔註3〕他在批評薩孟武、何炳松等十教授的《中國本位的文化建設宣言》時說：「中國的舊文化的惰性實在大得可怕，我們正可以不必替『中國本位』擔憂。我們肯往前看的人們，應該虛心接受這個科學工藝的世界文化和它背後的精神文明，讓那個世界文化充分和我們的老文化自由接觸，自由切磋琢磨，借它的朝氣銳氣來打掉一點我們的老文化的惰性和暮氣。將來文化大變動的結晶品，當然是一個中國本位的文化，那是毫無可疑的。如果我們的老文化裏真有無價之寶，禁得起外來勢力的洗滌衝擊的，那一部分不可磨滅的文化將來自然會因這一番科學文化的淘洗而格外發揮光大的。」〔註4〕胡適當時提出的「一心一意的走上世界化的路」的「充分世界化」的主張已經明確包含著「全球化」的含義。新時期改革開放之初，當我們以開放和進取的姿態主動打開已經封閉多年的國門面對世界的時候，我們最直接感受到的是我們的科學技術和經濟發展已經大大落後於西方先進國家。這激勵著我們大力引進先進的科學技術和管理經驗，改變與經濟發展和社會發展不相適應的經濟體制和政治體制。於是我們從計劃經濟轉變為市場經濟並逐步建立起保證市場經濟健康發展和社會穩定進步的一系列的法制秩序。與此相應，在思想文化上，自 20 世紀 80 年代以來大陸上升起了一波又一波的「西方熱」，而文學創作與研究在此扮演了最活躍的角色。早在 20 世紀 70 年代末和 80 年代初，帶有西方現代派詩歌色彩的「朦朧詩」和受佛洛依德精神分析學影響的「意識流小說」就引起了人們的熱切關注和討論。到 80 年代中期，在「方法熱」和「觀念熱」的推動下，流行於西方的各種文學觀念和批評方法似乎一夜之間在國內遍地開花。形式主義批評、象徵主義、表現主義、接受美學、文學解釋學、新批評、結構主義、解構主義、符號學、現象學、原型批評等等西方近現代文學觀念和批評方法都成了當時時髦的理論話題，甚至伴隨現代科技出現的系統論、控制論和信息論也被拿來作為研究文學或解決學術問題的靈丹妙藥。與此相應，創作上也掀起了現代主義小說和先鋒探索小說的大潮。如果說新時期之初宗璞的《我是誰》和王蒙的《春之聲》這些帶有現代主義色彩的作品還局限於對西方現代派敘事技巧的模仿的話，那麼，到 20 世紀 80 年代中期，以劉索拉的《你別無選擇》、徐星的《無主題變奏》、殘雪的《蒼老的浮雲》為代表的一批從

〔註3〕 胡適：《胡適文存》四集，黃山書社 1996 年版，第 336 頁。
〔註4〕 胡適：《胡適文存》四集，黃山書社 1996 年版，第 398 頁。

敘事方式到文學思想都表現出強烈的現代主義特點的作品的出現，標誌著西方的現代派文學樣式在中國的正式形成。與此同時，以馬原的《拉薩河女神》、《岡底斯的誘惑》、格非的《迷舟》、余華的《現實一種》爲代表的先鋒探索小說也在當時的文壇產生了重大的影響。這種打破自我封閉後的主動地「走向世界」和大膽地自我「拿來」，說到底是民族國家的現代性籲求使然。這股大膽「拿來」，走向世界的現代主義或全球化文學思潮從 20 世紀 80、90 年代一直延續到 21 世紀初，其所具有的世界性和開放性的眼界和胸懷，給我們的文學創作和文學研究帶來了新的參照系、新的視野和視角，提供了新的方法和資源。當然也相應地影響到我們文學史的書寫與建構。最突出的表現就是，與以往的文學史相比，新時期的現當代文學史對西方現代派及其影響下的文學流派和作家作品，不再採取徹底否定或迴避的態度，而是客觀地介紹和分析其思想藝術特點及在現當代文學發展的歷程中所起的作用及文學史意義。這樣，一批在以往的文學史中被埋沒或被當做「逆流」批判的流派或作家或被「挖掘」出來，或給予「落實政策」平反昭雪。如李金髮爲代表的象徵主義詩派，馮至、陳煒謨等人的淺草、沉鐘派，戴望舒等人的現代詩派，穆時英、劉吶鷗等人的新感覺派，穆旦、鄭敏等人的九葉詩派及無名氏、徐訏等紛紛走進文學史並得到較高的評價，成爲新時期現當代文學史的看點、熱點或亮點。此外，港臺文學、海外華人文學及少數民族文學也開始作爲中國現當代文學的組成部分被寫進文學史。這明顯的是由文學思潮引起文學觀念、述史立場和價值標準的改變進而促進了文學史內涵和建構的改變。

　　回顧整個中國文學發展的歷史，大體說來，宋元之前基本上是詩、文等貴族化的雅文學，而到宋元之後，則出現了世俗化的曲和小說的所謂俗文學。形成「雅」「俗」兩條文學線索平行發展的局面。清末民初，黃遵憲、梁啓超等以「開通民智」爲目的，掀起「詩界革命」、「文界革命」、「小說界革命」、「戲曲界革命」等使文學趨於平民化和政治化的文學變革主張。此後在全國掀起一股創辦白話報的熱潮。如 1897 年《平湖白話報》創刊，1898 年《無錫白話報》創刊，1901 年《杭州白話報》創刊，1903 年《中國白話報》創刊，1904 年《京話日報》創刊等。小說期刊也如雨後春筍般湧現。如著名的晚清四大小說雜誌：即梁啓超主編的《新小說》，李伯元主編的《繡像小說》，吳趼人主編的《月月小說》和徐念慈、黃人主編的《小說林》等。出現了世俗文學特別是世俗小說的勃興和繁榮。在梁啓超發起「小說界革命」之後，十

年間出版小說「至少在一千種以上」。〔註5〕本來，五四文學革命提倡白話文反對文言文的總體要求是打破古典文學的貴族化傾向而要建設平民文學，但文學革命的倡導者們站在精英文學的立場把世俗文學都當成「鴛鴦蝴蝶派」進行批判和清算，由此世俗文學在新文學中成了不入流的旁門左道。為總結1917至1949年文學發展成就而編撰的《中國新文學大系》中幾乎沒有收錄通俗文學作品。1949年之後的共和國文學更基本上是左翼的主流文學一統天下，世俗文學幾乎銷聲匿跡。改革開放後雖然港臺的武俠和言情小說洶湧而入並迅猛流行，但也基本處於坊間流傳的狀態而不能擠進莊嚴的文學殿堂。其實「主流意識形態文化、精英文化和世俗文化的三足鼎立是社會常態的文化現象。三種文化的相互碰撞或批評，相互滲透或補充，才能促進社會和文化的正常發展。任何一方的畸形發展或佔據獨尊的地位都會給社會帶來嚴重的不良後果。憑藉國家權力來提倡和運作並以維護現行政權和社會政治的穩定為最終目標的主流文化當然是重要的，但是，如果把它作為唯一的文化形態，就會產生文化專制主義而釀出類似「文革」的苦果；負有社會批判使命的精英文化以超前的精神永遠不懈地探索著人類更合理更理想的生存方式，但也往往帶上脫離社會現實的空幻色彩；世俗文化雖然有商品消費、實用主義等帶來的種種弊端，但它也幫助人們直面現實，揭破理想主義的虛幻的夢想，為發展市場經濟不斷地衝破傳統或主流設置的思想禁區。所以主流文化、精英文化和世俗文化在相互制衡、相互滲透和補充的情況下協調發展才是社會正常的文化形態。」〔註6〕所以，應該承認世俗文學存在的合理性。20世紀90年代初的經濟市場化改革，使市場邏輯的魔手開始在社會的各個領域發揮其神奇的作用。它把一切包括文化都變成了商品。既是商品，自然就要媚悅大眾，製造賣點。因為文化商是把其作為賺錢的工具，而消費者自然也把其作為花錢買來可供排遣、釋放現實生活壓抑、苦悶的一件商品。於是，在實用主義和現實欲望的驅使下，具有商品的消費性和媚俗性、實用主義的即時性、快感性和娛樂性的世俗文化蓬勃發展起來。與此相應，在世俗文化裏挾下的世俗文學由潛滋暗長而遍地開花，似乎一夜之間蜂擁而出。與主流文學和精英文學分庭抗禮。諸如《過把癮就死》，《有了快感你就喊》，《冷也好，熱也好，活著就好》，《我愛美元》等等作品的標題就是這種世俗文學衝破禁

〔註5〕阿英：《晚清小說史》，人民文學出版社1980年版，第1頁。
〔註6〕田建民：《全球化趨勢下的文學合理性》，《河北學刊》2004年第6期。

區、揭露虛偽、表達自我欲望的最直白的宣言。在市場經濟的社會語境下，文化傳媒也相應地呈現出了大眾化的趨向。文學期刊的市場策劃炒作出一波又一波的文學新潮。一時新寫實小說、新狀態小說、新市民小說、新都市小說、新體驗小說搞得人們眼花繚亂。這種由經濟轉型而帶來的市場化的世俗文學思潮自然也影響到文學研究和文學史的書寫與建構。較早關注、正視並著手研究通俗文學的是范伯群、嚴家炎、湯哲聲、孔慶東等學者。出版或發表了一批研究通俗文學的專著和論文。其中有代表性的是嚴家炎的《金庸小說論稿》（北京大學出版社 1999 年 1 月版），范伯群主編的《中國近現代通俗文學史》（江蘇教育出版社 2000 年版）和范伯群、湯哲聲、孔慶東等合著的《20 世紀中國通俗文學史》（教材）（高等教育出版社 2006 年 4 月版）。諸多的為通俗文學正名並論證其文學價值和文學史地位的研究成果的出現，特別是專門的通俗文學史和通俗文學史教材的出版，自然影響到整個中國現當代文學史的書寫與建構。其突出的表現就是世俗文學在此後編寫的文學史中取得了合法的地位，一些文學史加進了論述通俗文學的章節，張恨水、金庸、瓊瑤、王朔等通俗或世俗文學作家被寫進了文學史。甚至有人在「文學大師排座次」中用金庸來置換了茅盾。

以上我們對新時期以來文學思潮對文學史書寫與建構的影響進行了簡單的梳理與分析。大體說來，在文學思潮的衝擊和啟發下，文學史的編撰從左的僵化的思維模式中解放出來，開始重視文學的屬性及文學自身發生發展的特點和規律，以開放的包容的姿態和世界的眼光來架構現當代文學的發展框架，以思想性和藝術性的標準來選擇和評判作家作品，使得文學史的描繪更加全面、客觀和真實。這就是文學思潮對文學史書寫與建構的正面影響，是「得」的方面，也是代表了主流和發展趨勢的主要方面。是值得肯定和發揚的。當然，在文學思潮影響下的文學史的書寫與建構也存在著一些值得探討和研究的問題。下面我們也做一簡要的分析。

首先，「二十世紀中國文學」這一命題的提出，對打破政治化的文學史框架的束縛起了相當大的啟示和促進作用，但是，「二十世紀中國文學」作為「史」的構架卻並不是完美而富於科學性的，是值得商榷的。文學史的劃分時期不能像比著尺子畫表格一樣精細分明。「這種以整體的時間切割來斷代分期的方式其實並不能凸顯文學史發展的實際情況。某一時期或某一階段的文學史是要描述出這一時期或一階段的文學總體概貌、發展走向及它與其它時期或階

段的文學的不同特色，而不是不考慮文學發展特點的時間切割，也不是如勃蘭兌斯似的只論述一個世紀的某種文學思潮或流派。文學史不像一塊豆腐，可以由著我們整整齊齊地切割成大小均等的方塊。文學的發展更像綿延流動不息的長江大河，我們對這條大河的把握，考察它某一段的地形地貌、水流情況等，比量出它的長度進行等距離地分割更有意義。所以，按照……16 世紀、17 世紀、18 世紀這樣的分期法來寫文學史，顯示不出文學發展的特點和規律，因為文學的發展變化不一定都要等到世紀之交的交界點上。」〔註7〕錢鍾書認為：「夫斷代分期，皆為著書之便；而星霜改換，乃天時運行之故，不關人事，無裨文風，與其分為上古、中古或十七世紀、十八世紀，何如漢魏唐宋，斷從朝代乎」？〔註8〕還有，在去政治化反撥或新啓蒙思潮下的所謂「純文學」或「文學本體論」影響下，有的文學史有意淡化現當代文學中文學與政治的密切關係，淡化或遮蔽一些與政治關係密切的重要的作家作品而去挖掘所謂「純文學」作品。其實去政治化也是一種政治化。反對文藝的政治工具論沒有錯，但極力鼓吹文藝本體論和純文學卻使文學處於失重的「不可承受之輕」的尷尬境地。文學不再是時代的寵兒和社會關注的焦點，似乎全世界的人都背叛了文學，冷落了作家。其實，文學的被邊緣化也正是文學去政治化，放棄社會責任和承擔意識所付出的代價。文學不依附於政治，但也絕不能與政治絕緣。而是要與政治建立一種即相對獨立又互補互動的良好關係。絕不能離開社會現實躲到空中樓閣去自歎自賞。

第三，受世俗化文學思潮的影響，有的文學史的寫作出現了對世俗化文學過分強調和過度闡釋的傾向。如在晚清小說和翻譯文學中挖掘現代性因素而認為五四文學革命壓抑了這種世俗文學的現代性，甚至為了強調金庸而否定茅盾。受現代主義或全球化文學思潮的影響，有的文學史生硬地把少數民族文學與港臺文學拼接在文學史中搞成「碎片」拼圖式的「大文學史」。其實，我們的文學史寫作要著眼於整個新文學發展的源流。既要承認「多元」的「眾聲喧嘩」，但也決不能「無主題變奏」。「這個「多元」，就是在形式上的無限「多元」和內容上的「有限」「多元」，所謂形式上的無限「多元」，就是要打破以往只認定現實主義，甚至社會主義現實主義或革命的現實主義和革命的浪漫主義相結合的所謂「兩結合」的創作方法，

〔註 7〕 田建民：《關於現當代文學史寫作的幾個問題》，《河北學刊》2001 年第 3 期。
〔註 8〕 錢鍾書：《中國文學小史序論》，《國風半月刊》3 卷 8 期，1933 年 10 月。

而承認我們的新文學史中既有現實主義、浪漫主義，又有超現實主義、唯美主義、象徵主義、現代主義、後現代主義等，不管什麼主義，只要它提供了一種值得人們欣賞的文學範式，我們都可以把它寫進文學史進行介紹和欣賞；所謂內容上的「有限」「多元」，就是打破以往單純地以政治標準和階級立場為標尺來選擇和衡量作家作品，而尊重文學這種『允許人們以任何方式講述任何事情』的特點來選擇和評價作家作品。這樣，我們的眼界才會放寬，才不至於把眼睛只盯在那些有明顯的階級色彩和政治傾向的作家作品上，而同樣關注那些表現愛情、親情、友情及人類之愛、自然風光、生命體驗、命運抗爭等以人性和美為描寫對象的作家作品。但是，我們在注意文學範式的多樣性和文學內容的寬泛性的同時，更要注意反映新文學的現代性，即理性與科學民主的五四精神，拒斥那些宣揚封建迷信、強權暴力及沒落情調的作家作品。這就是我們的既注意五四新文學發展源流中的主流，又注意文學的自身的特點的多元的寬容態度。」〔註9〕

〔註 9〕 田建民：《全球化趨勢下的文學合理性》，《河北學刊》2004 年第 6 期。

三、一部以現代性視角全景式關照現當代文學的創新型史書——讀嚴家炎主編的《二十世紀中國文學史》

　　2010 年現當代文學教學研究上值得記取的一件大事，就是由嚴家炎教授領銜，組織陳思和、方錫德、關愛和、袁進、解志熙、孟繁華、王光明、黎湘萍、程光煒等眾多現當代文學研究界的著名學者，歷經八個寒暑的艱辛努力編寫的《二十世紀中國文學史》（以下簡稱《文學史》）由高等教育出版社正式出版發行。因爲這套三卷本的《文學史》的出版，不是一般意義上又多了一套可供現當代文學教學選擇的文學史教材，而是在新時期以來 30 多年的教學和教材編撰的經驗及科學研究成果積累的基礎上，對現當代文學史的重新架構和理論突破。因而在某種意義上來說，它不僅是一套教科書，而且是具有整個現當代文學學科總結性的研究專著。其特點和成就突出的表現在以下幾個方面。

　　首先，以現代性爲選取史料、描述歷史和理論闡述的主軸線和基本價值參照。所謂「現代性」雖然眾說紛紜、莫衷一是，但作爲一種以人本主義爲基礎的人文理想，在尊重人的理性，主張世界的合目的性的持續進步發展，在藝術上對眞、善、美的追求等價值理念上已爲絕大多數人所接受。以現代性的視角來關照中國現當代文學的發生發展，比起以政治的、革命的、階級的、或是創作方法上的現實主義、浪漫主義、現代主義等種種視角都有更大的包容性，並且也更符合二十世紀國人爲民族獨立發展而啓蒙奮鬥的歷史和文學創作發展的實際。本書的主編在全書的引論中明確表示：「二十世紀中國

文學的成分是多元的，其發展過程也是曲折起伏有時甚至要付出沉重代價的；但毫無疑問，現代性不僅構成這階段文學的重要脈絡，並且也是它區別於古代文學的根本標誌」。基於這樣的認識，本書在結構框架、作家作品評價及社會文化思潮、文學思潮的描述和闡釋上與以往的文學史相比，都不乏創新和突破。篇章結構上不再受政治史或政治的左右，不再把革命文學的發生發展作為文學史的唯一主流和撰寫文學史的最終旨歸，而是在現代性的視角下尊重現當代文學發生發展的自身特點來組織篇章結構。諸如：以往的現代文學史教材在講「五四文學革命」一章時，多從「破」的鬥爭哲學的角度把批判所謂「國粹派」、「學衡派」、「甲寅派」作為重要內容。而《文學史》卻從「立」的現代性視角，淡化了批判和鬥爭的色彩而把「外國文學作品的譯介與西方文學思潮的傳入」和「新文學社團的蜂起和流派的產生」作為重要內容突出出來。此外，在入史作家作品的選擇與篇章安排上，本書也淡化了政治影響而在現代性的視角下以作家的創作成就和作品的文學價值來作為入史及評判其文學史地位的標準與尺度。本書除魯迅獨佔一章之外，其它作家均未單章介紹。而是以其文學成就而用三節、兩節、一節、或多人合用一節來介紹。大致是郭沫若、艾青各占三節，茅盾、巴金、老舍、沈從文、曹禺、馮至各占兩節，其它作家則是一節或多人合用一節。這種評判與安排基本上符合文學史的事實而能夠被人們認同。這裡與以往一些文學史教材不同的是提升了沈從文和馮至的文學史地位，再有就是本書把周作人、張愛玲作為專節講解的重點作家，這也是對以往一些文學史教材的突破。沈從文、張愛玲等作家能夠得到重視，說到底是由於在現代性的視角下文學觀念的改變帶來評判標準的改變。正像本書主編在全書的引論中說的那樣：「……張愛玲那樣專寫日常生活，專寫大都市的中上層女性心理，表現包括欲望在內的世俗化的內容，有的表現得很深刻，這又是一種現代性；沈從文那樣以湘西少數民族的本真、雄強、樸實、真誠、敢愛敢恨來反襯現代都市中某些人的虛偽、自私、怯懦、無能、不負責任，這同樣是一種現代性，完全不能像過去那樣稱之為『向後看』」。還有，本書在現代性視角下對建國後作家的思想情感轉變與當時的意識形態交織互動的複雜狀態的分析也相當深刻。以往提到建國初期的文學，總是片面地強調作家被強制性的進行思想改造，文學創作受到了意識形態的強大壓力而變為政治化和公式化的頌歌。《文學史》在現代性理論視角下從作家自身的自我認同和思想情感的變化做了深入的分析。指出當

時的情況是：「在毛澤東思想指導下，中華民族實現了建立一個獨立、民主的現代國家的夢想，毛澤東作爲一個具有超凡魅力的領袖，他獲得了全民族的衷心愛戴，建立了至高無上的權威，他成了民族靈魂的化身。對毛澤東的信賴和對毛澤東思想的信仰，成了一個時代流行的政治態度、信仰和情感。作爲一種政治文化，它已經融進民族群體的潛意識。作爲文學生產的群體，不僅受到民族群體意識的影響，同時，舊的社會制度死亡之後，對於大多數文學家來說，他們也需要自我認同的重新確認。……因此，文學的生產和發展，如果片面地強調受到意識形態壓抑的說法，顯然是難以成立的。……作爲一個建設現代化的國家，動員一切社會力量實現現代民族國家的目標，本身就具有無可抗拒的感召力，作爲知識分子，內心洋溢的國家民族關懷不經意地便會爲這種話語所調動。文學家在社會需要爲它的總目標服務的時候，他們即便不是期待已久，內心也充滿了對此作出回應的極大熱情。這裡既有這種文化的規約，也有傳統文化的深遠影響。」〔註1〕這種分析符合歷史事實，很具說服力。

其次，本書的另一個突出特點就是對整個中國現當代文學的發生發展進行了全景式的掃描。以往的中國現當代文學教材多分爲現代文學史和當代文學史兩部分。現代文學史大多可以定義爲「1917～1949大陸漢語文學史」，多把現代文學的發端定在五四文學革命或20世紀初梁啓超提倡的「新民」文學思潮。而當代文學史則可以定義爲「共和國文學史」。本書不從政治角度而從文學自身角度考慮，在現代性的視角下把所謂現代文學和當代文學整合在一起，從時間上把現代文學的發端追溯到19世紀80年代末90年代初。並提出三個理由：一是黃遵憲在1887年定稿的《日本國志》中就提出了「言文合一」的主張，比胡適在《文學改良芻議》中提出的同類論述早了30年；二是陳季同在1890年出版了用法文寫的第一部現代意義上的中篇小說《黃衫客傳奇》；三是1892年韓邦慶的反映上海現代都市生活的作品《海上花列傳》開始在《海上奇書》上連載。可謂言之有據，論從史出。本書把下線劃到20世紀90年代，眞正是跨越了一百年的歷史。從空間說，以往的現代文學史大多是限於大陸的漢民族文學史，當代文學史則是「共和國的漢民族文學史」。有些上世紀90年代後出版的文學史雖然加上了「港臺文學」或「海外華人文學」的章

〔註1〕嚴家炎主編的《二十世紀中國文學史》下冊，高等教育出版社2010年9月版，第3頁。

節，但多像在一件縫好的外套上打上一個補丁或加上一個尾巴，不能融於一起，顯得很不協調。《文學史》則「真正覆蓋到了抗戰時期的大後方、根據地、淪陷區三類區域，覆蓋到了二十世紀五十年代直至世紀末的海峽兩岸諸地，因而可以說是真正覆蓋到了全中國。」「它首次突破了作品語言必須以漢語為限的界限，將中國作家用外文、用少數民族語言寫的有成就、有特點的作品同樣寫進了中國文學史，其中包括陳季同用法文寫的中篇小說《黃衫客傳奇》和劇本《英勇的愛》，林語堂用英文寫的《京華煙雲》等長篇小說，黎・穆塔裏夫用維吾爾文寫的《給歲月的答覆》等詩歌，納・賽音朝克圖用蒙文寫的詩集《知己的心》等。」〔註2〕《文學史》寫進非漢語的文學和港臺文學是自然而然地融入而沒有絲毫的「打補丁」或「加尾巴」的感覺。比如寫抗日戰爭勝利以前的臺灣文學就把其列為本書第二十章「抗戰時期的中國淪陷區文學」的第一節「『日據』時期的臺灣文學」；第二十一章「新文學範式的建立及其複雜歷程」的第一節即是「海峽兩岸兩個文學戰線的形成」；在專門寫戰後三十年的港臺文學的第二十七章，在介紹余光中、洛夫等臺灣詩人時把其放在「兩地呼應的現代主義詩潮」中來分析論述，這種編排既自然又合理。所以《文學史》是在現代性的視角下，從文學自身發生發展的特點和規律出發，對19世紀80年代末90年代初至20世紀90年代這一歷史時段內的現代文學、當代文學、港臺文學及華人作家用外文或少數民族語言寫的作品整合在一起進行全景式的掃描。真正稱得上名符其實的《二十世紀中國文學史》。

　　《文學史》的第三個突出特點就是它的研究性和創新性。十年前我在一篇討論現當代文學史寫作的文章中提出：我們的文學史可以有兩種類型，一種是普及型的，一種是研究型的。所謂普及型的，就是寫給一般文學愛好者看的。這樣的文學史，要求通俗全面。編寫者要以一個導遊的身份，把新文學的發生發展以及新文學這個奇妙的園林中的每一處景點介紹交代清楚。研究型的文學史是寫給圈內人即搞現當代文學教學或研究的同行們看的，這些人對新文學園林中的各個景點都已經比較熟悉了，他們不再滿足於導遊的一般性的引導和介紹。他們希望的是有新的發現，最起碼是對舊景觀有新的體驗和新的認識。他們需要的不是導遊，而是具有創新精神的探索者和發現者，是具有獨特個性的欣賞者和評論者。我們以前眾

〔註 2〕嚴家炎主編的《二十世紀中國文學史》下冊，高等教育出版社 2010 年 9 月版，第 344 頁。

多的文學史，基本上都是普及型的文學史，我們所說的「重寫文學史」，在很大程度上，特別是對我們圈內的人而言，是期待這種研究型的文學史的出現。〔註3〕可以說，這套《二十世紀中國文學史》，正是我們所期待的研究型創新性的文學史。嚴家炎先生在爲本書寫的《後記》中表示「它既是教科書，也是一部研究性的專著。說它是研究性的專著，根據在於成果本身具有比較豐厚的學術原創性。儘管這些作者早已是中國近代文學和現當代文學學科的學術骨幹，其中多位還是這個學科的重要學術帶頭人，但他們不肯走現成的捷徑，依然從發掘、佔有相關的原始資料做起，在吸取前人和同代學人研究成果的同時，勤奮地奉獻出自己的誠實勞動，寫出的章節大多有相當厚重的學術分量。他們提出了不少富有開創性、啓發性的論點，有些見解在學術上屬於首次發現，帶來重要的突破。」讀完全書你會體會到，嚴先生這裡所說的絕沒有半句誇飾讚譽之詞，而是實事求是的恰切評價。因爲在本書裏你找不到半句陳言和空話，也不會有讀作家作品詞典式的簡單堆砌材料的感覺，而是字裏行間都能體會到編寫者們強烈的問題意識和創新精神。前面我們談的在現代性視角下對現當代文學進行全景式的重新審視和評判並對其史的框架進行新的整合和架構，除這種總的理論視角和研究方法的創新和突破外，本書在材料的發現、新研究成果的吸收和理論觀點的創新等具體方面均體現出很強的研究型和創新性。

　　先看史料的發掘。本書的編寫者們尊重修史的基本原則，處處從發掘、佔有相關的原始資料做起。眞正做到了史論結合，論從史出。前面我們談到，本書作者就是在發掘出黃遵憲在 1887 年定稿的《日本國志》中的「言文合一」的主張、陳季同在 1890 年出版的中篇小說《黃衫客傳奇》及 1892 年《海上花列傳》開始在《海上奇書》上連載這些新的史料的基礎上，提出現代文學的發端應該在 19 世紀 80 年代末 90 年代初這一觀點的。再如：以往文學史多認爲胡適 1919 年 3 月發表的獨幕劇《終身大事》是中國現代話劇的開端，而《文學史》卻發掘出了早於《終身大事》的 1918 年南開新劇團張彭春編導的五幕劇話劇《新村正》。認爲「《新村正》作爲我國話劇的一個新的開端，其貢獻在於完全擺脫『文明新戲』所形成的陋習，努力在劇本創作與演出技藝方面下苦工夫。它以眞實精細的筆觸，展現了袁世凱當政後中國北方農村血

〔註 3〕田建民：《關於現當代文學史寫作的幾個問題》，載《河北學刊》2001 年 3 期。

淚斑斑的生活畫卷。」〔註4〕還有，以往談起五四文學革命的發端往往只強調胡適的《文學改良芻議》，而忽略了「今之談文學改良者眾矣」的背景情況。《文學史》卻指出「1915 年 10 月，《甲寅》月刊終刊號上登載《申報》駐京記者黃遠庸致編者章士釗的信，就提出『根本救濟（之方），遠意當從提倡新文學入手。』」稍後，陳獨秀、李大釗等均提出了改良文學的主張。〔註5〕這些史料對我們瞭解當時文學變革「實在是眾之所趨、勢所必至的」的情形很有助益。此外，在本書的第五章的第二節，即「外國文學作品的譯介與西方文學思潮的傳入」一節，作者發掘使用了大量的原始資料和統計數字，這裡我們不再一一列舉。

　　再看新研究成果的吸收。《文學史》的編寫者們雖然都是全國知名的學者，但他們不唯我獨尊，而是注意吸取前人和同代學人的研究成果。比如，《文學史》在講解分析魯迅的小說《出關》和《起死》時，就吸收了年輕學者鄭家建的研究成果。指出「對《出關》的解讀，最關鍵之處就在於：要讀通『關』的意義。」「『關』是王權控制的界限。老子的西出函谷關，就是試圖逃離王權的控制，然而，出了『關』又會怎樣呢？這就如關尹喜所預言的，『看他走得到，外面不但沒有鹽，麵，連水也難得。肚子餓起來，我看是後來還要回到我們這裡來的。』可見，即使暫時逃離了王權的控制，但仍然逃離不了生存的種種困擾。這就是一種擺在傳統知識分子人生關口的尷尬。或許這種尷尬也十分近似於魯迅晚年的處境。……從某種意義上說，《出關》是魯迅對他自己的現實處境和即將做出的人生選擇的一次最清醒深刻的思考。」本書作者稱讚「這些探索和闡釋是頗有見地的。」〔註6〕以往研究者多認為《起死》是魯迅對莊子「齊物論」哲學思想的一種反諷。《文學史》吸收了鄭家建的觀點。認為小說在深層次上，還隱藏著哲學家／漢子這樣一個對立的意義結構。「這個對立結構是知識者／民眾這一意義結構的隱喻性表達。對這一意義結構的思考是貫穿魯迅一生的思想活動和精神追求。……可以說，寫在其晚年的《起死》，既是魯迅對其一生從事的

〔註4〕嚴家炎主編的《二十世紀中國文學史》上冊，高等教育出版社 2010 年 9 月版，第 287 頁。

〔註5〕嚴家炎主編的《二十世紀中國文學史》上冊，高等教育出版社 2010 年 9 月版，第 152 頁。

〔註6〕嚴家炎主編的《二十世紀中國文學史》上冊，高等教育出版社 2010 年 9 月版，第 195 頁。

啓蒙的思想追求的一種隱秘的自我反諷：對於復活的漢子來說，他所迫切需要的是衣物和食物，他根本無法也無心理解莊子所關注的那些思想；又是對所謂民眾的懷疑：那些在鐵屋中沉睡的將要死滅的人們，即使喚醒他們，又會怎樣呢？這是一個現代性的質疑。《起死》的創作就是魯迅試圖借助一個古代語境來思考這一『現代性『問題』的體現。」《文學史》作者稱讚這一觀點「把《起死》的研究大大推向了深入。」〔註7〕再如，《文學史》第二十一章「文學新範式的建立及其複雜歷程」在講建國後作家的思想情感轉變與自我認同的重新確認時，就吸收了汪暉的觀點。認爲當時的知識分子「重新確認自己的認同，這不只是把握自己的一種方式，而且也是把握世界的一種方式。新的信仰和自我認同需要新的社會制度作爲實踐條件，因此，尋找自我認同的過程就不只是一個心理的過程，而是一個直接參與政治、法律、道德、審美和其它社會實踐的過程。這是一個主動與被動相交織的過程，一種無可奈何而又充滿了試探的興奮的過程。」〔註8〕總之，本書吸收新研究成果頗多，這裡不再贅述。

再看理論觀點的創新。理論觀點的創新是《文學史》最突出的特色。書的每一章節、每一個問題都體現著編寫者們的強烈的問題意識和創新追求。他們決不簡單地蹈襲前人的觀點，而是每一段、甚至每一句話都是經過自己內心的沉浸滋養、深思熟慮的。如一般人們都認爲文學革命時陳獨秀等激進派對傳統的古典文學全盤否定，其證據之一就是陳獨秀提出的「三大主義」中有「推倒陳腐的鋪張的古典文學」的提法。《文學史》作者對此進行了仔細的分析，認爲其實陳獨秀這裡並不是對古代文學的全盤否定。指出：陳的「《文學革命論》本身就讚美了許多中國古代作品，如國風，楚辭，魏晉以下之五言詩，唐詩，韓愈、柳宗元的古文，宋代語錄文，元明劇本，明清小說等等，可以說包括了中國古代文學的精華。陳氏心目中要『推倒』的『陳腐的鋪張的古典文學』，不同於後來人們通常所說的『古典文學』，實際上只指他在通信中一再提到的『古典主義文學』——也就是駢文、排律和明清兩代的倣古文學。這從他把原本就包括不少寫實作品的『古典文學』有意和『寫實文學』

〔註7〕嚴家炎主編的《二十世紀中國文學史》上冊，高等教育出版社2010年9月版，第195頁。

〔註8〕嚴家炎主編的《二十世紀中國文學史》下冊，高等教育出版社2010年9月版，第3頁。

相對立，也能體味出來。」〔註9〕這種分析是到位而有說服力的，糾正了人們多年來的籠統而片面的認識。再如，魯迅在解釋寫小說《補天》的創作動機時表示「也不過取了弗羅特說，來解釋創造——人和文學的——的緣起。」對此，人們一般從佛洛伊德精神分析學的角度理解魯迅是表現的無論是女媧的造人——創造，還是文學創作，都是佛洛伊德所謂性苦悶的驅使所爲。《文學史》作者分析說：「《補天》原本與文學的創造無關，女媧不是作家，小說裏也不曾交代她寫過什麼作品，魯迅爲什麼要把表現『文學創造的緣起』說成是《補天》寫作意圖之一呢？似乎只有一個解釋：即作者借女媧『創造』『人』的遭遇，寫出自身在『創造』『文學』過程中既有歡樂也有煩惱的類似的體驗。」〔註10〕這種問題意識和探索精神難能可貴，而其提出的觀點也不失爲一家之言。還有，人們對許地山的小說《命命鳥》的主題一般簡單定義爲青年男女以殉情來反抗封建家長和社會習俗。而《文學史》則認爲除了反抗封建家長的實際意向外，還「突出顯現了佛教徒涅槃歸真的教義內涵，同時也表達了作者自身的『無我相』的戀愛觀：真正的愛情應該是同患難、共命運、經得住生死考驗的。這種多重複合的豐富意蘊，構成了許地山小說的一個特點。」〔註11〕這種深入到位的精細分析，真正抓住了許地山早期小說的獨到特點。此外，對艾青「詩的『現代中國』總體形象」的分析，對張愛玲的「反傳奇的傳奇」的小說敘事策略的分析等，無不深細精警，新意迭出。不再贅述。

總之，《文學史》是在新時期以來 30 多年的教學和教材編撰的經驗及科學研究成果積累的基礎上完成的一部具有整個中國現當代文學學科總結性的教科書和研究專著。它以現代性爲選取史料、描述歷史和理論闡述的基本價值參照，對整個中國現當代文學的發生發展進行了全景式的掃描，在史料的發掘、新的研究成果的吸收和理論觀點的創新等方面均有突出貢獻，顯示出研究型和創新性的特點，是一部真正的名符其實的《二十世紀中國文學史》。

〔註 9〕嚴家炎主編的《二十世紀中國文學史》上冊，高等教育出版社 2010 年 9 月版，第 153 頁。

〔註 10〕嚴家炎主編的《二十世紀中國文學史》上冊，高等教育出版社 2010 年 9 月版，第 193 頁。

〔註 11〕嚴家炎主編的《二十世紀中國文學史》上冊，高等教育出版社 2010 年 9 月版，第 261 頁。

四、中國現代文學研究的全面檢閱
——讀《中國現代文學研究史》

　　與歷史或古典文學這些老學科相比，中國現當代文學還屬於有很大發展空間的年輕的學科。比如，早在現代文學創生之初的上世紀 20 年代，李大釗、梁啓超等人已經做著史學「研究之研究」的課題。〔註 1〕在文學領域，作爲「文學研究之研究」的工作在古代文學學科最先起步，1927 年陳鍾凡就在中華書局出版了《中國文學批評史》，此後，郭紹虞、朱東潤、羅根澤、敏澤等在文學批評史或文學理論批評史方面均有令人矚目的成果。〔註 2〕1995 年，郭英德出版了《中國古典文學研究史》（中華書局），從「史」的角度對古典文學研究進行了較爲系統的梳理與評判。2003 年，河北人民出版社出版了董乃斌、陳伯海的《中國文學史學史》，有意識的借鑒歷史學科中的「史學理論與史學史」的研究方法對文學史研究的進程加以歷史的梳

〔註 1〕 李大釗於 1920 年在北京大學編撰《史學思想史講義》，梁啓超則於 1922 年在南開大學講授《中國歷史研究法》並提出「史學史」的概念。如今「史學理論與史學史」已經成爲歷史學一級學科之下的一個相對獨立的二級學科。出版了一批頗有影響的史學史著作。如金毓黻的《中國史學史》（商務印書館 1999年版）；白壽彝的《中國史學史》（北京師範大學出版社 2004 年版）；王樹民的《中國史學史綱要》（中華書局 2000 年版）等。

〔註 2〕 郭紹虞的《中國文學批評史》上冊，商務印書館 1934 年版，下冊，商務印書館 1947 年版，《中國古典文學理論批評史》，人民文學出版社 1959 年版；朱東潤的《中國文學批評史大綱》，開明書店 1944 年版；羅根澤的《中國文學批評史》中華書局 1962 年版；敏澤的《中國文學理論批評史》人民文學出版社 1979 年版。

理。2006年，由黃霖主編的七卷本《20世紀中國古代文學研究史》〔註3〕
面世，這是一項全面展示古代文學研究之研究進程的重要成果。與此相比，
現代文學的「研究之研究」則顯得稚嫩而又滯後，建國後至新時期初本學
科的研究工作基本上限於史料的建構和對一般作家作品或思潮流派的研究
上。直到上世紀80年代後才出版了幾部較有影響的帶有「研究之研究」性
的著作，但多是專題式的。〔註4〕直到2008年廣東人民出版社出版的黃修
己、劉衛國主編的《中國現代文學研究史》（以下簡稱《研究史》），才是第
一次用史的編纂法，尋源追終，縱貫全程，分別時期，全方位而有系統地
記述、選擇、梳理、比較、評判和研究自1917年中國現代文學誕生到2007
年這將近一個世紀以來新文學批評和研究的整個發展過程，為中國現當代
文學學科搭建起歷史框架，真正建立起了整個現當代文學學科意義上的
「史」的書。這部工具性與學理性兼具的《研究史》的出版，不但是對本
學科研究領域中的「研究之研究」的重大突破，也是中國現當代文學學科
走向成熟的標誌。在該書的前言中作者把本學科的學者以時間的的先後分
為五代，按照這種分法，該書的主編黃修己就是其中第三代中幾位最優秀
的學者之一。早在上世紀80年代初就出版了他獨著的頗具個性的《中國現
代文學簡史》〔註5〕。此後又著有《中國新文學史編撰史》〔註6〕等多部文
學史或文學史學史著作。可以說他對於中國現當代文學的發展進程及各種
思潮和觀點早已了然於心，這使得其在搜求和評判史料上能夠得心應手；
而他多次撰寫文學史或文學史學史的實踐，又使其能夠駕輕就熟地構架起
《研究史》的框架和系統。正是由於有這種深厚的學術積累和研究功力，
所以他能夠帶領劉衛國、姚玳玫、吳敏、陳希等幾位年輕學者經過近六個
寒暑的艱辛努力，完成了這部裨益學科，造福後學的百萬字史著。具體說
來，《研究史》在以下三個方面顯示出其獨具的特色和成就。

〔註3〕 這套書2006年由東方出版中心出版，分別由周興陸、羊列榮、寧俊紅、許建
　　　平、陳維昭、黃念然、曹辛華等人從總論、詩歌、散文、小說、戲曲、文論
　　　和詞學七大方面對古代文學研究進行了全方位的系統的梳理、比較與評判。
〔註4〕 如陳金淦的《魯迅研究的歷史與現狀》，江蘇教育出版社1986年版。袁良俊
　　　的《魯迅研究史》上卷，陝西人民出版社1986年版。袁良俊的《當代魯迅研
　　　究史》，陝西人民教育出版社1991年版。王富仁的《中國魯迅研究的歷史與
　　　現狀》，浙江人民出版社1999年版等。可參見《研究史》，第956～963頁。
〔註5〕 中國青年出版社1983年版。
〔註6〕 北京大學出版社1995年版。

　　首先是結帳式的梳理與點、線、面兼顧的史家風格。胡適在《國學季刊》發刊宣言中談整理國故時提出要用一種結帳式的方法來整理。他說：「一種學術到了一個時期，也有總結帳的必要。學術上結帳的用處有兩層：一是把這一種學術裏已經不成問題的部分整理出來，交給社會；二是把那不能解決的部分特別提出來，引起學者的注意，使學者知道何處有隙可乘，有功可立，有困難可以征服。結帳是（1）結束從前的成績，（2）預備將來努力的新方向。」〔註7〕《研究史》就是對整個中國現當代文學研究進行了結帳式的盤點、整理與研究。既在縱的方面以結總賬的高屋建瓴的氣魄和眼光構架出整個史的框架，從總體上勾勒出新文學研究發生發展的總體進程；又在橫的方面以明細帳的方式進行板塊式的梳理與研究。該書上下兩冊共分五卷，從縱的線索上基本上按照文學史的分期方法來架構。上冊的研究時段自1917年現代文學誕生至1949年中華人民共和國成立。下冊的研究時段自1949年直至2007年。橫的方面每個時期側重點雖不盡相同，但大致分為文學批評與文藝理論研究、作家研究、文體研究、文學史研究、史料研究等幾大板塊。如第一卷第三章的文體批評板塊中設了「熱烈的新詩批評」、「繁榮的小說批評」、「略顯空泛的戲劇批評」與「稍顯薄弱的散文批評」四節，對現代文學第一個十年中的詩歌、小說、戲劇和散文這四種主要文體及其伴隨而生的文體批評的發生發展及各自的特點做了詳細的梳理與中肯的評判。《研究史》在對整個新文學研究進行結帳式的盤點、整理與研究時又注意了點、線、面兼顧的著史方式。所謂「點」，就是對那些在文學史上起了重大影響、改變了文學的面貌或發展方向的文學運動、文藝思潮或論爭及重點的作家作品的研究之研究。如本書在文學運動、文藝思潮或論爭方面第一卷著重介紹了新文學批評發生期的《新青年》、文學研究會、創造社、新月社、雨絲社等幾大群體的文學理論和批評；第二卷則著重研究階級論文學批評和社會／歷史批評的時代主潮；第三卷則突出對延安文藝整風的研究等。這些都是使新文學發生了重大轉折的文學運動或思潮。而在作家研究上則把重點放在魯迅、郭沫若、茅盾等大家之上。所謂「線」，包括年代的分期和對新文學研究發生發展的脈絡，各種文學運動、文學思潮或流派的承傳關係的梳理和研究；所謂「面」，就是照顧好整個新文學研究發展的各個領域，不僅突出魯迅、郭沫若、茅盾這些現代文學園林中的參天大樹，而且把冰心、丁玲、葉紹鈞、錢鍾書等別具風姿的

〔註7〕　胡適：《胡適文存》二集，黃山書社1996年版，第8頁。

奇花異卉攝入鏡頭，共同展示整個新文學園林的總體景觀。正是這種結帳式的全面梳理與點、線、面兼顧的行文方式，使得《研究史》既有史的整體感和厚重感，又綱目清晰，繁簡得當，重點突出。

其次，論從史出的客觀求實的評判。在《研究史》的前言中作者道出了寫作此書的方法和原則：「必須堅持從歷史的實際出發，面對著如山似海的資料，一一檢讀、摘取、編構，力求所形成的體制能夠盡可能地接近歷史的原態。這使我們與那種理論在先，剪裁歷史事實以證明理論的研究思路和方法異趣。這需要盡量排除先入之見，包括似乎是定論的某些看法，一切從實際出發，尊重事實，尊重歷史」。其實作者所強調的就是歷史學科所強調的「論從史出，史論結合」的研究思路和原則。按照這樣的原則和方法，此書避免了材料的堆積和研究綜述式的平面與淺顯，而是在盡可能「還原歷史」的基礎上又處處顯示出自己的真知與個性。在描述批評或研究的歷史時決不是簡單的記述而是以夾敘夾議的方式凸顯其理論或觀點並與當時的歷史產生緊密的聯繫，使讀者瞭解這些理論或觀點產生的背景、依據及在當時的意義與局限。儘管研究的對象都是學界的前輩和同行，但卻能做到「不虛美，不隱惡」，以客觀求實的標準褒貶臧否。如對創造社的主要批評家成仿吾的評價。一般搞現代文學的人都知道成仿吾對魯迅的《吶喊》只肯定一篇《不周山》；批評冰心的《超人》偏重想像而不重觀察，只是抽象的記述；批評許地山的《命命鳥》「差不多是純客觀的描寫。」「差不多可以與那惡劣的舊派小說同視」等。似乎成仿吾是一個的酷評家。本書認為成仿吾「不像茅盾那樣重視小說的題材和主題，他重視的是小說能不能『自我表現』，而不是小說『再現』了多少社會現實，反映了多少社會問題。……成仿吾並不推崇寫實主義，他對小說細節描寫的挑剔主要針對以寫實主義相標榜的文學研究會作家，頗有揭文學研究會『強項』的真面目以暴其短的意圖。……成仿吾展現了小說批評的另一種思路和另一種風貌，與茅盾的小說批評相互補充，共同構成了五四時期小說批評的基本格局」。這就把其「自我表現」的理論依據、「為藝術」和「為人生」兩派的不同的藝術追求和兩派之間齟齬及成仿吾批評的個性特點及價值意義都評點得恰切到位。再如對梁實秋的評價。梁實秋在《現代中國文學之浪漫的趨勢》〔註8〕一文中，認為「浪漫主義者的唯一的標準，即是無標準。所以新文學運動，就全部看，是『浪漫的混亂』。」

〔註 8〕見《晨報副鐫》，1926 年 2 月 15 日。

主張以「古典主義」的理性和秩序的指引從普遍的人性出發來進行文學創作。這被看作是對五四新文學的全面否定，被郁達夫嘲之爲「文人的批評中國文學，須依據美國的一塊白璧德的招牌」。〔註9〕對此，本書認爲：「梁實秋這篇小說批評，捕捉到了五四時期小說浪浪傾向這一歷史『現象』，提出了新的創作『路線圖』，撼動了此前小說研究的基本格局。這是他的貢獻。但梁實秋從古典主義立場出發，對五四時期小說創作的浪浪傾向進行了輕率的嘲笑和否定，有失公允」。這也是在對五四反思後站在文化多元的立場上對梁實秋理論的價值和局限做出的公允的評判。對同輩或同行，本書作者也是以「實話實說」的態度，基本上做到了「好處說好，壞處說壞」。如在論到王富仁的《中國魯迅研究的歷史與現狀》一書時，指出該書的特點是「不以史料的豐富和對史料的考辨取勝，而以作者對史料的分析評論見長，富有強烈的理性思辨色彩」。充分肯定了其「對『批評家爲什麼這樣說』有很多出色的分析，如對陳西瀅、梁實秋、成仿吾的魯迅研究，作者指出他們爲什麼與魯迅存在矛盾，分析他們不能深切感受魯迅的原因，相當深入，可以說是發人之所未發。該書的分析總的來說非常精闢，很能給人以啓發」。同時也指出該書的不足或局限是「對研究成果的介紹不多，而多是自己的分析和評價。特別是後面幾章，完全用『六經注我』的方式寫作，削弱了該書的史料價值」。在論到張夢陽的《中國魯迅學通史》一書時，作者指出該書「是目前爲止所有魯迅研究史著中資料最豐富的一部。該書的資料不僅多，而且有的鮮爲人知。」「總結了一些經驗教訓，有一定的理論提升」等。在充分肯定了該書的特色、成就和價值後，也指出該書存在評價標準過寬的毛病。「作者曾說過：『80 餘年的魯迅研究論著，95％是套話、假話、廢話、重複的空言，頂多有 5％談出些眞見。我所說的眞見之文僅占 5％，並非說少了，而是擴大了，其實占 1％就不錯』。但作者還是將 95％的套話、假話、廢話、空話都寫進了這部史著，讓讀者產生閱讀疲勞。由此又帶來詳略失當的問題。」舉一斑而可略窺全豹。《研究史》中所涉及的眾多的論著均非簡單的記述而是以夾敘夾議的方式力求論從史出，給予客觀公正的記述與評判，以實事求是的精神、以爲學科建史的責任感和學術良知，秉持公心，遵循文藝自身的特點和規律來評判一切對現代文學學科發展起了作用或產生了影響的論著，力求做到好處說好，壞處說壞。

〔註9〕郁達夫：《文人手淫（戲效某郎體）》，載《語絲》1928 年 4 卷 18 期。

　　第三，用嚴密的邏輯思辨來抓住關鍵，化繁為簡。雖然新文學的發展只有 90 多年的歷史，但要為整個學科作「全史」，面對的也是浩如煙海的資料和紛繁複雜的頭緒。怎麼抓住本質和關鍵，刪繁就簡，做到綱舉目張，這是對作者的學識、才力和理論素養的一種考驗。《研究史》的作者在這種考驗中顯示出了深厚的學術功力。無論是對「史」的構建還是對每一個問題的論述分析，都是用嚴密的邏輯思辨來抓住問題的本質和關鍵，化繁為簡，以點帶面。既高屋建瓴，又把筆處處落在實處。新文學發展的第一個 10 年和「新時期」特別是上世紀 90 年代是兩個最為開放和活躍的階段。這兩個階段的文壇可以說是派別林立，眾聲喧嘩，各種文藝觀並存。如第一個 10 年裏的《新青年》派、寫實派、浪漫派、新古典主義派、現代派、馬克思主義派等紛紛登場，令人有點眼花繚亂，真可謂是「喧鬧中的開闢」。如何凸顯出各家觀點的特點和價值以及他們之間的區別和聯繫，而不是被他們牽著鼻子走，這就要靠史家的本事，即著者的理論素養和學術功力。對此，著者抓住批評標準這個「綱」來穿起各家觀點。指出倡導新文學之初即「文學革命」時期倡導者們從進化論出發確定的是「白話文學」的批評標準。但是，使用白話文並不能保證新文學作品都是成功的，在思想上、藝術上還需要有具體的批評標準。《新青年》批評家們最初在藝術上確立的是寫實主義的批評標準；在思想上確立的是人道主義標準。人道主義既包括個人主義，也包括博愛主義。新潮社批評家和文學研究會批評家都繼承了這兩個標準。但文學研究會批評家更強調博愛主義，要求文學表現社會人生；在繼承寫實主義標準時為了把寫實主義落到實處甚至提倡自然主義。與此相對，創造社提出了主觀的、表現的浪漫主義和極端的個人主義的表現的藝術標準和思想標準。並且創造社的標準曾一度佔據主流。彌撒社、淺草社、湖畔詩派等均受其影響。但不久創造社在接受馬克思主義之後就告別了浪漫主義。新月社的梁實秋也向浪漫主義開火，提出強調文學的理性與規則的古典主義或新人文主義的標準。而創造社後期的穆木天、王獨清等人，則提出了「純詩論」、「朦朧說」、「契合論」等屬於現代主義範疇的批評標準。與此同時，要求把文學置於無產階級革命的旗幟下的馬克思主義批評標準也在醞釀形成。另外，周作人提出的強調藝術是個性的表現的觀點成為後來興盛起來的自由主義文學觀念和批評標準的源頭。作者憑藉強有力的理論思辨能力，把看來紛繁複雜的問題論述得清晰明瞭，顯得舉重若輕，繁而不亂。再如本書在論述新時期以來文學觀念的嬗

變時，也是抓住批評標準的變化這條關鍵線索來穿起各家學說和觀點。新時期撥亂反正的緊迫任務就是放棄從「十七年」到「文革」逐漸形成的極左的階級政治標準而確立新民主主義標準以爲大批的上世紀30、40年代的作家作品平反。隨著思想解放的深入，啓蒙主義標準又應勢而出。在此標準指導下，開始「高度評價『人的覺醒』。人們用個性解放、自我表現、文化反思、現代人格、主體性、知識分子立場、現代審美意識、世界視野等在五四啓蒙運動中建立的標準來研究現代文學」。自由主義作家得到了進一步的肯定。引發了「重寫文學史」的浪潮。此後，新儒家和後現代分別以譴責激進主義和以反思「現代性」的面貌來反對五四啓蒙運動。進入90年代，自由主義又成爲文學批評的標準之一。再此標準之下，胡適、林語堂、梁實秋等自由主義作家的研究又推進了一步。而「新左派」又以「社會公平」的原則起而反對自由主義的標準。直至後來的「現代性」、「民族國家文學」、「民間」概念及「全人類性」等價值標準的提出。這種提綱挈領式的理論辨析和評判，不僅簡明概括地展示了新時期以來現當代文學研究的進程和文學觀念的發展嬗變，而且把各家觀點梳理得清楚明白，交待了各種觀點產生的背景與原因，各種觀點之間的承繼與聯繫等。讀來確實能令人既增長學識又提高理論水平。

著者在本書的前言中說：「我們的任務首先是爲這一門學科構搭起它的歷史框架，描繪出它的比較清晰的面目，爲我們的學科建史，做這方面的草創工作。既是草創，難免還有粗糙或不盡合理之處；但當我們這部作品呈現在人們面前時，可以說我們的學科自此有史了」。這裡我們可以看到著者的謙遜與自信。他們有理由自信，因爲「爲學科建史」這一具有開創意義的艱巨任務他們終告完成了。當然，作爲旨在爲整個學科構搭歷史框架的書，存在一些遺珠之憾也在所難免。如本書第二卷第三章第二節在論及周作人的《中國新文學的源流》時涉及到了朱自清、鄭伯奇等對其的批評，而沒有提到錢鍾書當時對此書的犀利批判。〔註10〕再如第五卷第四章第三節在論述魯迅研究時沒有論及李天明研究《野草》的專著《難以直說的苦衷》。〔註11〕此書對從內心情感的維度研究《野草》起了相當大的影響，似乎不該遺漏。不過，爲這樣一部規模宏大的著作挑選遺珠之憾頗似在萬里長城上尋找麻子點一樣，當然不會有損於它的成就和價值。

〔註10〕參見錢鍾書：《中國新文學的源流》，《新月月刊》4卷4期。
〔註11〕李天明：《難以直說的苦衷》，人民文學出版社2000年版。

五、全球化語境下文學的機遇與挑戰

　　隨著資本的全球性運作，大批的跨國公司在全球出現；衛星電視和國際互聯網迅猛發展以致很快普及；看好萊塢片，跳迪斯科舞，吃麥當勞、肯德基迅速流為時尚；再加上中國加入 WTO，在經濟、貿易以及與此有關的各個領域與國際接軌，全球化的問題成為近幾年來文化理論和文學研究界密切關注的一個熱門話題。有人在追問全球化是否是一個浪漫的大同世界？到底是「誰的全球化」？全球化是西方中心主義的西方「一體化」還是各民族大融合的文化多元化？現在的全球化只是經濟、信息和技術上的全球化，還是經濟、政治、文化以及文學等全方位的全球化？在全球化的語境下，我們本土的傳統文化或說民族文化將面臨怎樣的挑戰，佔據什麼樣的位置，起到什麼樣的作用？我們的文學和文學研究是受到了西方強勢文化的擠壓而正逐步被淡化或邊緣化呢，還是全球化進程給我們的文學和文學研究帶來了新的參照系、新的視野和視角，提供了新的資源和新的發展契機呢？全球化與本土化是人們爭論已久的「東方文化與西方文化」或「民族化與歐化」這些老話題在新的歷史條件下的變種呢，還是又包含了新的內容和新的意義呢？中西文化是各具特色平行互補的呢，還是二元對立必要分出主輔或取其一而捨其一呢？本文我們就這些問題，特別是影響到文學和文學研究的有關問題做一點簡單的分析。

一

　　我國加入 WTO 前，一些人總是憂心重重地擔心我們的民族工業會被西方發達國家的強勢企業衝垮，事實上，我們加入 WTO 後，一些缺乏競爭力的老

企業確實難以跟上時代的步伐而退出了歷史舞臺，但像「海爾集團」、「春蘭集團」、「聯想集團」等一大批企業卻顯示出更加強勁的發展勢頭。從總體上來說，加入 WTO 後我們的經濟沒有被衝垮，而是每年以大約 10 個百分點的速度迅猛增長。正如加入 WTO 前對民族企業的擔心一樣，面對全球化迅猛發展的趨勢，有些人又產生了文化上的恐懼心理。擔心全球化導致西方的「一體化」，西方的強勢文化會吞併或同化我們傳統的民族文化，在西方的強勢文化的擠壓下，我們的文學和文學研究日趨萎縮，逐漸被淡化、邊緣化。如：有人認為：「全球化仍然是一種西方的敘事，全球化的坐標來自西方的主導範式。」〔註1〕「文化上的全球化實際上就是要把美國的價值標準強加於世界其它民族，使得不同的文化帶有某種趨同（homogenization）的傾向。」擔心「在經濟全球化的大潮中，人文社會科學的位置將顯得越來越不重要，甚至有被全然吞沒的危險。」〔註2〕指出：「西方文化之於我們，既是文化革新的福音，又是文化惰性的警示，無論我們喜歡還是嫉恨它，親近還是疏遠它，我們的心都為它所牽繫，這是毫無辦法的事情。這裡面沒有什麼大不了的奧秘，無非是因為雙方綜合實力的懸殊太大，我們沒有辦法置身於自西（方）而東（方）的全球化大趨勢之外。」〔註3〕這些論述，或隱或顯的表現出對全球化的拒斥、擔心、焦慮或無奈。其實，這種恐懼和擔心是大可不必的。

首先，目前的所謂全球化還多限於經濟和信息領域。文化的全球化現在還是一個遙遠的心造的幻影。並且，就是在經濟和信息領域，全球化也非西方的一體化，而是全球市場的多元化。無論是西方還是東方，都不可能一手遮天，一統天下。白蘭地、人頭馬的消費顯然不能與茅臺和五糧液抗衡；漂洋過海的肯德雞無法取代北京烤鴨的地位；可口可樂的登陸激生出的是娃哈哈、露露等各種飲料的流行。這就是市場的多元競爭。當然，就目前的經濟實力來看，西強東弱，西方憑藉自已經濟上的優勢在制定市場運行規則時起著主導的作用。但是，這種強弱、主從的形勢不是絕對不變的，不是固定的，而是在市場競爭中起伏變化、相互轉換的。就像牛仔褲在 20 多年前是時髦的舶來品，而現在我們的服裝產業已經在世界服裝市場上佔了舉足輕重的位

〔註1〕 南帆：《全球化與想像的可能》，《文學評論》2000 年第 2 期。
〔註2〕 王寧：《全球化語境下的文化研究和文學研究》，《文學評論》2000 年第 3 期。
〔註3〕 昌切：《民族身份認同的焦慮與漢語文學訴求的悖論》，《文學評論》2000 年第 1 期。

置。所以這種主導地位不是某個國家或民族憑藉自己的特殊傳統或資格所確定的，而是在市場競爭中通過不懈的努力所爭得的。這就是市場競爭的鐵律。

　　就文化和文學來說，所謂全球化的影響其實主要來自市場經濟操作下的世俗文化而不是什麼西方文化霸權的威脅。近幾年來，人們經常感歎價值和道德的迷失，社會上人欲橫流，自我中心、享樂主義、金錢至上等有悖於人類的理想操守和道德良知的觀念公開招搖過市；在媒體的操縱和炒作下，影視明星的花邊新聞、搖滾歌手的奇聞逸事、小品演員的灰色幽默、服裝模特的選美大賽以及言情、武打的肥皂劇已經成了最流行的文化快餐。「『文學』的園圃裏推陳出新開出一朵朵奇異妖媚的花：私人化寫作、美女文學、廣告文學、狗仔文學、老闆報告文學、阿貓阿狗文學自傳，假歷史傳奇等等。」〔註4〕其實，以上所列舉的這些令人擔憂的文化和文學現象都是市場經濟條件下催生的世俗文化的表現。市場經濟把一切包括文化都變成了商品，它的負面效應最容易滋生享樂主義、拜金主義的價值觀和實用主義、現世主義的人生觀。「冷也好，熱也好，活著就好」，「我愛美元」等，就是這種價值觀和人生觀的直白的表露。世俗文化的主要特徵就是具有商品的消費性和媚俗性、實用主義的即時性、快感性和娛樂性。既是商品，自然就要媚悅大眾，製造賣點。並且「在實用主義和現實欲望的驅使下，人們把過去和將來關在門外，盡情享受著現實的快樂。過去的已經過去了，未來只是一個美麗的謊言，只有今天，而且只有現在，才是享樂的天堂。於是，人們在此刻的慶典中盡情揮灑著青春，消費著生命。喜新厭舊，追趕時髦，一個熱點接著一個熱點，誰也無法保持昨日的溫度，誰也不再奢望保持昨日的溫度。即刻的瘋狂就是一切。……世俗文化給人帶來的往往是一種快感，而不是美感。……美感不以佔有為目的，而是在靈魂的對話與交流中得到精神上的洗禮與昇華；快感則以佔有為目的，在感性的撫摩中獲得一種實用的滿足。世俗文化就是一種典型的快感文化。在文化商人眼裏，它不過是可以用來賺錢的工具；在消費者看來，它也不過是花錢買來可供排遣、釋放現實生活壓抑、苦悶的一件商品。在獲得宣泄與滿足之刻，快感也就隨之停止，它拒絕昇華也不會產生昇華。」〔註5〕我們許多人所擔憂的所謂「信仰危機」、「精神廢墟」、「價值迷失」、

〔註4〕胡明：《經濟的全球化與文學的現代性》，《文學評論》2000年第5期。
〔註5〕孫秀昌：《世俗文化的成因、特徵及歷史合法性》，《河北師範大學學報》2002年第5期。

「道德淪喪」、「自我膨脹」、「金錢至上」等種種現象,其實都是市場經濟形態的負面影響所產生的正常現象,而不是什麼西方文化霸權強行入侵的結果。就是西方自身的主流意識形態文化和精英文化也同樣受到世俗文化的衝擊和挑戰,我們所說的西方的現代派文學,其實其中的許多派別,如:「達達主義」、「未來主義」、「跨掉的一代」等,他們表現出的都是典型的世俗文化的特點。當然,自上世紀 80 年代以來大陸上升起了一波又一波的「西方熱」,西方近百年來的各種各樣的文學流派在我們的文壇上巡迴聯展,特別是進入到上世紀 90 年代,西方文論一熱再熱,大有獨領風騷之勢。不過這種由我們的文化精英們在打破自我封閉後的主動地自我「拿來」和被別人打上門來破門而入的強行「贈予」在性質和效果上是有本質區別的。「……認定這種衰微的西方文學和文論是威脅到我國文學和批評界的強勢話語,這確實是勉強的理解,不應予以苟同。西方文學及文論話語的輸入不是這種話語主體強行霸佔的結果,而是我國文學及文論話語主動的尋求、模仿、融合理解及民族國家的現代性籲求使然。」〔註6〕

其實主流意識形態文化、精英文化和世俗文化的三足鼎立是社會的常態的文化現象。三種文化的相互碰撞或批評,相互滲透或補充,才能促進社會和文化的正常發展。任何一方的畸形發展或佔據獨尊的地位都會給社會帶來嚴重的不良後果。憑藉國家權力來提倡和運作並以維護現行政權和社會政治的穩定為最終目的主導文化當然是重要的,但是,如果把它作為唯一的文化形態,就會產生文化專制主義而釀出類似「文革」的苦果;負有社會批判使命的精英文化以超前的精神永遠不懈地探索著人類更合理更理想的生存方式,但也往往帶上脫離社會現實的空想色彩;世俗文化雖然有商品消費、實用主義等帶來的種種弊端,但它也幫助人們直面現實,為發展市場經濟不斷地衝破傳統思想的禁區。所以主流文化、精英文化和世俗文化在相互制衡、相互滲透和補充的情況下協調發展才是社會正常的文化形態。王欽峰先生在談全球化與文學問題時認為:「現實的由文論話語的全球化交往的假象引發而來的迫害狂妄想(指懷疑受到了他人話語的欺凌)其實是庸人自擾,是對於莫須有的東西的虛擬的想像,忽略了全球化對於包括西方文學及文論話語在內

〔註 6〕 王欽峰:《論處於全球化外圍的文學與文學研究》,《文學評論》2002 年第 1 期。

的世界文學的破壞性影響。」〔註7〕對王先生所說的迫害狂妄想式的庸人自擾的觀點筆者是極爲贊同的，但後面說的所謂「全球化對世界文學的破壞性影響」，其實是市場經濟形態下產生的世俗文化、世俗文學對傳統的主流文學和精英文學的分庭抗禮，是一種常態的文學現象，也大可不必爲此擔憂和焦慮。

二

　　眞正文化和文學意義上的全球化是屬於未來的事情，現時的全球化主要局限於經濟和信息的領域。而且經濟和信息領域的全球化也非西方的「一體化」，而是多元競爭的。這是由經濟文化發展不平衡規律和市場競爭規律所決定的。我們既要對現在全球化的事實有清楚的認識而避免陷入杞人憂天的焦慮，同時也要警惕狹隘保守的民族主義和盲目的民族自大狂。強烈的愛國情感對增強民族凝聚力、維護民族的獨立和國家的主權來說是極爲珍貴的，但是如果把愛國情感扭曲爲一種排外的狹隘民族主義，那就變成了阻礙民族發展的惰力。盲目地認爲：「中國地大物博，開化最早；道德天下第一。……外國物質文明雖高，中國精神文明更好。……外國有的東西，中國早已有過；某種科學，即某子所說的云云。」〔註8〕這是在上世紀 20 年代魯迅就批判的一種惰性保守的民族自大狂思想。這種思想在我們這個曾經有過驕人的歷史的文明古國更是根深蒂固。因爲「越是傳統深厚、歷史悠久的社會和文化，其成員就越難使自己獲得超脫出來的眼光。這主要是千百年來早已形成慣性的自我中心式的感知和思維習慣，以及自古就受到社會鼓勵的黨同伐異心態。」〔註9〕這也就是爲什麼我們的文化思想革新舉步維艱的原因。五四新文化運動的意義已被中國獨立、發展和逐步走向強盛的近百年的歷史所證明，然而新儒家和「後現代」的「文化民族主義者」或「新保守主義者」，有的打著弘揚傳統文化的旗號，有的擺出抵抗西方文化侵略的姿態，對五四進行顚覆和否定。說什麼五四啓蒙運動是「歐洲中心論」，是「西方文化霸權」的產物。就像現在談全球化問題時有人追問「是誰的全球化」一樣，他們質疑五四所建構的文化的現代性是「誰的現代性」？其實我們考慮問題的關鍵不應

〔註7〕王欽峰：《論處於全球化外圍的文學與文學研究》，《文學評論》2002 年第 1 期。
〔註8〕魯迅：《魯迅全集》第 1 卷，人民文學出版社 1981 年，第 312 頁。
〔註9〕葉舒憲：《人類學與文學》，《文學評論》2002 年第 4 期。

該總是圍著「你的」還是「我的」來繞圈子，而應該追問這個「現代性」到底是先進還是落後？科學民主與專制迷信孰優孰劣？自由、人權、平等、博愛與三綱五常到底孰是孰非？也就是說，不管是誰的現代性，只要是進步的，合理的就要接受和發展。胡適在反省中國文化時說：「一個民族也和一個人一樣，最肯學人的時代就是那個民族最偉大的時代；等到他不肯學人的時候，他的盛世已過去了，他已走上衰老僵化的時期了，我們中國民族最偉大時代，正是我們最肯模仿四鄰的時代；從漢到唐宋，一切建築、繪畫、雕刻、音樂、宗教、思想、算學、天文、工藝，哪一件裏沒有模仿外國的重要成分？佛教和他帶來的美術、建築，不用說了。從漢到今日，我們的曆法改革，無一次不是採用外國的新法；最近三百年的曆法是完全學西洋的，更不用說了。到了我們不肯學人家的好處的時候，我們的文化也就不進步了」〔註10〕在批評薩孟武、何炳松等十教授的《中國本位的文化建設宣言》時說：「中國的舊文化的惰性實在大得可怕，我們正可以不必替『中國本位』擔憂。我們肯往前看的人們，應該虛心接受這個科學工藝的世界文化和它背後的精神文明，讓那個世界文化充分和我們的老文化自由接觸，自由切磋琢磨，借它的朝氣銳氣來打掉一點我們的老文化的惰性和暮氣。將來文化大變動的結晶品，當然是一個中國本位的文化，那是毫無可疑的。如果我們的老文化裏真有無價之寶，禁得起外來勢力的洗滌衝擊的，那一部分不可磨滅的文化將來自然會因這一番科學文化的淘洗而格外發揮光大的。」〔註11〕胡適當時提出的「一心一意的走上世界化的路」的「充分世界化」的主張已經包含著「全球化」的含義。「誰的全球化」？這問題本身就表現出一種弱勢的怯於競爭的姿態，表現出傳統的自給自足的自然經濟中形成的那種「雞犬之聲相聞，老死不相往來」的懦弱苟安的恐懼心理。其實，「地球村」絕不意味著行政區劃上的由一個有絕對權力的村長統治的村，而是指現代交通信息技術的高度發達，使得世界各地的人的交流協作成為可能。所以全球化「意味著全世界各個國家和民族在更大範圍、更高水平上的對話、交流和合作，因此也意味著中國更加開放和發展。」〔註12〕當然，這種世界性的對話、交流與合作也存在著強勢與弱勢之分，但這種強勢與弱勢不是固定不變的，不是哪個國家或民族以特

〔註10〕 胡適：《胡適文存》四集，黃山書社 1996 年版，第 336 頁。
〔註11〕 胡適：《胡適文存》四集，黃山書社 1996 年版，第 398 頁。
〔註12〕 高小康：《文化衝突與文學的「喧嘩」》，《文學評論》2000 年第 5 期。

殊的政治和經濟地位來確定，而是在競爭中互相轉換的。誰能盡大限度地吸收合理的先進東西，揚棄保守的落後的東西，誰就會保持或走上強勢的地位，反之就會處於弱勢。

三

　　我們前面已經分析了，現在的全球化只是經濟、信息和技術上的全球化，而非政治、文化、文學等全方位的全球化。全球化也並非西方的「一體化」，而是各個國家或民族在現代交通、信息和技術高度發展的條件下面向世界的交流協作和發展契機。那麼，「一體化」又意味著什麼呢？文化和文學是否也有被「一體化」的可能呢？所謂「一體化」主要是指市場操作和運行規則的一致性。這種規則的一致性就是我們說的與世界「接軌」。因為沒有同一個尺碼的軌道，別人的列車就無法開進來，我們的列車也無法開出去，也就談不上最大限度的交流與協作。就像體育競賽一樣，正是有一套可操作的「一體化」的比賽規則，才使奧運會、世界盃這些世界性的體育盛會得以成功舉行。這裡的「一體化」的規則的制訂可能具有某種主觀的傾向性，所以參賽各方都在力爭參與制訂規則。但是競賽的成績卻主要取決於運動員的能力和水平。拿乒乓球來說，規則無論怎樣改變，不管是 21 球制還是 11 球制，是小球制還是大球制，我國運動員都能應付裕如，保持絕對優勢。這是由我們的實力所決定的。文化和文學如果說也受到「全球化」和「一體化」的影響的話，那麼，它受到的是來自市場經濟條件下的世俗文化和世俗文學對它的分庭抗禮，它受的「一體化」的影響也僅是在市場操作和運行規則的一致性方面，如知識產權、文化和文學產品的製作銷售方式等。至於文化思想、文化品格和文學創作個性等是絕對不會受到影響的。因為文化和文學要求的是獨特性、個性和不可複製性。市場規則需要一致性，否則無法操作和運行；流水線生產出來的產品甚至不允許有絲毫的「與眾不同」，否則就視為不合格產品。而文學的價值就在於它的獨特性和個性，它只能是「這一個」而不允許是「複製品」。這就是精神產品和物質產品的差別。正是由於這種差別，它不可能被「一體化」到西方強勢文化或強勢文學裡去，文化和文學絕對是多元互補的。當然這個多元不是各民族平均攤派的，而是有強弱、主次之分的。或者說多元中有主流。但這個主流也不是以民族、國家、政治和經濟的特殊地位來確定的，而是誰能在世界範圍內盡大限度地吸收合理的、先進的文化，

揚棄落後保守的文化，誰的文化就在這種多元互補中自然形成主流，並且這個主流也不是固定的，而是發展變化的。

　　另外，也不必擔心我們的文學和文學研究由於受到世俗文化或世俗文學的衝擊和擠壓而被淡化或邊緣化，主流、精英和世俗三種文化形態的共存互動是社會的常態的文化現象。在全球化的語境下，「反抗人的靈魂的異化和對人的自由的威脅，各民族的文學必將會互相聯通，共同抗爭，爲人類自身的精神自由與解放打出一條光明的通路，『文學與人』之間不斷演進的健康與和諧的關係必將戰勝經濟全球化的負面影響。」〔註 13〕而且，全球化進程給我們的文學和文學研究帶來了新的參照系、新的視野和視角。「多參照系的出現給本土視角的單一性、相對性提供了對照和反思的契機。千百年來既定的思考方式所建構的知識、所信奉的眞理，也就不得不面對和異文化的思考方式進行對話的新現實，不得不在形成中的全球化語境中重新檢驗其自身的合理性與存在的依據。……當民族情感的道德要求高於一切時，跨文化認知的價值就會向本土一方傾斜。然而，世界局勢的迅速變化不以個人或個別民族的意志爲轉移。全球化的進程使那些傳統深厚、歷史悠久而又相對封閉的文化面臨巨大的社會轉型和思想、觀念、情感的轉型。在人們世代相因、習以爲常的從本土文化立場考察事物的觀點之外，出現了前所未有的新視野，那就是從跨國的（transnati-onal）、跨文化的（cfoss-cultural）和全球的視角去考察本土事物的觀點。這種立場、角度、思路的轉換必然會給舊的對象帶來新的可能性，並因此促成對傳統的再發現和再認識。……」〔註 14〕這種多種文化參照下的文化和思想觀念的轉變是極爲重要的。就像五四時用科學民主的觀念打破了以往綱常觀念後文學的突變一樣。五四時期之所以出現了「問題小說」（魯迅的小說也多爲社會問題小說）和「問題劇」的熱潮，就是當時價值觀和道德觀發生巨大變化的產物。當時，五四新文化運動的先驅者豎起了「德先生」和「賽先生」兩面大旗，使民主與科學成了當時衡量一切的價值標準。在這之前，中國人幾千年來遵循「三綱五常」的傳統封建道德規範生活得心安理得，現在，用民主與科學的標準一衡量，發覺這裡面原來存在著那麼多的不合理。原來，由「夫爲妻綱」衍生出來的「父母之命，媒妁之言」的包辦婚姻被視爲天經地義；「在家從父，出嫁從夫，夫死從子」的剝奪婦女人身

〔註13〕 胡明：《經濟的全球化與文學的現代性》，《文學評論》2000 年第 5 期。
〔註14〕 葉舒憲：《人類學與文學》，《文學評論》2002 年第 4 期。

自由的教條被認爲是婦女的行爲準則；做「節婦」「烈婦」的對婦女的野蠻虐殺被贊爲是婦女的美德。現在，用民主的標準一衡量，原來是從法律上剝奪婦女的人身權利；從倫理上否定婦女的獨立人格。於是，婦女解放問題、家族制度問題、婚姻戀愛問題、歷史人物和歷史事件的重新評價問題等等，等等，都被發現了，被提出來了，被寫成小說和劇本來反映和呼籲了。這就是價值觀的變化帶來的文學的巨大變化。所以，「全球化給文學帶來一系列新的可能性：價值選擇更加多元化；環境問題、跨國問題、婦女、文化霸權等新問題成爲文學新的主題；敘述資源更加豐富有力，使作家的思考和表現更富立體感；敘事方式更加複雜多樣；重建民族國家敘事成爲可能；文學傳播方式和生產方式的轉變，如網絡傳播使每一個體都能參與文學敘事，寫作不再經典化等。因此，全球化給文學的未來發展提供了良好的契機與豐富的資源。」〔註 15〕「……爲中國作家在更開闊的天地里選擇、接受、融化世界文化提供了更多的可能。在本土文化的悠久傳統、多元思潮與世界文化的燦爛成就與多元格局之間，存在著兼收並蓄、不斷創新的廣闊空間。」〔註 16〕全球化語境下的多種文化、多種文學的參照，是催生當代文學創新的酵母，並促成對已有研究成果的再認識和再發現，因此，也是文學研究、特別是現當代文學研究的最重要的學術增長點，激活了現當代文學學科自身的活力和資源。

〔註 15〕《世紀交匯點上的問題意識與人文關懷——「全球化趨勢中的文學與人」學術研討會綜述》，《文學評論》2000 年第 1 期。
〔註 16〕樊星：《全球化時代的文化選擇》，《文學評論》2000 年第 1 期。

六、「紅色經典」的稱謂能否成立

　　從某種意義上說，文學是時代精神和社會生活的最眞實的記錄。「一個時代有一個時代的文學」（胡適語）。自建國至上世紀 70 年代末，可以說是一個道德理想的追求與盲目的崇拜交織、浪漫的激情與殘酷的鬥爭糾結、眞誠與虛僞同在、主人翁意識的高揚與人性泯滅的現實共存的年代。這種特殊時代的文學既有著其它時代的文學所不可替代的優點和長處，但同時它自身也帶上了致命的缺陷或殘疾。近些年來，人們開始把創作於「十七年」和「文革」時期的以新民主主義革命和社會主義改造運動爲題材的「三紅一創，青山保林」〔註1〕以及《紅燈記》《沙家浜》《智取威虎山》等「樣板戲」爲代表的一系列作品稱爲「紅色經典」。一些人對此提法提出質疑，特別是曾經在「文革」中受到衝擊和磨難的老作家、老學者對「樣板戲」尤爲反感。有人認爲：經典之於文學作品，須是典範之作。而「紅色經典」，不過是「化名的『樣板戲』（還硬拉上了《長征組歌》）而已！」〔註2〕「樣板戲」是江青一手控制下的產物，是四人幫奪權的工具，而給「樣板戲」冠以「紅色經典」的稱謂，這只有按張春橋、姚文元「世界無產階級文藝發展的歷史就是從《國際歌》到『樣板戲』的邏輯才能推理出來的。」〔註3〕「類似樣板戲這樣的『紅色經典』，如當年的『社會主義現實主義』一樣，是把一個政治概念嫁接到一個藝術概念上，是對一個具有普遍意義的藝術概念，進行政治性的限定，是『文化大

〔註 1〕 即《紅岩》《紅日》《紅旗譜》《創業史》《青春之歌》《山鄉巨變》《保衛延安》和《林海雪原》。

〔註 2〕 公劉：《且慢經典》，載《人民日報》1997 年 8 月 4 日。

〔註 3〕 韓瀚：《且說「紅色經典」》見文學網（wenxue.tom.com）2001 年 12 月 28 日發表。

革命』重要組成部分。」〔註4〕「試圖把『樣板戲』從『文革』軀體上剝離開來的做法，是根本行不通的。『樣板戲』不是『文革』軀體上的一件外在的飾物，而是長在『文革』軀體內部的一個重要器官，甚至可以說是一種精神、靈魂性的器官。」〔註5〕總之，這些持否定觀點的人，他們從情感和政治的角度出發，用「二元對立」的論證方法，將「樣板戲」直接與文化大革命相聯繫，以否定「文革」來否定「樣板戲」，以否定「樣板戲」來否定整個「紅色經典」，其表現出的憤慨和道德立場在情感上是可以理解的。然而，情感的厭惡不能代替理智的分析，道德的批判不能代替學理的論證。不能因為「四人幫」利用或肯定過「樣板戲」我們就把現代京劇看成毒瘤或猛獸，這就像不能因為「四人幫」喜歡高樓大廈我們就只能住茅屋草舍一樣簡單。正像有的學者指出的那樣：不管你承認與否，沒有「紅色經典」的存在，在共和國的文學史上，將會缺少很多曾經的苦難與激憤，曾經的熱情與豪邁，曾經的感動與迷人。更重要的是，缺少了「紅色經典」的存在，共和國的文學史畫卷，將是一個缺少以藝術形象記載中華民族百年風雲的部分，是一部不完整的「斷代」史。〔註6〕

　　存在的就是合理的。暫且不論「文革文學」，就「十七年文學」中的「三紅一創，青山保林」這些帶有史詩性的長篇小說來說，「紅色經典」這種稱謂是能夠成立而且概括得比較恰當的。因為「紅色」是標明了其思想政治性或時代特徵，而「經典」則是從其影響和藝術性上來說的。既打上了深刻的時代的烙印，又反映出這些作品對讀者產生的巨大影響及在某些方面的藝術成就。確實表現了人們對這些作品價值的認識和又愛又恨的複雜情感。其實誰都明白，「紅色經典」，並不是意味著它與《紅樓夢》、《戰爭與和平》、《尤利西斯》這些經典著作平起平坐，不分高下。把其稱之「紅色經典」是指它出現在特殊的年代，真實地展現了當時的時代精神和時代面貌，有著獨俱的特點並產生了巨大的影響。它的獨俱的特性和反映時代的意義是無可替代的。「紅色經典」並不硬是把一個政治概念嫁接到一個藝術概念上去。「紅色」只不過是特殊時代的特殊文學樣式的標誌。

〔註4〕 王彬彬：《樣板戲與所謂「紅色經典」》，載《文學自由談》2002年第5期。
〔註5〕 董健、丁帆、王彬彬：《「樣板戲」能代表「公序良俗」和「民族精神」嗎——與郝鐵川先生商榷》，載《文藝爭鳴》2003年第4期。
〔註6〕 孟繁華：《經典觀與經典消費》，載《中國戲劇》2001年第1期。

　　「紅色經典」的稱謂也並不是強調它的經典示範作用，並不是要我們現在的作家去學習模仿，而是要給放到文學史這個陳列館中去的那個時代的文學「活化石」貼上一個醒目的標籤。最起碼我們應該承認它的存在並以客觀寬容的胸懷容許這個「活化石」擺放到文學史這個陳列館中去，讓人們瞭解它的存在和認識它的意義，哪怕是反面的意義。就像河南鄭州的南街村，雖然我們知道那不過是特殊現象，但是，如果我們不把其作為全國農村的發展方向，不強令或號召大家來學習和模仿，而是把其作為那個特殊時代遺留下來的一塊「活化石」叫人們去參觀又有什麼不可以呢？不必一定要把其批倒批臭取消而後快。難道政治家有的這種寬容，我們文學家、文學研究者反而沒有了嗎？更何況「十七年文學」的經典並不是一無可取。在某些方面，「十七年」作家的優勢是絕大多數新時期文學作家所不具備或缺少的。

　　首先，「十七年」作家絕大多數是中國革命的親歷者，他們都有豐厚的生活積累和獨俱的生活體驗。如孫犁親歷了冀中軍民在抗日戰爭和解放戰爭年代英勇奮戰的可歌可泣的英雄事蹟；羅廣斌、楊益言親歷了「渣滓洞」、「白公館」的非人生活，是幸存者和見證人；梁斌親歷或耳聞目睹了「保定二師學潮」和「高蠡暴動」；《林海雪原》幾乎就是寫的作者自己的剿匪經歷……。生活的豐厚積累和親歷性使他們的作品具有強烈的真實感和時代感及濃鬱的生活氣息。

　　強烈的社會責任感和歷史使命感是「十七年」作家所普遍具有的又一可貴的品質。他們都是以極端的真誠和極大的熱情為他們所心悅誠服為之奮鬥的事業而寫作。或者是描繪中國革命發展的波瀾壯闊的歷史畫卷；或者是為新生的社會主義制度鼓與呼。《保衛延安》的作者杜鵬程曾經坦言自己創作時的內心情感：「這粗略的稿紙上，每一頁都澆灑著我的眼淚！……我一定要把那忠誠質樸、視死如歸的人民戰士的令人永遠難忘的精神傳達出來，使同時代的人和後來者永遠懷念他們，把他們當作自己做人的楷模。這不僅是創作的需要，也是我內心波濤洶湧般的思想感情的需要。」〔註7〕這決不是誇張或「做秀」，這是作家由衷地發自內心的真誠的聲音。這是「十七年」作家們最普遍的情感心理和創作動機。與這些作家們的真誠和所懷的責任感和使命感相比，新時期那些「玩」文學或是醉心於描寫所謂「私人」體驗、床上工夫、戲說歷史的作家真該感到汗顏。

〔註7〕杜鵬程：《保衛延安的寫作及其它》，載《延河》1979年3期。

　　此外，史詩式的宏大敘事與對藝術的精益求精的追求，也是「十七年」作家值得肯定的可貴之處。「十七年」作家立志為中國革命寫史立傳，寫出一部部結構宏偉，氣勢博大的長篇巨製。而且在藝術上決不粗製濫造，而是反覆礪煉，一絲不苟。正像有的學者指出的：「執著的藝術信念和精益求精的藝術意志是他們實現史詩追求的重要保證。如《紅旗譜》從短篇到中篇再到長篇，反覆錘鍊一二十年；《三家巷》從主題醞釀到創作完成歷時長達 17 年；《紅岩》經由報告會——報告文學——長篇回憶錄——長篇小說，其問世不能不說是一種意志的磨礪；《保衛延安》「在四年多的漫長歲月裏，九易其稿，反覆增添刪削何止數百次」，「塗抹過的稿紙，可以拉一馬車」，等等。所謂「十年磨一劍」，對五六十年代的許多作家來說已不存在任何誇張意味。正是在這樣的前提下，「紅色經典」的創作者才得以實現了自己「史詩」追求的初衷，神聖的「史詩情結」終於外化為五六十年代文壇的「豐收」景觀。時至市場化體制確立的今日，這種積極的時代良知和藝術使命意識，尤其是其執著的藝術信念和「精品」意識，可謂「紅色經典」創作者留給文壇後來者的有價值的精神遺產」。〔註 8〕「十七年」作家的這種在強烈的社會責任感和歷史使命感作用下的史詩意識和精品追求是新時期作家或其它時代的作家所不可替代的。我們也很大程度上就是在這種意義上把他們的作品稱為「紅色經典」。

　　從新文學發展的鏈條上看，「十七年文學」是 20 世紀 40 年代解放區文學的繼續和發展。當時的解放區文學，由於處於民族解放戰爭的特殊時期，救亡圖存是重中之重。如何最大限度的發揚民族的集體主義精神以奪取革命的勝利已成當務之急。這就要求五四以來的啓蒙主義和個性主義無條件地服從當時的救亡主題。這樣，「為什麼人和如何為」這種從政治和救亡的角度來規範文藝的問題就提到了議事日程。文藝為工農兵服務的方針的確立，保證了共產黨緊緊地依靠工農奪取全國革命的勝利。但是，由於這種方針產生在民族革命戰爭的特殊歷史條件下，很大程度上來說是一種戰時文藝政策。所以不可避免的存在一些局限或偏頗。如規定「政治標準第一，藝術標準第二」就過分強調了文藝服從於政治，忽視了文藝自身的特點和規律；為了保護工農的革命性，要求知識分子按照工農的面貌來改造自己，壓抑甚至閹割了知識分子的個性，影響了知識分子作用的發揮，影響了作品的多種風格的發展

〔註 8〕 吳培顯：《「紅色經典」創作得失再評價》，載《湖南師範大學社會科學學報》2002 年 2 期。

等。建國後，這種戰時文藝政策沒有及時調整。政治家們在革命勝利的喜悅和激情的鼓舞下，想繼續用戰時的集體主義和理想主義「超英」「趕美」，加速實現經濟和文化的現代化。在文藝上，他們無意改變甚至強化了這種戰時文藝政策。作家們也在勝利的喜悅情緒鼓舞下自覺自願地為這種浪漫的理想「鼓」與「呼」，立志創作出「無愧時代」的黃鍾大呂式的巨著。這是在和平年代用戰爭資源在文學上構築著理想的烏托邦。作家們用理想和激情代替了對現實的嚴肅而深入的思考，把自己的個性淹沒於理想主義和集體主義的時代狂潮。使得他們的作品雖然在藝術上「精益求精」，但卻缺乏五四文學的批判精神和對人的終極關懷。以理想代替現實和人的意識的缺失是「十七年文學」的致命的弱點和殘疾。

七、人文精神再思考兼論作家的人文意識

一、人文精神討論的簡要回顧

2013 年 3 月 14 日，上海的《文學報》聯合上海大學影視學院發起「人文精神再討論」徵文活動，並於本年 9 月 21 日在上海大學舉辦「人文精神再討論」學術研討會，以紀念 20 年前發端於上海的那場大規模的人文精神大討論，以深化學界對這一問題的認識和探討。此間，《深圳特區報》（2013 年 7 月 1 日）的「人文天地」欄目也發表了郝雨的《「人文精神」今如何》的文章對此進行了關注與呼應。人文精神這一被學界擱置已久的話題，似乎再次引起了學界的關注。在此，讓我們來簡要回顧一下發生於上世紀 90 年代的有關人文精神的大討論吧。

人文學者在 1980 年代絕對是全社會最耀眼的明星，作為新啟蒙運動的思想精英，他們以激揚的文字來啟蒙大眾，以經天緯地的理想來指點江山。成為社會關注的焦點和人們仰視崇拜的對象。然而，好景不長，他們空幻而脆弱的夢想很快就碰在社會改革的堅硬的壁上被撞得粉碎。加之科技興國戰略的實施和經濟市場化的轉型，自然科學家、經濟學家、法律學家等應用型人才紛紛閃亮登場，取代人文學者而佔據了社會的中心舞臺。世俗文化也伴隨著市場經濟迅猛滋長，它不再對人文知識分子的精英文化取仰視的姿態，而是以現實的實用主義態度對精英知識分子堅持的價值與理想進行解構與質疑。人文學者被擠壓到社會的邊緣，他們在尷尬的處境中痛苦地體驗著空前的迷茫、困惑與失落，以致一度處於集體失語的狀態。當然，他們的沉默，有些類似於辛亥革命後至五四文學革命前蟄居北京紹興

會館的魯迅，不發聲並不是眞的沉淪或退隱，而是沉下心來對人文知識分子在新形勢下的社會責任與自身價值進行冷靜的審視和重新定位，他們敏銳地覺察到經濟市場化改革在促進經濟快速發展的同時，市場邏輯的魔手開始把神聖的精神文化產品商品化，原來負有培養理想陶冶情操的文學變成了媚悅大眾撈錢獲利的工具，致使個人欲望膨脹，價值觀扭曲，道德理想萎縮。人文知識分子對此豈能冷眼旁觀。1993 年第 6 期《上海文學》發表了王曉明和幾個博士研究生張宏、徐麟、張檸、崔宜明等人有關文學與「人文精神」問題的討論紀要——《曠野上的廢墟——文學與人文精神的危機》。文章從分析當時的文學創作的批判精神的缺失、藝術創造力和想像力的匱乏等現狀入手，認爲差不多由「新寫實小說」開始，文學創作就表現出了人文精神的萎縮，致使文學面臨嚴重的危機。這「不但標誌著公眾素養的下降，更標誌著整整幾代人文精神素養的持續惡化，文學的危機實際上暴露了當代中國人文精神的危機。」人文精神危機這一命題的提出，迅速引起了因社會轉型而失落與焦灼的人文知識分子的共鳴。以此爲契機，人文知識分子又開始集體發聲。很快使這一肇始於文學的話題擴展成一場延及整個文化界的大規模的「人文精神」大討論。參加討論的人數之多，熱情之高，在新時期以來不敢說是「絕後」，但絕對可以說是「空前」的。儘管這場旨在解決人文知識分子在新的歷史條件下如何調整自己的心態和位置，承擔自己的責任和使命的嚴肅的討論沒有能夠沿著論題發起者們預設的軌道深入發展下去，而是陷入一種討論各方自說自話的混亂狀態，把「人文精神」這一嚴肅的學術命題淪爲一句社會的流行話語，對「人文精神」到底是什麼、如何認識和應對社會轉型與經濟發展給人們的精神文化生活帶來的正面和負面的影響、新的歷史條件下人們應該秉持怎樣的價值信念和理想追求等等嚴肅而重要的問題都沒有深入的討論，但是，這場討論本身卻激活了人文知識分子的社會擔當意識和思想活力，促使全社會關注和解決社會轉型後人們精神文化所面臨的實際問題。

二、人文精神討論的幾種偏向

人文精神的討論無疑是當代思想史上值得記取的一件大事，它促進了人文知識分子思想活力的恢復和在新的歷史條件下社會精神文化的重建，但是，在這場討論中，也表現出了一些令人擔憂的不正確或不健康的偏向。

首先，一些人把人文精神庸俗化。人文精神到底是什麼？這是討論問題的前提或出發點。然而，一些人對此根本不做學理的界定就大談人文精神，似乎自己對這個概念已經心領神會，實際說起來卻雲裏霧裏模糊不清。當然，人文精神頗有點像老子《道德經》中的「道」，有點「玄之又玄」可以意會很難言傳的意味。不過，老子說「道可道，非常道」是以哲學家的眼光和思辨對他所體驗和把握的宇宙萬物的本源來進行界定和說明。認為「道」作為萬事萬物的本體，是不能用語言和概念表述出來的，而為了討論和說明問題，又不能不勉強給其命名為「道」，但這個「道」一旦用語言來表述，就不是他所體驗和把握的那個永恒的「道」了。可見老子雖然在處世上主張無為和退隱，但在學理思辨上卻是究根問底絕不馬虎的，比如對「道」的界定和說明就有點「明知不可為而為之」的意味。而一些高談人文精神的學者卻不然，他們多是積極入世的實實在在的「實用主義」者或「唯物主義」者，把學術當成晉身的階梯或獲利的工具，心心念念想著的是名位、頭銜，當然，或許還有「黃金屋」或「顏如玉」，而對一個學者自身的職責——學理的探究——卻不以為然，或無暇顧及。他們張口閉口把人文精神掛在嘴邊上，可是，當你謙遜地請教他所說的人文精神到底指什麼，或包蘊著什麼含義的時候，他卻王顧左右而言他，或是擺出一副不屑言說的表情，好像人文精神是人人都應該知道的常識或公理一樣，所以你問這樣的問題足以說明你的幼稚或無知，他自然也就沒有解釋的必要了。筆者懷疑這些總是高談人文精神而又不具體解釋他所談的人文精神是什麼的人，或如在市井上變著法兒兜售所謂靈丹妙藥的江湖郎中，救世良方秘而不宣其實是心懷鬼胎；或是把人文精神當成知識階級的徽章以標明自己的脫俗或清高。於是社會上人人都談人文精神。把人文精神這樣一個嚴肅的命題庸俗化，淪為一句時尚的口頭禪或走紅的流行語。

還有一種偏向是把人文精神道德化。從人類文化的普遍意義或超越性價值的角度看，人文精神是對人生價值和意義的觀照和理性地把握，當然包蘊著作為人之為人的理想信念和道德追求，但是，人文精神卻不僅僅是道德追求。況且道德作為一個社會或群體的人們的行為準則與規範，在不同的歷史條件下、不同的文化環境中是有不同的評價標準的。所以，在一些人看來是道德的東西，另一些人卻認為是蒙昧的枷鎖或暴力。錢鍾書就認為：「世界上的大罪惡，大殘忍——沒有比殘忍更大的罪惡了——大多是真有道德理想的

人幹的。沒有道德的人犯罪，自己明白是罪；眞有道德的人害了人，他還覺得是道德應有的犧牲。上帝要懲罰人類，有時來一個荒年，有時來一次瘟疫或戰爭，有時產生一個道德家，抱有高尚到一般人所不及的理想，更有跟他的理想成正比例的驕傲和力量。基督教哲學以驕傲爲七死罪之一，頗有道理。」（《談教訓》）按照封建的綱常禮教的標準標榜的所謂忠君、孝悌、三從四德等等道德，用五四科學民主的標準衡量則露出了其維護專制的本質和虐殺人性的殘酷。陳獨秀在《敬告青年》中就站在科學民主的立場指斥遵循綱常禮教的道德爲奴隸道德。他說：「忠孝節義，奴隸之道德也；輕刑薄賦，奴隸之幸福也；稱頌功德，奴隸之文章也；拜爵賜第，奴隸之光榮也；豐碑高墓，奴隸之紀念物也；以其是非榮辱，聽命他人，不以自身爲本位，則個人獨立平等之人格，消滅無存，其一切善惡行爲，勢不能訴之自身意志而課以功過；謂之奴隸。」我們說，抽象地談論道德是沒有意義的。道德是每個人根據自己的善惡是非標準的自我約束和內省，而不是相互的指責或說教。一些人卻把提倡人文精神與道德說教劃等號。說起人文精神就大談所謂世風日下，人心不古，道德淪喪。似乎除他之外全世界的人都喪了良心，放手作惡。其實，那些天天指責別人沒有人文精神或道德而標榜自己有人文精神或道德的人，他的人文精神或道德是值得懷疑的。就像孫猴子自以爲得道天天教訓豬八戒，不知道自己的猴心猴性也依然固在。我們應該記得蘇小妹對哥哥蘇東坡說的話：自己心中有佛看萬物都是佛，而自己心中有屎的人看別人也就都是一坨屎。就像錢鍾書所說：「假使自己要做好人，總先把世界上人說得都是壞蛋，自己要充道學，先正顏厲色，說旁人如何不道學或假道學。寫到此地，我們不由自主的想到女鬼答覆狐狸精的話：『你說我不是人，你就算得人麼？』」（《談教訓》）

第三種偏向是把人文精神極端個人化。人文精神在某種意義上可以說是和人本主義相通的。也就是說，人文精神是以人爲本的，它的旨歸是對人的終極關懷，最大程度地保障人的自由選擇和個性的張揚。但是，這種「終極關懷」是在社會群體協調發展的前提下保障每一個人的選擇和個性，而不是無條件地對某一個人的放任和縱容。一些人把人文精神極端個人化，把人文精神是對人的「終極關懷」作爲掩蓋自己無限膨脹的個人欲望的遮羞布，完全無視社會的公序良俗，以損人利己作爲自己的自由選擇，以傷風敗俗作爲自己個性的張揚。把人文精神的「終極關懷」理解爲阿Q式的革命：「我要什

麼就是什麼，我歡喜誰就是誰。」這種把人文精神極端個人化傾向是對人文精神的扭曲和褻瀆。

三、人文精神的核心內涵是什麼

「人文」，顧名思義，即人類文化或文明。「精神」，一是指事物的本質或核心；二是指人的頭腦對於客觀物質世界的反映，即意識。這樣看來，人文精神可以從兩個方面來理解和把握。一是，「人文」的實質或核心，即人類文化或文明的實質或核心是什麼？二是「人文」意識，即強調人的精神文化生活和對人類文化或文明的理性觀照和把握。

所謂「人文」的實質或核心，其實也就是人文精神的核心內涵。人之所以是萬物之靈，就在於人創造了自己的文化或文明。從某種意義上說，這是人的一種生存智慧。人類創造的物質文明或精神文明的成果是多方面的，就物質文明來說，人們從舊石器時代、新石器時代、青銅器時代、鐵器時代、工業化時代到電子信息化時代一路走來，這種物質生產的極大進步，使人們從茹毛飲血的生活進入到享受高科技成果的現代化生活。就精神文明來說，文字的出現使得人類獲得的各種知識和經驗得以記載和傳承，藝術的創造極大地豐富了人們的精神文化生活。而其中最重要的，是人們在長時期的碰撞衝突中建立起來的社會文明規範。當動物們在為爭奪交配權、領地、食物而日夜拼死撕咬爭鬥的時候，人類卻建立起婚姻制度、社會制度、分配製度、道德準則等等社會文明規範，以法律規則和道德意識來約束和規範人們的行為，使人類擺脫了動物性的叢林規則而走上了相對穩定協調的生存和發展的文明之路。為人類物質文明的發展提供了政治法律與道德的保障和精神的動力。這種社會文明規範是人類文化或文明最基本的出發點和核心或實質。它表現為人的個體的本我欲求與社會群體的文明規範之間的矛盾統一。其本質目的就是為了人自身及群體的生存與發展。社會的文明規範對個體的本我欲求是一種限制，但同時又是一種保護。二者之間是矛盾的，但又是統一的。極端地強調一面而貶抑另一面就會破壞二者的平衡和統一，造成嚴重的後果。如西方中世紀的嚴酷的神權統治，我國封建時代的「存天理，滅人欲」以及「十年浩劫」時的「狠鬥私字一閃念」式的文化專制主義，否定個體的人的價值和尊嚴，對人性進行了粗暴的踐踏。不瞭解社會文明規範的本質意義和目的是對人自身的終極關懷。反之，片面強調個人的「自由選擇」和絕

對權力，放任個體貪欲的洪流去沖決社會文明規範的堤防，同樣是開人類文明的倒車，是對人類文化或文明的踐踏和破壞。所以對人文精神的理解，既不能只看到其最終落腳點是對人的生存的「終極關懷」而看不到這種「終極關懷」是以遵守和維護社會文明規範爲其前提的，也不能把人文精神道德理想化而否定人的個體的合理訴求。

所謂「人文」意識，即在對人文精神的總體性觀照和理性把握的基礎上，由人們的精神文化生活關注人們的生活和生命的質量。也就是說，要站在維護和促進個體及整個人類生存發展的基點上，對現有的人類文化或文明進行審視和評判，表達自己的理想和追求。前面我們說人類文明的本質和核心就是建立社會文明規範保證人自身及群體的生存與發展。那麼是不是這種社會文明規範一旦建立就萬事大吉了呢。這樣的認識顯然是錯誤的。社會文明規範是隨著歷史條件的變化和人們認識水平的提高而不斷完善和發展的。奴隸制被封建製取代，封建制被民主製取代，舊時代的「君叫臣死臣得死，父叫子亡子得亡」的奴隸規則被平等人權的法治觀念所取代，「在家從父，出嫁從夫，夫死從子」的封建禮教被「男女平等，婚姻自由」的新的道德法則所取代，這種從社會制度到道德信條的變化和更迭，就標誌著社會文明規範的發展和進步。社會文明規範永遠向著更進步、更文明、更合理，即更能維護人的個體的尊嚴與價值，更能使個體與群體協調發展的方向發展和完善。當然，社會文明規範的進步、發展與完善不是自動完成的，而是靠著有「人文」意識或「人文」理想的人們經過長期的艱苦努力而逐漸實現的。爲建立理想的社會制度數不清的仁人志士付出拋頭顱灑熱血的代價，爲破除封建禮教的奴隸道德規則喚醒人的獨立意識，魯迅等五四啓蒙思想先驅們與舊文化主導下的舊習慣勢力作著不屈不撓的鬥爭。這就是「人文」意識主導下的人類責任感、使命感和社會承擔意識使然。這就是人文精神的力量。

四、作家應有的人文意識

文學作爲傳達人文精神的重要載體之一，以審美的方式豐富人們的精神文化生活，以陶冶情感的方式潛移默化地培育人們的「人文」意識，批判現存社會文明規範及人自身的缺陷，探索人的個體和群體更協調、更合理、更理想的生存和發展方式，是其不可推卸的責任與使命。遺憾的是，在商品經濟大潮和「去政治化」口號的裹挾下，一些作家淡化甚至放棄了自己人文關

懷的批判意識和理想追求，使文學處於失重的「不可承受之輕」的尷尬境地。
有的作家迷失在經濟市場化改革的浪潮中，把文學淪爲媚悅大眾、撈取金錢
和發泄欲望的工具。歷來被視爲「經國之大業，不朽之盛事」的文學殿堂的
莊嚴、高雅和神聖似乎一夜之間被痞子式的「玩文學」、精神自慰式的「私人
寫作」、自我暴露式的美女「寶貝」文學所顛覆或解構。然而，這些媚悅大眾
的商業化文學雖然一時被炒得沸沸揚揚，但「玩得就是心跳」的「玩文學」
也只能是「過把癮就死」；「私人寫作」也注定是「一個人的戰爭」而無法得
到公眾的共鳴；美女們的「身體寫作」在滿足了一些人的好奇心與窺視癖之
後自然也就成了昨日黃花，無人問津了。有的作家極力去鑽「文藝本體論」
和「純文學」的牛角尖，雖自覺是嘔心瀝血苦思冥想字斟句酌寫出了傳世之
作，了卻了自己的心中事，但卻難「贏得身前身後名」。大作雖然被堂而皇之
地擺上了櫃檯或書架，然而卻少人問津，讀者寥寥。於是睜著含冤的眼睛慨
歎「文學被邊緣化了」，「小說的時代過去了」。文學不再是時代的寵兒和社會
關注的焦點，似乎全世界的人都背叛了文學，冷落了作家。我們說，主張直
面現實，表現自我，揭破集體話語的虛幻，反對文藝的政治工具論，反對作
者淪爲政治家的僕役，這些毫無疑問都是沒有錯的，但在自我表現與「去政
治化」時連同一個知識分子應有的人文理想和社會責任也一道被「去」掉，
這卻是對文學的眞正的背叛。其實，文學的被邊緣化也正是作家放棄了自己
人文關懷的人類責任和承擔意識所付出的代價。所以作爲一個作家，一定要
有自覺的人文意識，要在對人文精神的總體性觀照和理性把握的基礎上，以
維護和促進個體及整個人類生存發展，關注人們的生活和生命的質量爲基
點，對現有的人類文化或文明進行審視和評判，表達自己的理想和追求。這
是一個作家應有的承擔和使命。

八、胡蘭成熱引起的憂思

　　「德」因「文」顯，「文」爲「德」著。這是我們的文學傳統，也是我國歷代文人所追求的爲文爲人的理想和美德。而「負才遺行」，「有文無德」則歷來爲人們所鄙夷或不齒。然而近些年來文壇上卻出現了一些令人堪憂的怪現象。一些人從極「左」跳到極「右」，打著「藝術至上」論的旗幟，把社會責任和社會效果踩在腳下，一會叫賣「美女文學」，一會又「戲說」歷史。「說英雄是娼婦，舉娼婦爲英雄」（魯迅語），硬是要把狗屎說成黃金。誰提出不同意見就給誰戴上一頂「左」的帽子。他們甚至不顧道德底線和民族大義，對漢奸文人肆意炒作吹捧。前些年就刮起一陣抬高周作人貶低魯迅的斜風，現在又爆炒既無恥又無行的漢奸文人胡蘭成。先是中國社會科學出版社「隆重推出」《今生今世》，繼而，上海社會科學院出版社也不甘落後，突擊趕製出《中國文學史話》和《禪是一枝花》，一時全國圖書市場熱銷大漢奸胡蘭成的書。一些人搖旗吶喊，推波助瀾。不但幾家網站把《今生今世》列爲 2003 年度「十大好書」之一，有些所謂批評家也不吝筆墨，爲其塗脂抹粉。有人把胡蘭成和林語堂、梁實秋、錢鍾書、董橋等人相提並論，讚譽爲「才子文章」，並說什麼「胡蘭成堪稱就中翹楚，確實絕頂聰明，處處鋒芒畢露。……意思上能做到『透』，文字上能做到『拙』，這是其特別之處，自非一般膚淺流麗者可比……」；有人稱「《今生今世》是一本值得一看再看的書」；有人宣稱「都說張愛玲才氣高，其實胡蘭成才氣更高」；有人贊胡文是「中國散文中長期散落的一顆珍珠」，「中國散文史上的一朵奇葩，其文學價值和在文學史上的價值毋庸置疑」；有人說「最後人們會看到，這個人身上蘊藏的文化價值，絕不低於張愛玲和周作人」。面對諸如此類的無原則的肉麻的吹捧，無怪有些

讀者說「無法不叫人噁心」。有的讀者諷刺道：「哇哈，儼然又一個文化巨人問世，中國現代文學史都要因此而改寫。想那胡蘭成，活著的時候，拼死拼活也沒有『了卻君王天下事』；人死燈滅了，卻不經意間『贏得生前身後名』，還有比這更『幸運』的嗎？」

那些吹捧胡蘭成的人大致有三種類型：一種是以所謂超越階級，超越民族，超越道德人品來以文論文。欣賞他的文筆的輕靈和韻味，欣賞他的才子風流。說什麼「他的文字絕不煽情，但不是沒有感情，其感情在字裏行間，有一點溫暖，一點惆悵，一點無奈，但他卻很坦蕩，是『君子坦蕩蕩』的那種；……胡蘭成於女人，尤其是對中國不同年齡層次的女人的研究是非常透徹的，……不同女人的心思胡蘭成都能感受，所以他能準確地把握女人的性情，從這個意義上說他是女人的知己。」說什麼「胡蘭成的自私卻像是『因地制宜』，自私得更分明，簡直沒有體面，反倒是人性一種……，我更愛胡蘭成，因為他更親切、更糊塗、更軟弱、更市井、更壞。」我們說，「全球化」的進程還遠沒有到達消除國家和民族界限的大同世界，所以也還不是拋開過去和現在的社會現實而空談什麼輕靈和韻味的時候；至於胡蘭成在書中以自我賣弄和自我欣賞的態度來露骨地描寫他對包括張愛玲在內的八個女子怎樣用情不專和不負責任，這完全是厚顏無恥而決非什麼「君子坦蕩蕩」，連張愛玲都說「纏夾得奇怪」，若被她姑姑看到要氣死的。連以堅持「藝術至上」論與魯迅論戰聞名的胡秋原都不能容忍胡蘭成在《今生今世》中為他的醜惡行徑塗脂抹粉，而我們的一些人卻還認為他的自私和壞難道都那麼可愛，真是咄咄怪事！

第二種是完全不講民族大義，想出種種藉口為漢奸開脫、翻案和招魂。如有人為吳三桂翻案，說他當時別無選擇又必須選擇，「從名節講，他投闖則背主，降清則負明，也是橫豎當不成好人。……只是在所有的路都走不通，並且面臨李自成大軍扣關的千鈞一髮之際，他才決定接引清兵。……即使吳三桂接引清兵在初也並不是降清而只是聯清。……完全是傚申包胥救楚，實際上只是以明不能有的京畿地區換取清出兵平闖，達成分河而治的南北朝局面。……因此以王朝的正統觀念來看，非但無可指責，還受到普遍讚揚，以為『克復神京，功在唐郭（子儀）、李（光弼）之上』，是一位了不起的救國大英雄」。這種觀點，不辨階級矛盾與民族大義孰輕孰重，用階級矛盾來消弭民族大義。有人甚至公然為汪精衛翻案，提出「要重新估價汪偽南京政府的

歷史功過，要徹底擺脫中國國、共兩黨原來對汪僞政權的觀點，說什麼汪精衛南京政府是重慶國民政府的補充，它代表了廣大『灰色地帶』人民的利益」。這顯然是由地地道道的漢奸邏輯推出的「漢奸有理」論。

第三種論調最具蠱惑性，叫做「不以人廢文」。說什麼「讓他的人格歸人格，文體歸文體」。盛讚胡蘭成的散文「那眞是不能無一、不可有二的鮮活的文體」。我們先來看爲人與爲文的關係。當然，立身行己與立意爲文不能等同。「文如其人」也不能簡單地把作者和作品劃等號。因爲確實不乏「熱中人作冰雪文」，「端愨人不妨作浪子或豪士語」，「大奸能爲大忠之文，至拙能襲至巧之語」的情況，但是，言行不一終究會露出破綻，人與文的關聯，往往從語言的格調上流露出本相，所謂「狷急人之作風，不能盡變爲澄淡，豪邁人之筆性，不能盡變爲謹嚴」，而且從文章或作品裏可以看出作者「可爲、願爲何如人，與夫其自負爲及欲人視己爲何如人」（錢鍾書語）。在《今生今世》裏，看不到作者對自己的漢奸生涯有絲毫的愧疚和懺悔，在描寫日本投降的一段裏還透著無奈與悲傷。在他看來，蔣與汪只不過「一個是正冊，一個是副冊」，抗戰勝利也無非「桃花開了荷花開，我們去了新人來，亦不是我們有何做得不對」。他的親日思想時時流於筆端，什麼「我對日本，總是共患難之情」；「我在日本，好像是在親戚家做客」等等。他在書中不無賣弄地寫他的才子風流，對待女性，他是撩撥、佔有，而卻沒有什麼責任感和愧疚感。在描述他逃亡中與斯家小娘范秀美苟且同居時說：「我在憂愁驚險中，與秀美結爲夫婦，不是沒有利用之意。」爲此，他斥責歷盡艱辛來探望他的張愛玲，把在武漢因他而入獄的護士小周忘到九霄雲外。把其自私風流的本性暴露無遺。有人指出「胡文有氣韻而無氣度，正像他做人，有靈氣而無靈魂」。由此看來，胡蘭成倒是「文如其人」。如若硬要一個「廢」，一個不「廢」，就像有學者說的，「請把蔥香從芥子氣上『廢』下來試試」。

再看胡文是否像一些人說的是什麼「清嘉婉媚」，「慧美雙修」。雖然胡文寫得甜膩華美，文字曉暢，但他的文和他的人一樣，缺乏筋骨。他下筆沒有什麼體系與中心，宣揚的是「此時語笑得人意，此時歌舞動人情」的及時行樂的享樂主義和極端個人主義的人生哲學。所以他寫得再瀟灑輕靈也無異於外表美麗的毒蘑菇。況且他在文中又處處賣弄他的才子風流，所以讀來終有擠眉弄眼，搔首弄姿，爲文造情之感。無怪有人說讀胡蘭成的書「給人的感覺，好比飽享美食的同時也吞下了蒼蠅：那佳妙的文字中摻雜了太多極糊塗

極混帳的觀念」。「那些纏綿不清的文字背後那個不知羞恥的臉，就很令人討厭」。

隨著思想解放的深入，社會環境的寬鬆，胡蘭成的書不是不可以出，但必須把握住兩點：一是不能不顧歷史和民族大義對其做無原則的吹捧，而是要對其人其書作實事求是的說明，以免在讀者中產生負面影響；二是要講求「文德」。所謂「文德」就是要求為人為文，講究道德操守。「修辭立誠」，表裏如一。不獻媚邀寵，不謊言無慚。無論是作家、批評家還是出版家，都不要被幾張鈔票遮住藝術良知，黑白顛倒，指鹿為馬，甚至寫作和出版那種不敢讓自己的老婆孩子見到的文字垃圾。古人云：「文之為德也大矣」。反觀胡蘭成的教訓，可知為人為文，才、學、膽、識，德最為重。是為文壇呼籲「文德」！

第三輯　經典作家作品研究

一、魯迅與傳統文化

一

　　進入新時期，當我們以開放和進取的姿態主動打開國門面對世界的時候，最直接、最明顯地讓我們感到的是：我們的科學技術和經濟發展大大落後於西方先進國家已是一個不容迴避的事實。這激勵著我們大力引進科學技術，改變與經濟發展和社會發展不相適應的經濟體制和政治體制。於是我們從計劃經濟轉變爲市場經濟並逐步建立起保證市場經濟健康發展和社會穩定進步的一系列的法制秩序。與此相應，在思想文化、學術研究方面，最先引起我們興趣的也是西方的研究方法，以至形成 80 年代前期的「方法熱」，人們不無天眞地把「系統論」、「信息論」、「控制論」想像爲能迅速有效地解決一切問題的神奇工具。到 80 年代中期，人們逐漸從「方法熱」中冷靜下來，認識到方法不是萬能的，要解決根本的問題，最重要的還是要改變僵化的思想觀念。於是又形成所謂「觀念熱」，人們爭相尋找和介紹自認爲適合中國現實的思想觀念，西方的現代心理學、現代主義、後現代主義思潮以及由本土傳統文化孕育而出的新儒家等等都紛紛粉墨登場。現代主義反傳統，後現代主義又反現代主義，而新儒家又試圖用他們改造過的傳統的儒家文化來在世界範圍內挽救頹敗的世風……一時你談你的思想，我講我的理論，在思想學術界形成一種頗爲熱鬧的爭鳴氣象，顯示了人們在「左」的教條和僵化的思想中解放出來之後思想的自由和學術環境的寬鬆。就是在這種百家爭鳴的良好的學術氛圍下，90 年代中期，學術界掀起了一場關於「五四精神與中國文化」的大討論。起因來自「後現代」和新儒家對五四的顛覆和否定。「後現代」的「文化民族主義者」或稱「新保守主義者」以西方的後現代及後殖民主義

批判理論為依據，對五四的啓蒙意義提出質疑，認為五四啓蒙運動是「歐洲中心論」、「西方文化霸權」的產物；而新儒家的一些人，在 90 年代的「國學熱」中，打著弘揚傳統文化的旗號，否定五四新文化運動和五四文學革命以及五四新文化運動先驅者們的歷史作用和偉大功績。他們指責五四新文化運動和文學革命造成了中國文化傳統的斷裂，形成了「文化的民族虛無主義」，甚至「有人把五四新文化運動和『文化大革命』連在一起，說二者都是『與傳統割裂的運動』；他們把五四時期的『打倒孔家店』和『文化大革命』中的『批孔』相提並論，說什麼由五四新文化運動開始的『文化的民族虛無主義之風，在中國差不多刮了七、八十年』」〔註 1〕。指責五四新文化運動的先驅者們只有破壞，沒有建設。五四文化新軍的主將魯迅更是被他們認為是「高度的非理性」。「不但是反中國的傳統，也反對西方的東西」。「……正面的東西什麼也沒有」。「沒有一個積極的信仰……盡是罵這個罵那個的」。「在文體風格上，表現出一種流氓的風格，就是亂罵人」。「光看到壞處，那是尖刻。……純負面的東西不可能是深刻的」。〔註 2〕面對這兩種挑戰，如果說「後現代」的「文化民族主義者」套用西方的某些理論對五四新文化運動進行簡單地比附對五四精神還構不成什麼威脅，因而沒有受到普遍的注意的話，而面對在不斷升溫的「國學熱」中，打著弘揚傳統文化旗號的新儒家對五四及新文化運動的先驅者們的否定和指責，新文學的研究者們卻不得不認真地回應挑戰。許多人針對新儒家對五四的詰難寫文章來為五四及先驅者們辯護。遺憾的是，大多數文章既不對傳統文化追論其發展演變，其本質和現象、精華和糟粕；也不對五四先驅者們反傳統的個案進行仔細的分辨，就以基本肯定傳統文化為前提，辯說五四並沒有「全盤反傳統」，只不過是重新評價了孔子，雖然對他有所批判，但仍然肯定他是歷史上的「偉大人物」。甚至苦心孤詣地考證五四新文化運動時的反孔口號不是「打倒孔家店」而是「打孔家店」。好像是「張著含冤的眼睛」在為那些五四反封建的戰士們「辯誣」、遮掩、圓場或補臺。這樣的辯護文章因自己的底氣不足而顯得綿軟無力。不但觸不到論敵的痛處，而且也難以解決有的論者提出的嚴肅的論題，即「應該如何給儒家學說以恰如其分的歷史地位？如何恰如其分地對儒學的功能價值作綜合性

〔註 1〕 張恩和：《「莫聽穿林打葉聲」──評近年來「國學熱」中對五四新文化運動的批評》，載《魯迅研究月刊》1995 年 8 期。

〔註 2〕 轉引自袁良駿：《為魯迅一辯──與余英時先生商榷》，載《魯迅研究月刊》1995 年 9 期。

的整體判斷？……如何給五四時期對儒學展開過猛烈抨擊的先驅者們以同樣科學的評價？」〔註3〕是的，這些問題不解決，就無法說清五四反傳統與當前提倡弘揚傳統文化的關係；無法判定弘揚傳統文化的原則和標準；無法說清傳統文化中究竟哪些應該弘揚，哪些是應該繼續批判堅決剔除的。而要解決這些問題，不但要瞭解傳統文化的發展演變，通過對它進行去粗取精，去僞存眞地仔細分析辨別，從而對其達到實質性的把握，而且要聯繫五四時期整個時代發展的形勢和特點來對五四先驅者們反傳統的典型個案進行仔細研究，看其到底是「全盤反傳統」，還是部分的反傳統？是形式上的「全盤反傳統」，還是本質上的「全盤反傳統」？反掉的是傳統的精華還是糟粕？反得是對還是錯，是造成了傳統文化的「斷裂」，還是爲傳統文化這條綿延不息的大河剷除了淤積，疏通了河道，彙集了西方文化的支流，使之流淌得更加有生氣，更加順暢，更加浩浩蕩蕩呢？而要研究五四先驅者們反傳統的典型個案，一個無法迴避的人物就是魯迅。因爲在我們看來，魯迅反封建最堅決、最徹底，是五四反封建文化新軍的主將；而反對五四新文化運動的人卻把魯迅目爲中國傳統文化的罪魁禍首，認爲魯迅最「偏激」，「全是破壞，沒有一句正面意見」。所以，全面考察和分析魯迅與傳統文化的關係，他對傳統文化的態度，他的反傳統以及如何反法，將可能是我們瞭解五四精神與中國傳統文化，認識和解決上述提出的一系列問題的一條有效的途徑。

二

　　什麼是文化？中國傳統文化中有哪些激勵中華民族團結進步的積極因素，有哪些阻礙社會發展進步的消極因素？中國傳統文化有怎樣的發展演變？到封建社會後期傳統文化的核心是什麼？它起了怎樣的作用？它的哪些東西是必須堅決推倒剔除掉的，哪些東西是要弘揚的，哪些東西是可以改造和利用的？

　　什麼是文化？文化是人類征服和改造自然同時改變自身的過程中所創造的一切物質財富和精神財富。從狹義來說，文化主要指社會的意識形態，包括哲學、宗教、文學、藝術、科學、技術以及社會心理、風俗習慣等。其中哲學在文化中居於核心的地位，它對文化的其它方面及社會生活具有指導和影響作用。社會心理則是某些哲學思想的普及或庸俗化。

〔註3〕陳漱渝：《給「儒學熱」降點溫》，載《魯迅研究月刊》1995 年 5 期。

中國傳統文化中有哪些激勵中華民族團結進步的積極因素，有哪些阻礙社會發展進步的消極因素？所謂傳統文化即歷史留給我們的文化遺產。每一個獨立的民族的文化都既具有不同於其它任何民族文化的獨特性的東西，又具有人類各民族都普遍具有或認同和接受的東西。前一點是一個民族的文化得以獨立存在的要件，後一點是世界各民族文化能夠相互交流、補充和吸收的基礎。並且，「每一個現代民族中，都有兩個民族。每一種民族文化中，都有兩種民族文化。有普利什凱維奇、古契柯夫和司徒盧威之流的大俄羅斯文化，但是也有以車爾尼雪夫斯基和普列漢諾夫爲代表的大俄羅斯文化。」﹝註4﹞即每個民族的傳統文化或說他民族的文化遺產中都含有符合社會發展要求因而能推動社會發展的積極因素和不符合社會發展要求因而阻礙社會發展的消極因素。就我們中華民族來說，我們有獨特的語言文字，我們有由於千百年來生活在華夏大地因而對她產生的深深的熱愛之情，有爲我們的民族志士千百年來爲了民族的強盛而團結奮鬥的自豪。總之，有我們自己的愛國主義精神和民族凝聚力、自豪感和自信心。其它民族儘管也愛國，也有民族自豪感和自信心，但他們愛的不是我們中華民族，而是他們自己的國家，是爲他們的國家而自豪。所以這種獨特的東西，就是一個民族的主體意識所在。至於勤勞勇敢，熱情好客，追求美好，追求進步。這可能是每個民族都具有的人類共同的美德。那麼，中國傳統文化中有哪些積極因素和消極因素呢？就一般國學研究者們看來，積極的方面主要包含這樣幾項內容：

一、剛健自強，厚德載物的進取和寬容精神。《周易大傳》中有兩句話，一句是：「天行健，君子以自強不息。」意謂日月星辰的天體運行無休止，人應法天的「健」，永遠向上，決不停息。另一句是：「地勢坤，君子以厚德載物。」載物就是包容許多物類。有道德的人就應胸懷寬廣，能容納不同的人和意見。在對外關係就表現爲既自強不息，堅持民族的主權和獨立，同時又能厚德載物，與其它民族和平共處，交流協作。﹝註5﹞

二、愛國主義精神。這是一種特殊的民族感情和民族心理。是每一個華夏子孫都深浸於內心深處的觀念。就是這一愛國觀念，激勵著歷代仁人志士爲民族的獨立而英勇奮鬥，捨身成仁，出現了岳飛、文天祥、鄧世昌這樣可

﹝註4﹞ 《列寧全集》第20卷，人民出版社1958年版，第15頁。
﹝註5﹞ 參見張岱年：《中國文化傳統的分析》，載《理論月刊》1986年第7期。

歌可泣的民族英雄。從孔子贊許管仲「管仲相桓公，霸諸侯，一匡天下，民
到於今受其賜，微管仲，吾其被髮左衽矣。」〔註6〕到顧炎武提出「國家興亡，
匹夫有責」，歷代思想家都致力於愛國主義的宣揚。

　　三、民本思想。即「民爲邦本」，把人民視爲國家的根本。孟子講：「民
爲貴，社稷次之，君爲輕」。春秋時期鄭國的大政治家子產不毀鄉校，願意聽
老百姓對國事的批評，可謂具有點民主作風。

　　四、革新思想。《易傳》有：「革去故，鼎立新」，「窮則變，變則通，通
則久」，「變而通之以盡利」。就是說，應該變時就要變。

　　五、人格意識。中國傳統中缺乏明確的個性自由思想，但又有肯定人的
獨立意志和人格的一面。孔子講：「三軍可奪帥也，匹夫不可奪志也。」讚揚
伯夷、叔齊「不降其志，不辱其身」。即「士可殺不可辱」。孟子講「人人有
貴於己者」，叫作「良貴」，即固有的價值。陸象山說，最重要的是要做一個
人，如我不認識一個字，也要堂堂正正做一個人。〔註7〕

　　六、唯物主義無神論和辯證法思想。孔子宣稱：「務民之義，敬鬼神而遠
之，可謂智矣。」後來王充著《論死》，范縝作《神滅》，形成中國古代的唯
物主義傳統。中國的辯證法思想淵源於《周易》，至《周易大傳》而集大成。
提出「一陰一陽之謂道」、「剛柔相推而生變化」、「生生之謂易」等精湛命題。
〔註8〕

　　七、大同的理想。《禮記・禮運》有「大道之行也，天下爲公，……是爲
大同」。就是在這種傳統思想的影響下，後來康有爲著《大同書》，孫中山多
次題寫「天下爲公」。〔註9〕

　　八、人際和諧的思想。孔子弟子有若說：「禮之用，和爲貴。」孔子說：
「君子和而不同，小人同而不和。」孟子說：「天時不如地利，地利不如人
和。」人和即人們團結一致。漢族與五十多個少數民族共同組成多元一體的
中華民族，是和的原則的體現。〔註10〕

〔註 6〕《論語・憲問》
〔註 7〕張岱年：《中國文化的回顧與前瞻》，載《東西方文化研究》創刊號。
〔註 8〕張岱年：《論弘揚中國文化的優秀傳統》，載《中國社會科學院研究生院學報》
　　　　1991 年第 2 期。
〔註 9〕張岱年：《傳統文化與社會主義》，載《文藝理論與批評》1992 年第 2 期。
〔註 10〕張岱年：《愛國主義與民族凝聚力的思想基礎》，載《光明日報》1993 年 8 月
　　　　1 日。

　　除以上八個方面內容之外，傳統文化中常爲人們稱道的還有諸如儒家「明知不可爲而爲之」的積極入世精神和社會責任感；墨家「摩頂放踵利天下而爲之」的公而忘私的自我犧牲精神以及道家對等級制度的批判意識等。當然，就一般國學研究者們所讚美的傳統文化的這些積極的方面來看，除剛健自強、愛國主義精神及唯物主義無神論和辯證法思想外，其餘內容的好和壞可能都像一枚硬幣的正反兩面，如儒家的在維護等級制度的前提下的民本思想和人格意識已經令人懷疑到底有幾分眞正意義上的人格獨立；儒家的革新與守舊又是膠合於一起的，恐怕後者才是它的主導方面；就是它的愛國主義也要把封建社會的愛國與忠君區分開來，愛國是愛國家民族，保衛民族的獨立和國家的主權。而不是愛哪個君或維護哪個君的封建政權。那麼，中國傳統文化中有哪些消極因素呢？一般人們認爲大致有這樣幾個方面：

　　一、缺乏實證科學和民主傳統。

　　二、封建等級觀念。孔子評論晉國鑄刑鼎強調「貴賤不愆，所謂度也」；「貴賤無序，何以爲國？」〔註11〕孟子明確主張「勞心者治人，勞力者治於人；治於人者食人，治人者食於人」。〔註12〕講「君臣之義」，分別上下貴賤，後來形成所謂「三綱」，即「君爲臣綱，父爲子綱，夫爲妻綱」。

　　三、因循守舊思想。《詩經》講「不愆不忘，率由舊章」的惰性思想。孔子講「述而不作，信而好古」。只講繼承而不講創造。老子也講「無爲」、要「致虛無，守靜篤」，甚至要倒退回「小國寡民」的生活。

　　四、以家族爲本位的思想。家族制度是封建專制制度的基礎。以孝悌爲最高的道德原則，政治上表現爲等級制度和任人唯親。

　　五、缺乏眞正的法制觀念。儒家強調以德治國。法家雖然強調「以法治國」，但是法家所講的法是爲君主專制服務的專制主義的法。而且法家把法與道德文教完全對立起來，根本否定道德文教以及學術研究的意義。

　　六、由專制制度和等級觀念衍生出來的宦官制度，男子納妾，女子纏足等腐敗醜惡現象。

　　七、在佛教、道教影響下形成的相信命運，迷信鬼神的社會心理以及在封建專制制度和農業社會養成的奴性心理、悠閒散漫、怯懦偷安、麻木保守、自我陶醉等性格弱點，即魯迅所批判的落後的國民性。

〔註11〕《左傳・昭公二十九年》
〔註12〕《孟子・滕文公上》

　　中國傳統文化有怎樣的發展演變呢？源遠流長的中國文化已有五千多年的發展史，如果說殷周時代是它的開創時期，那麼，到春秋戰國時代就標誌著它走上了一個繁榮發展的時期。諸子百家，竟相爭鳴，各種思想，自由發展。出現了孔子、孟子、老子、莊子、墨翟、韓非等一批大思想家。秦始皇統一六國之後，採納李斯的意見，焚書坑儒。取消文化道德教育而「以法為教，以吏為師」，結果不但自己二世而亡，也使文化發展受到了一次嚴重的破壞。漢初吸取了秦亡的教訓，漢文帝和漢景帝都推崇道家的黃老之學以安定民生。到漢武帝採納董仲舒的建議，罷黜百家，獨尊儒術。使儒家由「百家」中的一家而躍到欽定獨尊的統治地位，開始了國家的政治制度以儒家的經典為依據的時代，奠定了儒學在傳統文化中的主導地位，從而也開始了儒學按照封建統治者們的意願來解釋並為維護封建秩序服務的時代。後漢初年，佛教傳入中國，到魏晉南北朝時佛學與老莊某些思想結合出現了玄學。唐代採取三教並尊的政策，但在政治教育、典章制度方面仍以儒學為本。到北宋時期出現了理學。理學是以儒家思想為基礎，吸收了佛學與道家的一些思想觀念，為儒學補充了本體論與認識論的基礎。宋代理學的出現，改變了唐代以來的三教並尊的局面，而使理學成為宋代直至清末的主導思想。

　　到封建社會後期傳統文化的核心是什麼？它起了怎樣的作用？它的哪些東西是必須堅決推倒剔除掉的，哪些東西是要弘揚的，哪些東西是可以改造和利用的？有人認為「以儒學價值為核心的中國傳統文化，有重人倫、求和諧、盼安定的一面，從消極方面講，它可能表現為保守、落後；從積極方面講，它可能有助於穩定，有利於長治久安。……一般來講，求變就得碰它、批它；求穩就得用它、學它。」〔註13〕這種實用主義的觀點對我們認識封建文化的實質沒有多大的幫助。從傳統文化的發展演變可以看到，儒學由一種自由的學術思想而為封建統治者修改利用，發展成為封建統治者安邦定國，使封建統治秩序長治久安的思想理論工具。到封建社會後期，以儒家思想為主導的傳統文化的核心演變為所謂「三綱」、「五常」「五倫」等一整套倫理道德體系。其實質是維護封建專制等級制度。所謂「五倫」即孟子所說的「父子有親，君臣有義，夫婦有別，長幼有序，朋友有信。」〔註14〕「五倫」即規定的五種社會關係。意思是要求按照各人的身

〔註13〕李連科：《如何看待儒學價值》，載《光明日報》2001年2月27日。
〔註14〕《孟子・滕文公上》

份地位來自覺地處理好人與人之間的各種關係。五倫之中前四倫蘊涵著不平等關係，尤其是夫婦一倫，後來演變成所謂「三從」「四德」，要求婦女「在家從父，出嫁從夫，夫死從子。」基本上否認了婦女的獨立地位和人格。五倫中只有朋友一倫具有合理性。所謂「五常」即「仁、義、禮、智、信。」這是儒家的五項基本的道德原則。所謂「仁」即孔子所講的「仁者愛人」，即是愛；所謂「義」即正義、道義，也就是行為必須遵循道德原則；所謂「禮」有兩方面的內容：主要是指遵守儒家的典章制度。如君臣上下的等級制度，父子、夫婦、兄弟之間的人倫關係以及政事刑罰等禮法制度。第二個方面的內容是講禮節、禮貌；所謂「智」即是明辨是非，孟子說：「是非之心，智也。」〔註15〕所謂「信」即誠實。孔子說：「人而無信，不知其可也。」〔註16〕「自古皆有死，民無信不立。」〔註17〕「三綱」是儒家倫理道德的核心。「三綱」是漢代的董仲舒在孔子講的「君君、臣臣、父父、子子」，孟子講的「五倫」等的基礎上提出的。其內容是「君為臣綱，父為子綱，夫為妻綱。」在君臣、父子與夫婦的關係中強調後者對前者的依附和服從。到宋代，朱熹極其門徒更提出「天下無不是底父母」，「天下無不是底君」。更把這種依附和服從絕對化。「三綱」的實質就是維護封建等級制度。而「五常」是用來維護和保證「三綱」的實行的。它是一種潤滑油、調節劑，在壓迫者與被壓迫者之間起一種緩和、調節作用。有如西方資本主義國家的社會福利的作用。它既要求被壓迫者要自覺地做到忠、孝、從，也要求壓迫者要注意把握好度，要對被壓迫者進行感情投資，不要激化矛盾。所以「三綱」「五常」等一整套封建的倫理道德本質上是反動的，是不講民主、平等和獨立人格的。從總體上是要被否定的。但是，就「三綱」「五常」也要區別對待。「三綱」是要徹底否定的，而「五常」卻可以加以改造，用來調節我們現在的人與人之間的關係。像愛心、正義或道德原則、禮貌禮節、是非之心或原則性、信義誠實等，我們還是要講的，但是在人格獨立平等的基礎上講的，與封建道德已經有了本質的區別。至此，我們可以明確地認識到：中國封建社會後期傳統文化的核心是所謂「三綱」、「五常」等一整套倫理道德體系；它起著維護封建專制等級制度的作用；中國傳統

〔註15〕 《孟子‧告子上》
〔註16〕 《論語‧為政》
〔註17〕 《論語‧顏淵》

文化中剛健自強、愛國主義精神及唯物主義無神論和辯證法思想等激勵中華民族團結進步的積極內容是要弘揚的東西；而封建等級觀念、因循守舊思想、家族為本位思想以及在農業社會、封建制度下養成的庸俗社會心理和國民的性格弱點等阻礙社會發展進步的消極內容是要批判和清算的東西；封建倫理道德中的「三綱」是必須堅決推倒徹底剔除掉的，而「五常」卻是可以改造和利用的。明乎此，我們再來討論以魯迅為代表的五四文化新軍批判傳統文化的功過得失，問題就顯得簡單得多了，就比較容易把問題搞明白了。

三

　　五四是「全盤反傳統」，還是部分的反傳統？是形式上的「全盤反傳統」，還是本質上的「全盤反傳統」？魯迅「偏激」的實質是什麼？他是否「全是破壞」？他反掉的是傳統的精華還是糟粕？五四反傳統是否造成了傳統文化的「斷裂」？

　　中國文化在歷史上曾居於世界領先地位，但自 14 世紀歐洲文藝復興以來，西方人從中世紀封建神學的束縛下解放出來，自由、獨立、平等、人權思想的確立，大大調動了人們的主動性和創造性，使政治經濟、科學技術和學術思想都得到飛速發展。而中國封建統治者則不斷完善和強化以「三綱」為核心的封建的倫理政治，為維護封建專制極權統治，扼殺人的獨立性、創造性而培養人的奴隸性，使得中國原地踏步，和西方拉大了差距，以至鴉片戰爭列強打上門來時我們只能處於被動挨打的地位，造成了近代中國的嚴重的民族危機。無數有識之士奮勇急起探索民族的獨立和復興之路。如果說從「以夷制夷」到「洋務運動」走的是一條科技救國的道路，而「戊戌變法」和「辛亥革命」走的是政治和軍事救國的道路的話，那麼，五四新文化運動和五四文學革命就是把這種救亡圖存提到了思想文化的層面。科技救國和政治軍事救國的相繼失敗使五四時期的一批有識之士開始深挖阻礙民族革新進步的根源，而民主共和的名存實亡以及袁世凱復辟、張勳復辟等一系列復辟活動中的尊孔朝孔的現實使他們認識到，維護封建制度的舊的倫理道德、思想文化是制約我們革新前進的最深的根源。陳獨秀把人的覺悟分為政治覺悟和倫理覺悟兩個層次，人們有了政治覺悟就舉行革命建立共和，但是，如果沒有倫理的覺悟，舊的倫理思想就要和共和政治發生矛盾，使共和陷於失敗。

所以陳獨秀認爲「倫理的覺悟爲吾人最後覺悟之最後覺悟。」〔註18〕「蓋倫理問題不解決，則政治學術皆枝葉問題。縱一時捨舊謀新，而根本思想未嘗變更，不旋踵而仍復舊觀者，此自然必然之事也。孔教之精華曰禮教，爲吾國倫理政治之根本。其存廢爲吾國早當解決之問題。」〔註19〕「若夫別尊卑重階級，主張人治，反對民權之思想之學說，實爲製造專制帝王之根本惡因。吾國思想界不將此根本惡因剷除淨盡，則有因必有果。無數廢共和復帝制之袁世凱，當然接踵應運而生，毫不足怪。」〔註20〕可以看出，五四新文化運動的先驅者們是以高度的社會責任感，站在民族生死存亡的角度來批判舊道德和舊文化的。在他們看來，民族要生存發展，就要建立西方式的民主共和制，而民主共和制的基礎就是「法律上之平等人權，倫理上之獨立人格，學術上之破除迷信，思想自由」，〔註21〕而這三者又是和講尊卑貴賤等級的孔教根本不相容的。所以「孔教與共和乃絕對兩不相容之物，存其一必廢其一。」〔註22〕認爲「三綱五倫之道德，則既非利己，又非利人。既非個人，又非社會。乃封建時代以家族主義爲根據之奴隸道德也。此種道德之在今日，已無討論之價值。」〔註23〕喚醒人們「我們不是爲君主而生的！不是爲聖賢而生的！什麼『文節公』呀，『忠烈公』呀，都是那些吃人的人設的圈套，誑騙我們的！我們如今應該明白了，吃人的就是禮教的！講禮教的就是吃人的呀！」〔註24〕吳虞在給陳獨秀的信中指出：「孔子自是當時之偉人，然欲堅持其學說以罩天下後世，阻礙文化之發展，以揚專制之餘焰，則不得不攻者，勢也。」〔註25〕大有「必不容反對者有討論之餘地，必以吾輩所主張者爲絕對之是，而不容他人之匡正之」〔註26〕之勢。看，五四先驅者們反封建傳統的態度是如此的堅決和徹底，很容易給人以「全盤反傳統」的印象。不過，我們分析問題不能只看當時先驅者們反傳統所說的一些決絕的話語，而要分析他們說這些決絕的話語時的具體情況和他們反傳統的具體內容。就當時的具體情況

〔註18〕陳獨秀：《吾人最後之覺悟》《青年雜誌》1卷6號。
〔註19〕陳獨秀：《憲法與孔教》《新青年》2卷3號。
〔註20〕陳獨秀：《袁世凱復活》《新青年》2卷4號。
〔註21〕陳獨秀：《袁世凱復活》《新青年》2卷4號。
〔註22〕陳獨秀：《復辟與尊孔》《新青年》3卷6號。
〔註23〕常乃德：《紀陳獨秀君演講辭》《新青年》3卷3號。
〔註24〕吳虞：《吃人與禮教》《新青年》6卷6號。
〔註25〕《魯迅研究資料》24輯，中國文聯出版公司1991年12月版，第159頁。
〔註26〕陳獨秀：《答胡適之》，《新青年》3卷3號。

來看，當以儒家的綱常倫理爲核心的封建文化傳統的繩索捆綁得人們絲毫動
彈不得的時候，人們首先想到的是怎樣掙斷這繩索，而顧不上考慮這繩索是
棉的還是麻的，它紡做的工藝是否精細以及怎樣用它來拉車或挑擔；當人們
在絕無門窗的鐵屋子裏快要窒悶而死的時候，首先想到的就是怎麼盡快毀掉
這鐵屋子，而顧不上考慮這鐵屋子的鑄造工藝是如何的高明以及怎麼利用這
鐵來煉鋼或鑄器。當時五四先驅者們認定維護封建專制制度的封建傳統文化
是摧殘人性的，桎梏了整個民族的生機和活力，是國家屢弱、民族危機的根
源。所以當時他們是懷著救國救民的強烈的歷史責任感和社會責任感，以科
學民主爲武器，來揭露封建禮教吃人的本質，明確提出「打孔家店」，「推倒
古典文學」，打倒「桐城謬種，選學妖孽」……他們就是要對傳統文化進行徹
底地改造和重新建構，在這種意義上說，他們就是要「全盤反傳統」，因爲不
破不立，不塞不流，不止不行。不這樣就不能使中國人從長期的封建思想束
縛下掙脫出來。這是五四先驅者們的一大功績，用不著我們爲他們「辯誣」、
遮掩、圓場或補臺。他們當時的這種「全盤反傳統」與我們現在的借鑒、吸
收以至弘揚傳統文化實際上並不矛盾。如果沒有五四先驅者們的這種「全盤
反傳統」，我們就不能建構新文化，也就不能以今天的辨別和發展的眼光來認
識傳統文化，來借鑒和吸收它的精華從而使我們的新文化健康發展。所以，
正是先驅者們掙斷了繩索、砸了鐵屋子，我們現在才能考慮怎樣來利用這些
鋼鐵和繩索來爲我們服務。另外，就他們反傳統的具體內容來看，他們反的
是別尊卑重等級的禮教，即君主專制和等級制度的理論基礎。儒家認爲：「有
天地然後有萬物，有萬物然後有男女，有男女然後有夫婦，有夫婦然後有父
子，有父子然後有君臣，有君臣然後有上下，有上下然後禮義有所錯。」〔註
27〕按照這樣的理論，尊卑貴賤，君主專制和等級制度，「三綱」「五常」等都
是天經地義不可改變的。所以，不摧毀這一套荒謬的理論體系，就動搖不了
封建專制制度的基礎。就是在這一點上，先驅者們堅持「必不容反對者有討
論之餘地」。也就是在這一點上，儒家學說阻礙了社會和文化的發展，揚了專
制之餘焰。所以先驅者們才認爲對它「則不得不攻者，勢也。」他們要踏倒
的不是傳統文化的全部，而是傳統文化中阻礙我們生存、溫飽和發展的那一
部分，即維護等級制度的封建禮教。至於傳統文化中國學家們所說的那些積
極的內容，比如剛健自強的進取精神和社會責任感、愛國主義精神、革新思

〔註27〕《周易‧序卦》

想、民本思想、人格意識、唯物主義無神論和辯證法思想等，先驅者們不但沒有否定和批判，並且，他們自身的行動就是對傳統文化中這些積極因素的繼承和發揚。先驅者們自身正是以頑強不息的進取精神和高度的社會責任感，爲了民族的獨立和復興而上下求索，表現出強烈的愛國主義精神。而他們所提倡和從事的才是眞正的從思想到制度的全面的革新；他們所提倡的民主、人權才是眞正的民本思想和人格意識；他們反對迷信，高舉科學的旗幟才表現出眞正的唯物主義無神論的立場。就是陳獨秀在反對「綱常禮教」的同時，在提倡愛國主義的時候，把勤、儉、廉、潔、誠、信作爲「持續的治本的愛國主義者」的要點。〔註28〕可見他反的重點也在「三綱」，而對「五常」是區別對待的，所以他提倡的愛國主義者的標準就有「五常」中的「信」。李大釗在《自然的倫理觀與孔子》中說出了問題的本質：「故余之抨擊孔子，非抨擊孔子之本身，乃抨擊孔子爲歷代君王所雕塑之偶像的權威也；非抨擊孔子，乃抨擊專制政治之靈魂也。」〔註29〕所以五四先驅者們表面上的「全盤反傳統」，實質上只是反的傳統中維護封建專制和等級制度的那些最腐朽的東西，重點是「三綱」及由此衍生出來的貞節觀念及奴隸道德，而對傳統文化中的積極的成分，不但沒有否定和批判，而是實際上的繼承和弘揚。

　　魯迅作爲五四反封建文化新軍的主將，他反掉的是傳統的精華還是糟粕？他是否「全是破壞」？他的「偏激」表現了怎樣的實質？這些問題，在我們搞清楚了傳統文化的發展演變，分辨清哪是它的積極的東西，哪是它的消極的東西，即它的精華和糟粕，明確了五四反傳統的內容和實質之後就能夠比較容易地看清楚了。因爲魯迅在《狂人日記》中首先揭破了封建禮教「吃人」的本質，而他在雜文中又把封建守舊派所說的「國粹」比作瘤、比作瘡，要毫不容情地割去。這種決絕的態度讓我們感到他堅決而徹底的反封建的態度，同時也給一些人造成魯迅和傳統勢不兩立的「全盤反傳統」的假象。其實，魯迅的反傳統也不是不分青紅皂白把傳統全盤否定，而反的是傳統中腐朽的糟粕。他的「匕首」和「投槍」刺向的是傳統文化的毒瘤而不是那部分健康的肌體。這只要比較全面地來考察一下魯迅反傳統的情況，看他反的都是哪些內容。問題就很清楚了。魯迅對封建傳統文化的批判，大致表現在如下幾個方面：

〔註28〕陳獨秀：《我之愛國主義》，《新青年》2卷2號。
〔註29〕嚴家炎：《五四新文化運動與傳統文化》，載《魯迅研究月刊》1995年9期。

　　一、對封建專制等級制度及維護這種制度的封建禮教——「君爲臣綱」
的批判。在《燈下漫筆》《狂人日記》《長明燈》《十四年的讀經》《在現代中
國的孔夫子》《老調子已經唱完》等作品中，魯迅以深刻而犀利的筆鋒深入剖
析封建專制等級制度「吃人」的實質。在《狂人日記》裏他借狂人之口一針
見血地戳穿了幾千年來封建禮教的實質就是「吃人」。在《燈下漫筆》中，魯
迅對封建專制等級制度有十分形象的描繪：「但我們自己是早已布置妥帖了，
有貴賤，有大小，有上下。自己被人淩虐，但也可以淩虐別人；自己被人吃，
但也可以吃別人。一級一級的制馭著，不能動彈，也不想動彈了。因爲倘一
動彈，雖或有利，然而也有弊。我們且看古人的良法美意罷——『天有十日，
人有十等。下所以事上，上所以共神也。故王臣公，公臣大夫，大夫臣士，
士臣皁，皁臣輿，輿臣隸，隸臣僚，僚臣僕，僕臣臺。』（《左傳》昭公七年）
但是『臺』沒有臣，不是太苦了嗎？無須擔心的，有比他更卑的妻，更弱的
子在。而且其子也很有希望，他日長大，升而爲臺，便有更卑更弱的妻子，
供他驅使了。如此連環，各得其所，有敢非議者，其罪名曰不安分！」〔註30〕
在這種體制下，統治者根本不把人當人：「中國人向來沒有爭到過『人』的價
格，至多不過是奴隸」；封建專制等級制度就是一種奴隸規則；魯迅進而把封
建等級專制的全部歷史概括爲：想做奴隸而不得的時代和暫時做穩了奴隸的
兩種時代。指出以維護封建專制等級制度的封建禮教爲核心的「所謂中國文
明者，其實不過是安排給闊人享用的人肉的筵宴。所謂中國者，其實不過是
安排給這人肉筵宴的廚房。」對封建專制等級制度及維護它的封建禮教進行
了鞭闢入裏的剖析。在《十四年的讀經》中，魯迅揭露那些提倡尊孔讀經的
統治者實際並不是眞心的尊孔讀經，而只不過要利用儒家的禮教來束縛人們
的思想，爲其統治服務。他說：「尊孔，崇儒，專經，復古，由來已經很久了。……
這一類的主張讀經者，是明知道讀經是不足以救國的，也不希望人們都讀成
他自己那樣的；但是，要些把戲，將人們作笨牛看則有之，『讀經』不過是這
一回耍把戲偶而用到的工具。」〔註31〕在《在現代中國的孔夫子》中，魯迅
指出：「孔夫子之在中國，是權勢者們捧起來的，是那些權勢者或想做權勢者
們的聖人，和一般民眾並無什麼關係。……不錯，孔夫子曾經計劃過出色的
治國的方法，但都是爲了治民眾者，即權勢者設想的方法，爲民眾本身的，

〔註30〕魯迅：《魯迅全集》第一卷，人民文學出版社 1981 年版，第 215～216 頁。
〔註31〕魯迅：《魯迅全集》第三卷，人民文學出版社 1981 年版，第 127～129 頁。

卻一點也沒有。」〔註 32〕在《老調子已經唱完》中，魯迅用宋、元、明、清都是唱著封建禮教的老調子滅亡的這一事實，指出這種老調子是一把扼殺我們民族的「軟刀子」，誰要是讚美這老調子，誰就是用這「軟刀子」來殺我們。「中國文化，都是侍奉主子的文化，是用很多人的痛苦換來的。無論中國人，外國人，凡是稱讚中國文化的，都只是以主子自居的一部分。」〔註 33〕

　　二、對封建孝道——「父爲子綱」的批判。「孝」是封建道德的一個重要規範，是要求幼者對長者絕對服從的一種與「忠」緊密聯繫的畸形道德。在《我們現在怎樣做父親》中，魯迅批判父權思想的錯誤就在於「長者本位與利己思想，權利思想很重，義務思想和責任心卻很輕。以爲父子關係只須『父兮生我』一件事，幼者的全部，便應爲長者所有。尤其墮落的，是因此責望報償，以爲幼者的全部，理該做長者的犧牲。」魯迅認爲，維繫父子關係的應該是責任、義務和愛。父母應該希望子女超越自己而不是「無改於父之道」的「孝」。如果「抹煞了『愛』，一味說『恩』，又因此責望報償，那便不但敗壞了父子間的道德，而且也大反於做父母的實際的眞情，播下乖刺的種子。」「只要是思想未遭錮蔽的人，誰也喜歡子女比自己更強，更健康，更聰明高尚，——更幸福；就是超越了自己，超越了過去。超越便須改變，所以子孫對於祖先的事，應該改變，『三年無改於父之道可謂孝』，當然是曲說，是退嬰的病根。」魯迅認爲，「便是『孝』『烈』這類道德，也都是旁人毫不負責，一味收拾幼者弱者的方法。」認爲「父母對於子女，應該是健全的產生，盡力的教育，完全的解放。」〔註 34〕在《熱風・隨感錄二十五》中，魯迅批判封建的不負責任的父權觀念說：「中國的孩子，只要生，不管他好不好，只要多，不管他才不才。生他的人，不負教他的責任。」魯迅認爲這樣的父親，不能算「人」之父，只能算孩子之父，「還帶點嫖男的氣息」。〔註 35〕在《且介亭雜文二集・「尋開心」》中，魯迅嘲諷儒家所謂「身體髮膚，受之父母，不敢毀傷，孝之始也」的苟活哲學說：「……那麼，『爲國捐軀』，是孝之終麼？」〔註 36〕在《阿 Q 正傳》中通過阿 Q 可笑的言行，來諷刺所謂「不孝有三，無後爲大」的虛僞可笑。在《二十四孝圖》中，魯迅揭露古代宣揚的諸如「哭

〔註32〕魯迅：《魯迅全集》第 6 卷，人民文學出版社 1981 年版，第 316～318 頁。
〔註33〕魯迅：《魯迅全集》第 7 卷，人民文學出版社 1981 年版，第 312 頁。
〔註34〕魯迅：《魯迅全集》第 1 卷，人民文學出版社 1981 年版，第 132～137 頁。
〔註35〕魯迅：《魯迅全集》第 1 卷，人民文學出版社 1981 年版，第 295～296 頁。
〔註36〕魯迅：《魯迅全集》第 6 卷，人民文學出版社 1981 年版，第 271 頁。

竹生筍」、「臥冰求鯉」、「老萊娛親」、「郭巨埋兒」等所謂「孝道」的虛僞，滑稽和野蠻。魯迅還深挖中國封建統治者提倡「節」「孝」的實質。中國的國家以家族爲基礎，所以親權重，父權更重。這就是「皇帝和大臣們，向來都要取其一端，或者『以孝治天下』或者『以忠詔天下』，而且又『以貞潔屬天下』」〔註37〕的原因。

　　三、對「三從」「四德」「節烈」等歧視婦女的封建觀念——「夫爲妻綱」的批判。封建禮教中最腐朽最殘酷的就是歧視婦女的那些野蠻的道德規範。如果說要求婦女「在家從父，出嫁從夫，夫死從子」是剝奪了婦女的獨立地位和人格；那麼，要求婦女做「節婦」「烈婦」就是對婦女的滅絕人性的虐待和殘殺。五四時著重批判了這種野蠻的倫理觀念。周作人翻譯了日本女作家與謝野晶子的《貞操論》，用資產階級的道德來反對這種滅絕人性的「節烈」觀。認爲「對於貞操，不當他是道德；只是一種趣味，一種信仰，一種潔癖。既然是趣味信仰潔癖，所以沒有強迫他人的性質。」〔註38〕胡適寫了《貞操問題》，指斥宣揚「節烈」其罪等於故意殺人。而魯迅的《我之節烈觀》，則系統地論述了「節烈」的發生發展和提倡「節烈」的社會原因以及在男權社會提倡「節烈」表現的男性的怯懦而自私的心理。指出「節烈」是一種毫無意義的昏迷和強暴。嘲諷那些道德家們說：「女子死了丈夫，便守著，或者死掉；遇了強暴，便死掉；將這類人物，稱讚一通，世道人心便好，中國便得救了。」魯迅認爲：「道德這事，必須普遍，人人應做，人人能行，又於自他兩利，才有存在的價值。現在所謂節烈，……決不能認爲道德，當做法式。」認爲奉行多妻主義的男子，根本沒有表彰節烈的資格。認爲提倡「節烈」表現了男性的怯懦而自私的心理。「國民將到被征服的地位，守節盛了；烈女也從此著重。因爲女子既是男子所有，自己死了，不該嫁人，自己活著，自然更不許被奪。然而自己是被征服的國民，沒有力量保護，沒有勇氣反抗了，只好別出心裁，鼓吹女人自殺。」認爲「節烈」是「夫爲妻綱」的衍生物，是婦女只是男人的活財產，處於極端無權的地位所導致的。「只有自己不顧別人的民情，又是女應守節男子卻可多妻的社會，造出如此畸形的道德，而且日見精密苛酷，本也毫不足怪。但主張的是男子，上當的是女子。女子本身，何以毫無異言呢？原來『婦者服也』，理應服事於人。教育固可不必，連開口

〔註37〕魯迅：《魯迅全集》第三卷，人民文學出版社1981年版，第127頁。
〔註38〕謝野晶子、周作人翻譯：《貞操論》，《新青年》4卷4號。

也都犯法。他的精神，也同體質一樣，成了畸形。」魯迅的結論是，「節烈」是「極難，極苦，不願身受，然而不利自他，無益社會國家，於人生將來又毫無意義的行為，現在已經失了存在的生命和價值。」〔註 39〕魯迅批判男權社會的封建婚姻制度和貞節觀念說：「父母之命媒妁之言的舊式婚姻，卻要比嫖妓更高明。這制度之下，男人得到永久的終身的活財產。當新婦被人放到新郎的床上的時候，她只有義務，她連講價錢的自由也沒有，何況戀愛。不管你愛不愛，在周公孔聖人的名義之下，你得從一而終，你得守貞操。男人可以隨時使用她，而她卻要遵守聖賢的禮教，即使『只在心理動了惡念，也要算犯姦淫』的。如果雄狗對雌狗用起這樣巧妙而嚴厲的手段來，雌的一定要急得『跳牆』。然而人卻只會跳井，當節婦，貞女，烈女去。禮教婚姻的進化意義，也就可想而知了。」〔註 40〕魯迅在小說《傷逝》，雜文《娜拉走後怎樣》等作品中，認為婦女解放，首先要有獨立的經濟地位，否則就談不上獨立的人格。沒有獨立的經濟地位是婦女受壓迫受歧視的根源。他說：「私有制度的社會，本來把女人也當作私產，當作商品。一切國家，一切宗教都有許多希奇古怪的規條，把女人看作一種不吉利的動物，威嚇她，使她奴隸般的服從；同時又要她做高等階級的玩具。正像現在的正人君子，他們罵女人奢侈，板起面孔維持風化，而同時正在偷偷地欣賞著肉感的大腿文化。」〔註 41〕他嘲諷孔子的「唯女子與小人難養也，近之則不遜，遠之則怨」說：「女子與小人歸在一類裏，但不知道是否也包括了他的母親。……我們看看孔夫子的嘮叨，就知道他是為了要『養』而『難』，『近之』『遠之』都不十分妥帖的緣故。……在沒有消滅『養』和『被養』的界限以前，這歎息和痛苦是永遠不會消滅的。……所以一切女子，倘不得到和男子同等的經濟權，我以為所有的好名目，就都是空話。」〔註 42〕此外，魯迅在他的一系列小說中，用形象化的方法對虛偽的封建禮教進行了辛辣的諷刺和深刻的批判。在《肥皂》中批判了道學家的虛偽；在《離婚》和《明天》中通過愛姑和單四嫂子的悲劇，揭露「三從」「四德」的封建觀念對婦女的毒害；而《祝福》更是通過祥林嫂被封建禮教殘害致死的悲劇命運，十分形象地展現了祥林嫂在「夫權」和「父權」的衝突中處於「想做奴隸而不得」的悲慘境地。

〔註 39〕 魯迅：《魯迅全集》第 1 卷，人民文學出版社 1981 年版，第 117～125 頁。
〔註 40〕 魯迅：《魯迅全集》第 5 卷，人民文學出版社 1981 年版，第 284 頁。
〔註 41〕 魯迅：《魯迅全集》第 4 卷，人民文學出版社 1981 年版，第 516 頁。
〔註 42〕 魯迅：《魯迅全集》第 4 卷，人民文學出版社 1981 年版，第 597～598 頁。

　　四、對傳統的因循守舊思想的批判。相信進化，堅持發展、改革和進步，反對保守和倒退是魯迅一貫的態度。魯迅明確宣佈：「我們目下的當務之急是：一要生存，二要溫飽，三要發展。苟有阻礙這前途者，無論是古是今，是人是鬼，是《三墳》《五典》，百宋千元，天球河圖，金人玉佛，祖傳丸散，秘製膏丹，全都踏倒他。」〔註43〕他批評封建保古派：「只要從來如此，便是寶貝。即使無名腫毒，倘若生在中國人身上，也便『紅腫之處，豔若桃花；潰爛之時，美如乳酪』。國粹所在，妙不可言。」〔註44〕在這些國粹派看來，「古人所作所說的事，沒一件不好，遵行還怕不及，怎敢說到改革？」他把這些人分為五種：「甲云：『中國地大物博，開化最早；道德天下第一。』……乙云：『外國物質文明雖高，中國精神文明更好。』丙云：『外國有的東西，中國早已有過；某種科學，即某子所說的云云，』……丁云：『外國也有叫化子，——（或云）也有草舍，——娼妓，——臭蟲。』戊云：『中國便是野蠻的好。』」〔註45〕魯迅批評這些人是掉了鼻子還要誇示於人，說是祖傳老病。魯迅開出科學的藥方來醫治這種戀古的思想病。說：「只希望那班精神上掉了鼻子的朋友，不要又打著『祖傳老病』的旗號來反對吃藥，中國的昏亂病，便也總有痊癒的一天。」〔註46〕魯迅主張改革和發展，反對那些搞折中、調和的洋裝保守派。批評他們是「學了外國本領，保存中國舊習。本領要新，思想要舊。要新本領舊思想的新人物，駝了舊本領舊思想的舊人物，請他發揮多年經驗的老本領。一言以蔽之：前幾年謂之『中學為體，西學為用』，這幾年謂之『因時制宜，折中至當』。」〔註47〕這種折中主義的人多抱有「二重思想」，即「既許信仰自由，卻又特別尊孔；既自命『勝朝遺老』，卻又在民國拿錢；既說是應該革新，卻又主張復古。」魯迅認為，「要想進步，要想太平，總得連根的拔去了『二重思想』。因為世界雖然不小，但彷徨的人種，是終竟尋不出位置的。」〔註48〕魯迅把那些封建國粹派稱為是「現在的屠殺者」。說他們「明明是現代人，吸著現在的空氣，卻偏要勒派朽腐的名教，僵死的

〔註43〕 魯迅：《華蓋集·忽然想到·六》，《魯迅全集》第3卷，人民文學出版社1981年版，第45頁。
〔註44〕 魯迅：《魯迅全集》第1卷，人民文學出版社1981年版，第318頁。
〔註45〕 魯迅：《魯迅全集》第1卷，人民文學出版社1981年版，第312頁。
〔註46〕 魯迅：《魯迅全集》第1卷，人民文學出版社1981年版，第313頁。
〔註47〕 魯迅：《魯迅全集》第1卷，人民文學出版社1981年版，第336頁。
〔註48〕 魯迅：《魯迅全集》第1卷，人民文學出版社1981年版，第345頁。

語言，侮蔑盡現在，這都是『現在的屠殺者』。殺了『現在』，也便殺了『將來』。——將來是子孫的時代。」〔註49〕

　　五、批判封建社會遺留下來的各種腐敗醜惡現象以及在農業社會、封建等級制度下形成的相信命運，迷信鬼神、奴才主義、悠閒散漫、怯懦偷安、麻木保守、自我陶醉等庸俗的社會心理和性格弱點，即落後的國民性。魯迅在《熱風》中的大部分《隨感錄》以及《墳》中的《說鬍鬚》《看鏡有感》《論「他媽的」》《論照相之類》《春末閒談》等雜文裏，對封建社會遺留下來的各種腐敗醜惡現象及「國粹家」的種種謬論如算卦、相面、靜坐、打拳等進行了批判。指出，在中國，纏足、拖大辮、吸鴉片、一夫多妻乃至買賣人口、嫖娼狎妓都是他們的所謂「國粹」。其實這「國粹」不過是中國人身上的無名腫毒和潰爛的膿瘡，應該毫不容情地把它割去。批評中國人不動腦子，不辨是非，胸無定見，而又喜歡看熱鬧，隨大流的迷迷糊糊的性格弱點。「假設一個人，在路旁吐一口唾沫，自己蹲下去，看著，不久準可以圍滿一堆人；又假設又有一個人，無端大叫一聲，拔步便跑，同時準可以大家都逃散。真不知是『何所聞而來，何所見而去』。」〔註50〕在《阿Q正傳》中，魯迅更是以「哀其不幸，怒其不爭」的態度，塑造了、阿Q這樣一個集許多國民性弱點於一身的可悲可笑的人物，通過刻畫他不正視現實，妄自尊大，自輕自賤，自欺欺人，麻木健忘等可笑的「精神勝利法，來批判國民性的弱點，來鞭撻現代的我們國人的靈魂。在對國民性弱點的批判中，魯迅特別強調對在封建專制等級制度下形成的奴才主義的批判。在《聰明人和傻子和奴才》中，魯迅對那只會尋人訴苦，根本不思反抗反而做主子的幫兇的奴才給予徹底地否定。魯迅認為：「馴良之類並不是惡德。但發展開去，對一切事無不馴良，卻決不是美德，也許簡直是沒出息。」〔註51〕「野牛成為家牛，野豬成為豬，狼成為狗，野性是消失了，但只足使牧人喜歡，於本身並無好處。」〔註52〕魯迅把奴隸和奴才做了嚴格的區分。對那些即使失敗也要反抗的奴隸，魯迅是持讚揚的態度的，而對那些不但不思反抗，反而陶醉於奴隸生活的奴才，魯迅是嚴加痛斥的。他說：「自己明知道是奴隸，打熬著，並且不平著，掙扎著，一面『意圖』掙脫以至實行掙脫的，即使暫時失敗，還是套上了鐐銬罷，

〔註49〕 魯迅：《魯迅全集》第1卷，人民文學出版社1981年版，第350頁。
〔註50〕 魯迅：《魯迅全集》第5卷，人民文學出版社1981年版，第474頁。
〔註51〕 魯迅：《魯迅全集》第6卷，人民文學出版社1981年版，第81頁。
〔註52〕 魯迅：《魯迅全集》第3卷，人民文學出版社1981年版，第414頁。

他卻不過是單單的奴隸。如果從奴隸生活中尋出『美』來，讚歎，撫摩，陶醉，那可簡直是萬劫不復的奴才了，他使自己和別人永遠安住於這生活。」〔註53〕所以，這種奴才主義如果不徹底剷除掉，則社會無論發生什麼樣的變革，也還是換湯不換藥。這只要看阿 Q 對革命成功後的暢想就可以形象的表明這一點。魯迅說：「奴才做了主人，是決不肯廢去『老爺』的稱呼的，他的擺架子，恐怕比他的主人還十足，還可笑。這正如上海的工人賺了幾文錢，開起小小的工廠來，對付工人反而凶到絕頂一樣。」〔註54〕

以上從五個方面考察了魯迅對傳統文化的批判。可以看到，魯迅所批判的，是封建專制主義等級觀念、封建迷信觀念、因循守舊思想、家族制度、封建社會遺留下來的各種腐敗醜惡現象以及在農業社會、封建等級制度下形成的相信命運、迷信鬼神、奴才主義、悠閒散漫、怯懦偷安、麻木保守、自我陶醉等庸俗的社會心理和性格弱點，即落後的國民性，尤其著重批判的是維護封建專制等級制度的「三綱」，這些都是連國學家們都認定的傳統文化中的消極的東西。至於傳統文化中國學家們所說的那些積極的內容，比如剛健自強的進取精神和社會責任感、愛國主義精神、革新思想、人格意識、唯物主義無神論和辯證法思想等，魯迅不但沒有否定和批判，而且，他以頑強不息的進取精神和高度的社會責任感，青年時期就立下了「我以我血薦軒轅」的誓願，為了民族的獨立和復興而上下求索，表現出強烈的愛國主義精神。對於我們民族的頑強奮進的精神，魯迅熱情讚頌，他說：「我們自古以來，就有埋頭苦幹的人，有拼命硬幹的人，有為民請命的人，有捨身求法的人，……雖是等於為帝王將相作家譜的所謂『正史』，也往往掩不住他們的光耀，這就是中國的脊梁。」〔註55〕魯迅一生都致力於革新和發展；他把「立人」——培養具有健全而獨立的人格的人作為「立國」的根本；他一生都堅持無神論，批判鬼神迷信思想。對中國文化，他的理想是：「外之既不後於世界之思潮，內之仍弗失固有之血脈，取今復古，別立新宗……則國人之自覺至，個性張，沙聚之邦，由是轉為人國。」〔註56〕他對「三綱」進行了無情的揭露和批判，但對「五常」卻是區別對待的。魯迅在日本留學時和許壽裳探討民族性的缺點時常常談到的三個問題是：「（一）怎樣才是理想的人

〔註53〕魯迅：《魯迅全集》第 4 卷，人民文學出版社 1981 年版，第 588 頁。
〔註54〕魯迅：《魯迅全集》第 4 卷，人民文學出版社 1981 年版，第 302 頁。
〔註55〕魯迅：《魯迅全集》第 6 卷，人民文學出版社 1981 年版，第 118 頁。
〔註56〕魯迅：《魯迅全集》第 1 卷，人民文學出版社 1981 年版，第 56 頁。

性？（二）中國民族中最缺乏的是什麼？（三）它的病根何在？……對於（二）的探索，便覺到我們民族最缺乏的東西是誠和愛……」〔註57〕可見魯迅對「五常」中講「愛」和「誠」的「仁」和「信」就不是一味地反對，而認爲一般意義上的「仁」和「信」是我們民族最缺乏的東西。當然，魯迅在批判舊文化的時候有些話現在聽起來比較刺耳。如：要把「《三墳》《五典》等全都踏倒」（；把封建傳統文化概括爲「吃人」；說「所謂中國文明者，其實不過是安排給闊人享用的人肉的筵宴。所謂中國者，其實不過是安排這人肉筵宴的廚房」；說「中國文化，都是侍奉主子的文化」等。甚至主張「要少——或者竟不——看中國書，多看外國書」〔註58〕；認爲「中醫不過是一種有意的或無意的騙子……」〔註59〕；「我們中國的最偉大最永久，而且最普遍的藝術也就是男人扮女人」〔註60〕；「方塊漢字眞是愚民政策的利器……」〔註61〕。這裡，我們要弄清楚，魯迅不是不分青紅皂白地全都踏倒，而是有先決條件的，即「一要生存，二要溫飽，三要發展。苟有阻礙這前途者」才全都踏倒的。也就是說他要踏倒的是阻礙我們發展進步的傳統文化中的消極部分。他在特定條件下概括爲「吃人」的「中國文明」「中國文化」，其實都是指的以「三綱」爲核心的維護封建專制等級制度的封建禮教，而不是指的中國傳統文化的全部。關於反對看中國書，不相信中醫中藥，否定傳統戲和方塊漢字的「偏激」說法，其實是他在特定的情況下善於發表針對性很強的立論。正像有的學者所說：「魯迅反對中國京劇的『男人扮女人』，旨在指斥中國人的變態心理；批評中醫的不科學理論或將鬼話與科學雜糅的混亂現象，旨在引進西方現代新醫學；同樣，不讓青年陷入古書堆中，是從擺脫傳統教育模式、用新思潮武裝新青年的角度提問題的。至於主張文字的拉丁化，本來就是一種設想，即使現在，也不好說方塊字就一定不會消亡。」〔註62〕其實，文學革命時期錢玄同等人對中國舊戲和方塊漢字所說的一些「偏激」的話語，也應當作如是觀。

〔註57〕 許壽裳：《摯友的懷念——許壽裳憶魯迅》，河北教育出版社，2000 年 12 月版，第 110 頁。

〔註58〕 魯迅：《魯迅全集》第 3 卷，人民文學出版社 1981 年版，第 12 頁。

〔註59〕 魯迅：《魯迅全集》第 1 卷，人民文學出版社 1981 年版，第 416 頁。

〔註60〕 魯迅：《魯迅全集》第 1 卷，人民文學出版社 1981 年版，第 187 頁。

〔註61〕 魯迅：《魯迅全集》第 6 卷，人民文學出版社 1981 年版，第 160 頁。

〔註62〕 劉玉凱：《讀錢解魯》，載《魯迅研究月刊》，1995 年 5 期。

四

　　通過以上的分析，現在我們可以對文章開頭部分所提出的一系列問題做出結論了。這個結論就是：中國封建社會後期傳統文化的核心是所謂「三綱」、「五常」等一整套倫理道德體系，它起著維護封建專制等級制度的作用。中國傳統文化中剛健自強、愛國主義精神及唯物主義無神論和辯證法思想等激勵中華民族團結進步的積極內容是要弘揚的東西；而封建等級觀念、因循守舊思想、家族本位思想以及在農業社會、封建制度下養成的庸俗社會心理和國民的性格弱點等阻礙社會發展進步的消極內容是要批判和清算的東西。封建倫理道德中的「三綱」是必須堅決推倒徹底剷除掉的，而「五常」卻是可以改造和利用的。魯迅及其它的五四先驅者們表面上的「全盤反傳統」，實質上只是反的傳統中維護封建專制和等級制度的那些最腐朽的東西，重點是「三綱」及由此衍生出來的貞節觀念及奴隸道德，而對傳統文化中的積極的成分，不但沒有否定和批判，而是實際上的繼承和弘揚。他們當時的這種「全盤反傳統」與我們現在的借鑒、吸收以至弘揚傳統文化實際上並不矛盾。如果沒有五四先驅者們的這種「全盤反傳統」，我們就不能建構新文化，也就不能以今天的辨別和發展的眼光來認識傳統文化，來借鑒和吸收它的精華從而使我們的新文化健康發展。所以，正是先驅者們掙斷了繩索、砸了鐵屋子，我們現在才能考慮怎樣來利用這些鋼鐵和繩索來為我們服務。魯迅的「偏激」實質上是他在特定的情況下善於發表針對性很強的立論。他不但不「全是破壞」，而且為中國現代新文化的建設奠定了基礎。正像有的學者說的：「在中國歷史上，『魯迅』這個名字可謂是一個標誌，它標誌著中國古典文學的結束，現代文學的誕生；標誌著中國傳統文化的終結，現代文化的確立；標誌著中國傳統士大夫階層的消亡，現代知識分子的面世……一句話，它標誌著中國歷史的轉折——由腐朽轉向新生，由傳統轉向現代。」〔註63〕至於五四反傳統造成了傳統文化的「斷裂」的觀點更是站不住腳的。傳統並不像一根乾朽了的木幹，可以一刀而劈為兩段，傳統像綿延不息的長江大河，是「抽刀斷水水更流」的。魯迅及五四先驅者們反掉的東西，是傳統文化中那些阻礙社會和人的

〔註63〕張永泉：《在歷史的轉折點上——從周樹人到魯迅》，文化藝術出版社 2001 年
　　5 月版，第 37～38 頁。

發展，失去了生命力的腐朽的成分，所以五四反傳統並沒有造成傳統文化的斷裂，而是為傳統這條綿延不息的大河劀除了淤積，疏通了河道，彙集了西方文化的支流，使之流淌得更加有生氣，更加順暢，更加浩浩蕩蕩。

二、諷刺、自嘲與解構——
談魯迅《我的失戀》的三重意蘊

　　魯迅自稱擬古的新打油詩《我的失戀》，作於 1924 年 10 月 3 日。與《影的告別》和《求乞者》一起刊登在 1924 年 12 月 8 日《語絲》周刊第 4 期。後收入散文詩集《野草》。全詩共四節，抄錄於下。

> 我的所愛在鬧市；
> 想去尋她人擁擠，
> 仰頭無法淚沾耳。
> 愛人贈我雙燕圖；
> 回她什麼：冰糖壺盧。
> 從此翻臉不理我，
> 不知何故兮使我胡塗。
>
> 我的所愛在河濱；
> 想去尋她河水深，
> 歪頭無法淚沾襟。
> 愛人贈我金表索；
> 回她什麼：發汗藥。
> 從此翻臉不理我，
> 不知何故兮使我神經衰弱。
>
> 我的所愛在豪家；
> 想去尋她兮沒有汽車，

搖頭無法淚如麻。

愛人贈我玫瑰花；

回她什麼：赤練蛇。

從此翻臉不理我，

不知何故兮——由她去罷。

這首只有四節的看似「開開玩笑」的小詩，卻在當時的文壇引起了不小的風波。魯迅的敘述如下：「『我辭職了。可惡！』這是有一夜，伏園來訪，見面後的第一句話。那原是意料中事，不足異的。第二步，我當然要問問辭職的原因，而不料竟和我有了關係。他說，那位留學生乘他外出時，到排字房去將我的稿子抽掉，因此爭執起來，弄到非辭職不可了。但我並不氣忿，因為那稿子不過是三段打油詩，題作《我的失戀》，是看見當時『阿呀阿唷，我要死了』之類的失戀詩盛行，故意做一首用『由她去罷』收場的東西，開開玩笑的。這詩後來又添了一段，登在《語絲》上，再後來就收在《野草》中。……但我很抱歉伏園為了我的稿子而辭職，心上似乎壓了一塊沉重的石頭。幾天之後，他提議要自辦刊物了，我自然答應願意竭力『吶喊』。……大約又一星期，一張小小的周刊便在北京——尤其是大學附近——出現了。這便是《語絲》。」〔註1〕魯迅文中提到的「那位留學生」即當時《晨報》的代理總編輯劉勉己。當時，魯迅的學生孫伏園是《晨報副刊》的編輯。孫伏園已經把魯迅的《我的失戀》發排並且大樣已出。可是在見報的頭天晚上到報館看大樣時，發現稿子已經被劉勉己撤掉並被告知「那首詩實在要不得」。孫伏園一氣之下打了劉勉己一個嘴巴，並追著他大罵一頓。當然，孫伏園也只能辭職了。辭職之後提議自辦刊物，得到魯迅等人的支持，於是《語絲》誕生了。從這場風波我們不僅可以瞭解當時文壇的一些人事糾葛，而且，在某種意義上說，這首小詩刊發的風波促成了在現代文學史上佔有重要地位的《語絲》雜誌的創刊和「語絲派」這一重要文學社團的形成。這可以說是《我的失戀》這首小詩的文學史意義。下面我們還是來分析這首詩本身的文學價值與意義吧。

這首以戲擬的修辭方式和滑稽的語言風格寫的「打油詩」，與收在《野草》中的其它的冷峻深沉的散文詩相比，確實顯得是格外的「另類」。難怪一些人把其看成只是開開玩笑的遊戲之作，認識不到其玩笑背後所蘊含的深刻的情感和思想內涵，因而對其非難、否定或批評。第一個非難或否定《我的失戀》

〔註1〕魯迅：《魯迅全集》第四卷，人民文學出版社1981年版，第166頁。

的無疑就是《晨報》的代理總編輯劉勉己了。他以挨耳光挨罵的代價也要撤掉這首詩。事後有人認爲他之所以這樣做，是因爲發現這首詩是諷刺其好友徐志摩的。筆者不認同這種專從宗派的人事糾葛角度所做的猜測，而更傾向於劉勉己是在爲維護刊物的質量和聲譽而自覺地認眞地履行自己的職責，因爲在他看來這首詩是「實在要不得」。也就是說，劉勉己不能認識和理解《我的失戀》的戲諧的背後所蘊含的情感和思想內涵，而認爲只是膚淺無聊的遊戲之作。所以「實在要不得」。詩作面世之後，一些研究者對其持否定或批評的態度，其緣由也大抵如此。諸如李長之認爲《野草》中「甚而有的無聊，《我的失戀》可算一個例子。」〔註2〕李歐梵也認爲是輕率的遊戲之作。他在評價魯迅的新詩創作時說：「五四時期，他確實試寫了幾首白話新詩。但是所寫的似乎都是偶然衝動下輕率命筆的遊戲之作，好像他有意和幼稚的多愁善感開開玩笑，《我的失戀》就是一個有名的例子。」〔註3〕孫玉石在認爲此詩在詼諧中藏著嚴肅的針砭的同時，也感到「它在《野草》優美的形式中給人一種不太協調之感。只是由於某種原因，在《野草》的總題下發表在《語絲》雜誌上，後來也就一併編入《野草》裏面來了。」認爲「魯迅寫作這首打油詩確實也並沒有太多深奧的含義。」〔註4〕委婉地表達了批評之意。

　　以上是對《我的失戀》持否定或批判的人的意見或觀點。下面我們再來看其它研究者對這首詩的分析和解讀。

　　首先，由於魯迅在《我和〈語絲〉的始終》中說寫此詩「是看見當時『阿呀阿唷，我要死了』之類的失戀詩盛行，故意做一首『由她去罷』收場的東西，開開玩笑的。」〔註5〕在《〈野草〉英文譯本序》中又說：「因爲諷刺當時盛行的失戀詩，作《我的失戀》。」〔註6〕受此影響，多數研究者認爲《我的失戀》的創作意圖和主題就是諷刺當時流行的愛情詩的。只不過從政治角度看問題的人把對當時愛情詩的諷刺同革命或政治掛鉤。如李何林認爲：「『五四』以後，一些『阿呀阿唷，我要死了』的失戀詩和『纏綿悱惻』的戀愛小說盛行，就引導讀者不去革命，也不『研究別的理論』（指馬克思列寧主義），

〔註2〕李長之：《李長之文集》第二卷，河北教育出版社2006年版，第71頁。
〔註3〕Leo Ou-fan Lee, Voices from the Iron House, Bloomington and Indianapolis: Indiana University Press, 1987, pp.41～42.
〔註4〕孫玉石：《〈野草〉研究》，中國社會科學出版社1982年版，第106～107頁。
〔註5〕魯迅：《魯迅全集》第四卷，人民文學出版社1981年版，第166頁。
〔註6〕魯迅：《魯迅全集》第四卷，人民文學出版社1981年版，第356頁。

這種現象應該批判，使『革命的愛在大眾』。所以諷刺失戀詩是嚴肅的革命工作。」〔註7〕閔抗生分析說：「對這類失戀詩的諷刺，是和資產階級爭奪文藝陣地，批判資產階級反動文藝的總鬥爭的一部分。」〔註8〕孫玉石也認爲這首諷刺詩有很強的現實針對性。他聯繫魯迅給許廣平談《莽原》稿源問題時說的一段話：「我所要多登的是議論，而寄來的偏多小說，詩。先前是虛僞的『花呀』『愛呀』的詩，現在是虛僞的『死呀』『血呀』的詩。嗚呼，頭痛極了！」〔註9〕認爲「一部分青年在文藝上的這種現象，反映了他們精神上的空虛。魯迅《我的失戀》，諷刺的是當時呈現的一種文藝現象，實際上也就鞭撻了在這種文藝現象下掩蓋的青年空虛的思想靈魂。」〔註10〕也有的研究者認爲此詩沒有什麼別的寄託和深意，就是「對於當時流行的魯迅所鄙視的廉價感情和粗陋韻律的愛情詩的諷刺。」〔註11〕

第二，一些習慣於索引和考據的研究者認爲此詩是諷刺徐志摩的。如孫席珍認爲：「這首詩是用遊戲的筆法寫出來的嚴肅的諷刺詩，諷刺對象是《現代評論》派的干將徐志摩。」因爲「『愛人』既是豪門巨室的『千金小姐』，所贈當然都是華美精巧的禮品，如百蝶巾、雙燕圖、金表索、玫瑰花之類。『詩哲』比較寒酸，獻不出奇珍異寶，只能羞答答地報之以自作的詩文：一曰貓頭鷹，暗指所作散文《濟慈〈夜鶯歌〉》；二曰冰糖壺盧，暗指所作一首題爲《冰糖胡盧》的二聯詩；三曰發汗藥，是從『詩哲』與人論爭理屈詞窮時詈人之語中抽繹出來的，說是『你頭腦發熱，吃兩粒阿司匹林清醒清醒吧』；四曰赤練蛇，可能是從『詩哲』的某篇文章中提到希臘神話裏人首蛇身的女妖引伸出來的，這點我一時不大記得清楚了。總之，四個『回她什麼』，個個都是有來歷的，決非嚮壁虛構。」〔註12〕此說出來之後，儘管有人已經核查清楚徐志摩的《濟慈的夜鶯歌》發表於 1925 年 2 月出版的《小說月報》第 16 卷第 2 期，比魯迅的《我的失戀》的寫作晚了將近半年。所以魯迅當時是不

〔註 7〕 李何林：《魯迅〈野草〉注釋》，見《李何林全集》第 2 卷，河北教育出版社 2003 年版，第 76 頁。

〔註 8〕 閔抗生：《地獄邊沿的小花──魯迅散文詩初探》，陝西人民出版社 1981 年版，第 44 頁。

〔註 9〕 魯迅：《魯迅全集》第十一卷，人民文學出版社 1981 年版，第 100 頁。

〔註 10〕 孫玉石：《〈野草〉研究》，中國社會科學出版社 1982 年版，第 110 頁。

〔註 11〕 Hsia Tsi-an, The Gate of Darkness, Seattle and London: University of Washington Press, 1968, p.150.

〔註 12〕 孫席珍：《魯迅詩歌雜談》，載《文史哲》，1978 年第 2 期。

可能知道徐志摩要發表《濟慈的夜鶯歌》的。此外夜鶯與貓頭鷹也相差甚遠。並且，徐志摩也壓根沒有發表過題爲《冰糖壺盧》的詩。然而，總有人對此種說法津津樂道地妄加推測。如韓石山就認爲：「明眼人一看，就知道這首詩是諷刺徐志摩的。——《晨報》是研究系的報紙，梁啓超是研究系的首領，徐志摩是梁啓超的大弟子。這樣一個關係，這樣一個背景，劉勉己怎能允許在《晨報副刊》上登載公然嘲諷徐志摩的詩作呢？」此外，這首詩最初投到《晨報副刊》時是三節，在《語絲》發表時又補寫了一節成了我們現在看到的四節。究竟哪一節是後來補寫的魯迅沒有說明，也成了一個迷。韓石山也斷然認爲第四節即「我的所愛在豪家；想去尋她兮沒有汽車……」是補寫的。因爲「當時在北京城，有汽車的人家是不多的，林徽因已和梁啓超的兒子梁思成訂親了，梁家就有小汽車。」魏邦良在批評韓石山的時候掉進了同樣的陷阱。他說：「魯迅之所以要補寫一節，挑明嘲諷的對象，完全是被逼之後的反抗。既然這首打油詩已經被認定是『公然嘲諷』徐志摩，稿子被撤，還連累孫伏園丟了飯碗，在這種情況下，魯迅要是不補寫一節，挑明對象，那簡直就像晴雯一樣『枉擔虛名』了。既然劉勉己認定這首詩是在諷刺徐志摩，那魯迅只好加一節以滿足對方的『閱讀期待』了。」〔註13〕我們知道，明明魯迅自己說在投給《晨報副刊》的三節詩裏就有「『由她去罷』收場的東西，開開玩笑的。」怎麼能夠又斷定這一節是補寫的呢？更有甚者，有人甚至認爲「《我的失戀》乃魯迅向其弟婦『宣佈決絕、脫離關係、斷絕往來的宣言』。」〔註14〕更是望文生義，妄加推測。

　　第三，有研究者把《我的失戀》作爲政治詩來理解，認爲該詩包含兩層含義。第一層是諷刺那些想做富家女婿一步發跡而沒有做成的所謂「詩人」和「文學家」，即每節詩的前三句所刻畫的「失戀者」。第二層意思是表現統治階級對詩人拋出橄欖枝，用金錢地位來誘惑詩人，但詩人不領情，而是處處和他們「搗亂」。認爲每節詩的前三句是一層意思。其中的「我」不是詩人自己，而是一心想做豪家乘龍快婿的所謂「詩人」和「文學家」，諷刺他們要尋「所愛」受阻而「淚沾袍」、「淚沾耳」、「淚沾襟」、「淚如麻」的醜態。每節詩的後四句是一層意思，其中的「愛人」喻指「反動統治階級」、「士大夫

〔註13〕參見魏邦良：《隱痛與暗疾——現代文人的另一種解讀》，廣西師範大學出版社2006年版，第239～241頁。
〔註14〕散木：《魯迅〈我的失戀〉的諷刺對象》，載《新京報》2011年04月16日。

階層」或「資本家」之類，而這後半節詩中的「我」則喻指「革命者」。「愛
人」贈我「百蝶巾」、「雙燕圖」、「金表索」、「玫瑰花」等名貴的禮物，是對
詩人以金錢名譽相利誘。而詩人回贈「貓頭鷹」、「冰糖壺盧」、「發汗藥」、和
「赤練蛇」則是存心「不識抬舉，不肯湊趣。」最後「由她去罷！」才是對
他們的眞正回答。「『我』根本不想和『她』戀什麼『愛』，從沒想看『她』什
麼好臉色，『她』的態度和『我』有什麼『鳥』相干！……《我的失戀》不僅
用讓反動派『失望』來報答他們的『愛』，把他們的『韻事』『鬧得一塌糊塗』，
對反動派的『憎』的回答，也只是投以極端的輕蔑（「由她去罷！」），這就是
『我』對反動統治者的『愛』與『憎』的回答，也是對『當時盛行的失戀詩』
開的一個令人啼笑皆非的『玩笑』。」〔註15〕這種觀點顯然帶有特殊年代強烈
的二元對立的政治色彩。並且，就是按這樣的思路來分析，下半段詩中的「使
我心驚」、「使我胡塗」、「使我神經衰弱」似乎在邏輯上也不好講通。

　　第四，認爲《我的失戀》是魯迅自己想愛而不得的「失戀」情緒的寫照。
這種觀點又分爲兩種情況。一種情況是認爲表現的是魯迅與夫人朱安無法進
行思想和情感的交流。詩中「交換禮物的實質意義是情感的交流，詩歌描繪
的便是這戀人間情感交流的失敗。……這種窘困正是魯迅不和諧夫妻關係的
眞實寫照。魯迅是現代中國最深刻、最有洞見的思想先驅之一，而朱安胸無
點墨，平庸，待人接物還有幾分呆板木訥，談何賢而內助？《野草》寫作期
間，魯迅的社會聲望很高，常有當時文化界知名人士來訪，在這種情況下，
朱安所扮演的角色愈發顯得不合時宜。」〔註16〕認爲「從當時魯迅的婚姻狀
況和生活狀態來看，把該詩理解爲魯迅對於自己無法與朱安產生精神上的共
鳴，情感上的溝通的苦悶、無奈、痛苦的失戀情緒的表達是相對比較合理的。」
〔註17〕第二種情況是認爲是詩人表達的對許廣平的戀情。「《我的失戀》是詩
人與許廣平戀愛進入特定階段發生的獨特的魯迅式的『小感想』。魯迅說，『我
自己對於苦悶的辦法，是專與襲來的苦悶搗亂，將無賴手段當作勝利，硬唱
凱歌，算是樂趣』，簡單地說，《我的失戀》就是詩人對《影的告別》和《求

〔註15〕閔抗生：《地獄邊沿的小花——魯迅散文詩初探》，陝西人民出版社 1981 年版，
　　　　第 50 頁。
〔註16〕李天明：《難以直說的苦衷——魯迅〈野草〉探秘》，人民文學出版社 2000 年
　　　　版，第 130～131 頁。
〔註17〕王央濃、王曉初：《魯迅詩歌〈我的失戀〉的又一解讀：愛情的錯位與苦悶》，
　　　　載《名作欣賞》2012 年第 33 期。

乞者》所表現的面對愛情時的焦慮、苦悶、彷徨的一次搗亂，一次硬唱凱歌，一次解嘲，一次自我調侃。」〔註 18〕以上兩種觀點都把詩歌抒情的對象坐得太實，因而都有在邏輯上難以說清之處。第一種觀點認爲本詩的抒情對象是朱安，眾所周知，朱安與魯迅的婚姻是封建包辦婚姻的產物，所以朱安根本不是每節詩的前三句詩人苦苦追求的「我的所愛」。第二種觀點認爲本詩的抒情對象是許廣平，魯迅與許廣平眞正的交往是在 1925 年 3 月，而此詩寫於 1924 年 10 月。所以這種可能性極小。況且如果詩中交換禮物喻指的情感的交流的話，那就更和魯迅與許廣平交流時的心領神會不相符合了。

　　筆者認爲《我的失戀》可以從三個層次上來認識和解讀。第一個層面就是對當時流行的令人生膩的愛情失戀詩的諷刺；第二個層面是對詩人自己想愛而不得的痛苦的婚戀生活的自嘲；第三個層面就是對傳統詩歌從形式體裁到思想觀念的解構。下面我們分別論之。

　　首先，諷刺當時盛行的愛情失戀詩，這是《我的失戀》的最表層的含義，沒有什麼難理解的。我們在前面已經提到有幾位研究者在這方面進行過分析和解讀，只要把他們的政治的有色眼鏡摘掉就可以了。當時確實庸俗做作的戀愛詩和纏綿悱惻的戀愛小說盛行。茅盾也曾批評「許多青年天天在哪裏做『畫餅充饑的戀愛詩』。」〔註 19〕所以魯迅最初可能就是看膩了那些虛僞造作的「花呀」「愛呀」「死呀」「血呀」的戀愛詩而有意寫《我的失戀》來諷它一下。詩中以難尋「所愛」而「淚沾袍」、「淚沾耳」、「淚沾襟」、「淚如麻」來諷刺那些失戀者的脆弱和矯情。對「愛人」所贈的「百蝶巾」、「雙燕圖」、「金表索」、「玫瑰花」等名貴的禮物，以無所謂的姿態回贈「貓頭鷹」、「冰糖壺蘆」、「發汗藥」、和「赤練蛇」這些不相匹配不合時宜的東西，最後以「由她去罷」來和那種寫「阿呀阿唷，我要死了」的虛僞矯情的愛情至上主義者「開開玩笑」。即對其進行諷刺。

　　第二，詩人對自己想愛而不得的痛苦的婚戀生活的自嘲。魯迅一開始的創作意圖可能就是要對當時流行的庸俗矯情的愛情詩諷刺一下，「開開玩笑」。但既然涉及到愛情，這不可避免地就會觸發魯迅對自己想愛而不得的痛苦的婚戀生活的感歎、咀嚼和和思考。這樣，就使得《我的失戀》在深層次

〔註 18〕胡尹強：《魯迅：爲愛情作證──破解〈野草〉世紀之謎》，東方出版社 2004 年版，第 90～91 頁。
〔註 19〕玄珠：《雜感》，載《文學》週報第 104 期，1924 年 6 月 2 日。

上隱含著詩人對自己痛苦的婚戀生活的感懷和情感的抒發。我們知道，魯迅是封建包辦婚姻的受害者。他 26 歲時（1906 年）接受了母親送給的「禮物」——與朱安女士結婚。婚後第二天就從新房搬出，第三天就又遠走日本。20 年來魯迅就是維持著這樣一種無愛無恨、有名無實的夫妻生活。他和好友許壽裳說：「這是母親給我的一件禮物，我只能好好地供養它，愛情是我所不知道的。」〔註 20〕作為一個偉大的藝術家，魯迅有著比常人更敏感的神經和更熱烈的感情，自然，他也有著對愛情的美好嚮往與追求。然而他又要正視自己有名無實的婚姻家庭的現實。所以他以殉道者的姿態發出悲情的承諾：「在女性一方面，本來也沒有罪，現在是做了舊習慣的犧牲。我們既然自覺著人類的道德，良心上不肯犯他們少的老的的罪，又不能責備異性，也只好陪著做一世犧牲，完結了四千年的舊賬。」（《熱風‧隨感錄四十》）不過，作為一個有思想有情感的活生生的人，理性的分析與承諾是難以驅除現實的痛苦與情感的纏繞的。而通過創作來表現欲望和痛苦是藝術家轉移、釋放和昇華情感的特有途徑。所以，《我的失戀》在深層次上隱含著詩人對自己想愛而不得的痛苦的婚戀生活的感歎和自嘲。下面我們聯繫文本來進行具體的分析和解讀。

《我的失戀》共四節，每節詩的前三句中說的「我的所愛」和後四句中說的「愛人」喻指是不一樣的。而詩中的「我」卻是貫穿始終的，即詩人自己這一抒情主體。每節前三句中的「我的所愛」既不是指朱安，也不是指許廣平。也就是說不是指具體的某個女性，而是喻指詩人追求的理想的「愛情」。如第一節詩的前三句：「我的所愛在山腰；想去尋她山太高，低頭無法淚沾袍。」可以理解為我的理想的愛人在很高的山腰，因為高山的阻隔而無法找到她，因此傷心痛苦的眼淚滴到了衣衫上。象徵理想的「愛情」很難實現。後四句：「愛人贈我百蝶巾；回她什麼：貓頭鷹。從此翻臉不理我，不知何故兮使我心驚。」這是回到現實中來審視和咀嚼自己痛苦的婚姻生活。這裡的「愛人」則可以理解為喻指朱安。「愛人」贈我「百蝶巾」，「我」回贈的是「貓頭鷹」。「愛人」認為與她送的禮物是不匹配不對等的，是沒有價值沒有意義的惡作劇。因此「從此翻臉不理我」。而「我」卻認為是把自己喜愛的東西回贈給她，沒有想到卻惹得她不高興。因此不知所措「使我心驚」。用愛人間希望以互贈禮物來增進感情反而產生誤會來象徵夫妻間因為學識、性格等等差異而無法

〔註20〕許壽裳：《亡友魯迅印象記》，香港上海書局 1957 年版，第 62 頁。

進行正常的情感交流。以下三節詩也與此大同小異。只不過換了不同的地點和不同的禮物而已。所以就整首詩來看，詩人首先是追求理想的愛情，即「我的所愛」，但因為「山太高」、「人擁擠」、「河水深」、「沒有汽車」等種種阻隔而無法見到那「我的所愛」，於是以「淚沾袍」、「淚沾耳」、「淚沾襟」、「淚如麻」來形容自己追求理想的「愛情」總是失敗的傷心和痛苦。然後，詩人回到現實來審視和咀嚼自己婚姻生活的尷尬和痛苦。以「愛人」與「我」之間好心地互贈禮物而卻因雙方對禮物的不同的看法和喜好而鬧得不愉快。喻指雙方無法進行情感的交流。「愛人」贈我象徵著愛情和諧美滿的繡著群蝶翔舞的「百蝶巾」，「我」回贈的是人們認為有著不吉祥的叫聲和相貌駭人的「貓頭鷹」；「愛人」贈我繡著雙棲雙飛、象徵白頭偕老的「雙燕圖」，「我」回贈的是沿街叫賣的小吃「冰糖壺蘆」；「愛人」贈我象徵鎖定愛情的華貴的「金表索」，「我」回贈的是止痛退燒的「發汗藥」；「愛人」贈我象徵愛情美好的「玫瑰花」，「我」回贈的是有些嚇人的「赤練蛇」。「愛人」贈的都是象徵吉祥、和諧、美滿的華貴高雅的禮物，可見「愛人」是真心誠意想對「我」表達一片真心，然而，「我」對這些卻不理解不欣賞。「我」回贈「愛人」的「貓頭鷹」、「冰糖壺蘆」、「發汗藥」、和「赤練蛇」。「愛人」當然更不能理解了。因此「從此翻臉不理我」。其實「我」回贈的這些東西都是「我」喜歡的。魯迅的好友許壽裳對此曾經解釋說：「閱讀者多以為信口胡謅，覺得有趣而已，殊不知貓頭鷹是他自己所鍾愛的，冰糖葫蘆也是愛吃的，發汗藥是常用的，赤練蛇也是愛看的。還是一本正經，沒有做作。」〔註21〕魯迅的學生孫伏園對此也有說明：「他所愛好的東西，未必是別人所能瞭解。這一層魯迅先生自己同我說過，如果別人以為『回他什麼』以下的四樣東西（貓頭鷹、赤練蛇、發汗藥和冰糖葫蘆）有失『投我以木桃，報之以瓊瑤』的意義，那是完全錯誤的，因為他實在喜歡這四樣東西。」〔註22〕由此看，「我」的態度也是非常真誠的。詩中用「百蝶巾」與「貓頭鷹」，「雙燕圖」與「冰糖壺蘆」，「金表索」與「發汗藥」，「玫瑰花」與「赤練蛇」的巨大反差，來喻指夫妻間一個思想家、文學家，一個是文盲，一個是社會名流，一個是舊式家庭婦女，兩者間在學識水平、處世方式、性格愛好等等方面存在的巨大差距。這種差距

〔註21〕許壽裳：《我所認識的魯迅》，人民文學出版社 1952 年版，第 70 頁。
〔註22〕孫伏園：《京副一週年》，轉引自孫玉石《野草研究》，中國社會科學出版社 1982 年版，第 109 頁。

使得他們之間眞誠的善意地交流鬧出的是誤解甚至怨氣。理想的愛情即「我的所愛」不可能追求到，現實的「愛人」又無法溝通不可改變，在一切努力都是徒勞之後，魯迅也只能以一種自嘲的方式，無奈地表示「由她去罷！」

　　第三，《我的失戀》是對舊的詩歌傳統的解構。《我的失戀》的副標題是「擬古的新打油詩」。擬古就是戲倣古詩。從本詩的形式來看，魯迅戲仿的是東漢張衡的《四愁詩》。《四愁詩》原文如下：

> 我所思兮在太山，
> 欲往從之梁父艱，
> 側身東望涕沾翰！
> 美人贈我金錯刀，
> 何以報之英瓊瑤。
> 路遠莫致倚逍遙，
> 何爲懷憂心煩勞。
>
> 我所思兮在桂林，
> 欲往從之湘水深，
> 側身南望涕沾襟。
> 美人贈我琴琅玕，
> 何以報之雙玉盤。
> 路遠莫致倚惆悵，
> 何爲懷憂心煩傷。
>
> 我所思兮在漢陽，
> 欲往從之隴阪長，
> 側身西望涕沾裳。
> 美人贈我貂襜褕，
> 何以報之明月珠。
> 路遠莫致倚踟躕，
> 何爲懷憂心煩紆。
>
> 我所思兮在雁門，
> 欲往從之雪紛紛，
> 側身北望涕沾巾。

美人贈我錦繡段，

何以報之青玉案。

路遠莫致倚增歎，

何爲懷憂心煩惋。

從兩詩起首的句式到互贈禮物的內容來看，《我的失戀》無疑是戲仿的張衡的《四愁詩》。那麼魯迅爲什麼要選擇這樣一首典型的以「美人香草」的比興手法來表達忠君愛國思想的古體詩來戲仿和反諷呢？難道只是隨意的遊戲之作嗎？答案顯然是否定的。筆者認爲，《我的失戀》決不是簡單的遊戲之作，而是有著解構傳統的深刻文化內涵。正像有研究者指出的，「張衡不是傳統文化的反叛者，他篤信傳統文化，篤信傳統文化爲世人所設計的理想目標，執著地追求下去，在遇到重重阻隔之後，他對路途艱險的感慨、對前程茫茫的歎息是沉重的、嚴肅的、悲劇性的；魯迅則不同，作爲新文化的戰士，他看穿了舊文化的種種弊端，看穿了舊的理想信念的虛假與欺騙，爾後居高臨下地與之訣別，這種訣別就是輕鬆的、愉快的、富有喜劇意味的。……傳統文化在《我的失戀》輕鬆的音調中走向了衰亡，從張衡到魯迅它走過了一段從悲劇到喜劇的漫長的歷程。因此，我們認爲，喜劇因素並不能成爲《我的失戀》爲打油詩的理論根據，相反，它使我們確信，《我的失戀》有著深遠的社會歷史意義。」〔註23〕魯迅對《四愁詩》的戲仿和反諷其用意就是對傳統的詩歌形式和思想觀念進行解構。我們知道，五四文學革命倡導的推倒封建舊文學創建新文學，最根本的要義其實就是兩點：一是在文學形式上，要用有生氣有活力的白話文取代僵化的文言文；二是在文學觀念上，要用「人的文學」觀取代傳統的「文以載道」的文學觀。魯迅的《我的失戀》正是以戲仿和反諷《四愁詩》作爲個案，對傳統的詩歌乃至文學的形式和觀念進行解構。在形式上，魯迅採取了以俗抗雅的方式對《四愁詩》進行解構。《四愁詩》是一首已經非常接近七言詩的古體詩。全詩句子均爲七言，而每句都採用上四字一節、下三字更爲一節的形式。句式整飭一致，用詞華貴典雅。給人以崇高和莊重之感。魯迅在《我的失戀》中卻全部用「俗字俗語」，甚至用「貓頭鷹」、「冰糖壺廬」、「發汗藥」、和「赤練蛇」這些讓舊詩人們看來不能入詩的「俗話」來戲仿《四愁詩》，這是「有勇氣抬出俗來和雅對抗」，用「俗」來消解

〔註23〕周甲辰：《訣別傳統　直面虛無——解讀魯迅〈我的失戀〉的文化內涵》，《零陵師範高等專科學校學報》2001 年 2 期。

傳統詩歌形式的「華貴典雅」，用「由她去罷」的遊戲姿態來消解傳統詩歌形式的「崇高和莊嚴」。魯迅對古典文學形式的這種消解或解構，正是對胡適提出的「不避俗字俗語」和陳獨秀提出的「推倒雕琢的阿諛的貴族文學，建設平易的抒情的國民文學」的踐行或試驗。下面再看對《四愁詩》的思想內容或說對舊文學觀念的解構。《四愁詩》是繼承了《離騷》以「美人香草」喻忠君愛國的詩歌傳統。以「美人」喻君子，以貴重的禮物比喻相互器重和信任，以路遠途險比喻小人讒佞。因小人阻隔無法回報君子為國家效力而憂傷痛苦。魯迅同樣以戲仿反諷的手法對《四愁詩》這種「文以載道」的內容或觀念進行了解構。這裡我們可以把《我的失戀》每節詩的前三句中說的「我的所愛」理解為詩人美好的社會理想，而後四句中說的「愛人」則喻指舊傳統的維護者們。詩人首先是追求美好的社會理想，即「我的所愛」，但因為「山太高」、「人擁擠」、「河水深」、「沒有汽車」等種種阻隔而無法實現，於是以「淚沾袍」、「淚沾耳」、「淚沾襟」、「淚如麻」來形容自己理想破滅的傷心和痛苦。每節詩的後四句是寫詩人回到現實社會，面對由舊文化傳統主導的「無物之物」和「無物之陣」。舊傳統文化的維護者即「愛人」送我「百蝶巾」、「雙燕圖」、「金表索」、「玫瑰花」這些表面看來華麗名貴的「禮物」，其實在詩人看來卻如同《這樣的戰士》中戰士在「無物之陣」中遇到的「一式的點頭」。是戴著「慈善家，學者，文士，長者，青年，雅人，君子」的頭銜，借用「學問，道德，國粹，民意，邏輯，公義，東方文明」等好聽的名目來掩蓋其「吃人」的實質的東西。所以詩人回贈的是「貓頭鷹」、「冰糖壺廬」、「發汗藥」、「赤練蛇」這些喻指富於批判性和現實性的新思想，希望他們能夠在高燒昏睡的夢囈中驚醒。然而，他們卻把這些看成毒蛇猛獸而「從此翻臉不理我」。我當然也就「由她去罷！」對傳統的以「美人香草」喻忠君愛國的文學觀念進行了消解或解構。

通過以上的分析和解讀，筆者得出如下的結論：《我的失戀》蘊含著深淺不同的三層意蘊。表面上是對當時流行的令人生膩的愛情失戀詩的諷刺，以「由她去罷」來和那些「阿呀阿唷，我要死了」的矯情而造作的愛情至上主義者「開開玩笑」；第二個層面是詩人對自己想愛而不得的痛苦的婚戀生活的自嘲，每節詩的前三句描寫追尋「我的所愛」而不得來喻指詩人追求理想的「愛情」很難實現而悲傷痛苦。每節詩的後四句是描寫詩人回到現實中來審視和咀嚼自己痛苦的婚姻生活。用愛人間希望以互贈禮物來增進感情反而產

生誤會來象徵夫妻間因爲學識、性格等等差異而無法進行情感交流。理想的愛情即「我的所愛」不可能追求到，現實的「愛人」又無法溝通不可改變，於是詩人只能無奈而自嘲地表示「由她去罷！」第三個層面是對舊的詩歌傳統的解構。詩人選擇《四愁詩》這一典型的以「美人香草」的比興手法來表達忠君愛國思想的古體詩來戲仿和反諷，用以俗抗雅的方式來消解傳統詩歌形式的「華貴典雅」，用「由她去罷」的遊戲姿態來對傳統的以「美人香草」喻忠君愛國的文學觀念進行解構。

三、衝殺在「集體無意識」的「無物之陣」中的「精神界之戰士」——魯迅散文詩《這樣的戰士》論析

一

魯迅的散文詩《這樣的戰士》，作於 1925 年 12 月 14 日，最初發表於 1925 年 12 月 21 日的《語絲》周刊第 58 期，後收入散文詩集《野草》。全文 500 來字。抄錄如下：

要有這樣的一種戰士——

已不是蒙昧如非洲土人而背著雪亮的毛瑟槍的；也並不疲憊如中國綠營兵而卻佩著盒子炮。他毫無乞靈於牛皮和廢鐵的甲冑；他只有自己，但拿著蠻人所用的，脫手一擲的投槍。

他走進無物之陣，所遇見的都對他一式點頭。他知道這點頭就是敵人的武器，是殺人不見血的武器，許多戰士都在此滅亡，正如炮彈一般，使猛士無所用其力。

那些頭上有各種旗幟，繡出各樣好名稱：慈善家，學者，文士，長者，青年，雅人，君子……。頭下有各樣外套，繡出各式好花樣：學問，道德，國粹，民意，邏輯，公義，東方文明……。

但他舉起了投槍。

他們都同聲立了誓來講說，他們的心都在胸膛的中央，和別的偏心的人類兩樣。他們都在胸前放著護心鏡，就為自己也深信在胸膛中央的事作證。

但他舉起了投槍。

他微笑，偏側一擲，卻正中了他們的心窩。

一切都頹然倒地；——然而只有一件外套，其中無物。無物之物已經脫走，得了勝利，因為他這時成了戕害慈善家等類的罪人。

但他舉起了投槍。

他在無物之陣中大踏步走，再見一式的點頭，各種的旗幟，各樣的外套……。

但他舉起了投槍。

他終於在無物之陣中老衰，壽終。他終於不是戰士，但無物之物則是勝者。

在這樣的境地裏，誰也不聞戰叫：太平。

太平……。

但他舉起了投槍！

詩作塑造了一個魯迅所呼喚的理想的戰士，這戰士不蒙昧，不疲憊，不「乞靈於牛皮和廢鐵的甲冑」，而是無比清醒勇猛，不受敵人的蠱惑，永遠高舉著投槍同各色各樣的敵人做短兵相接的肉搏。他明知敵人的強大和取勝的渺茫，但仍然獨自奮戰，表現出不克厥敵戰則不止的韌性和頑強。最後戰士「終於在無物之陣中老衰，壽終。」這一啟蒙文化戰場上的「精神界之戰士」形象，和《秋夜》中的「鐵似的直刺著奇怪而高的天空，一意要制他的死命」的棗樹，《過客》中的雖然困頓疲憊但卻永不停止探索的腳步的過客一樣，顯然是作者自己的韌性戰鬥精神和不屈人格的形象化表述。這一點是無可懷疑的，已經得到了研究者們的認同。如馮雪峰先生說：「這一篇是對於當時青年們的一種號召，同時更可以說是關於作者自己當時作為一個戰士的精神及其特點的一篇最好的寫照」。﹝註1﹞王瑤先生認為：「《這樣的戰士》一篇就像肖

﹝註 1﹞ 馮雪峰：《論〈野草〉》，見《馮雪峰憶魯迅》，河北教育出版社 2001 年版，第146 頁。

像畫似地畫出了這一時期作爲戰士的魯迅先生的特色。」〔註2〕閔抗生先生認
爲「在『這樣的戰士』身上，明顯地記錄著魯迅先生自己的戰績和品質。」〔註
3〕孫玉石先生也認爲「這篇不滿五百字的散文詩，飽蘸著魯迅多年戰鬥心血
所獲得的經驗，概括了他一生堅韌不拔的精神。」〔註4〕可以說，「這樣的戰
士」中的「戰士」形象，很大程度上可以視爲魯迅自己的詩意寫照。但是，
作者的創作意圖是什麼？或說到底是在什麼樣的心態和情感驅動下魯迅創作
了這樣一篇詩作呢？作品的主題思想或說作品到底表達了怎樣的思想情感？
作品中所說的「無物」、「無物之物」和「無物之陣」到底該怎樣理解？這些
問題搞不清楚，就很難對詩作有深入而正確的理解。本文就試著在分析和解
答這些問題的基礎上來對作品進行解讀。讓我們先來梳理分析一下學界對這
些問題的有代表性的觀點或看法。

二

　　先看創作意圖和思想主旨。魯迅在《〈野草〉英文譯本序》裏說：「《這樣
的戰士》，是有感於文人學士們幫助軍閥而作。」受此影響，一些研究者把作
者的創作意圖和作品的主題思想與魯迅和現代評論派的論戰直接掛鉤。認爲
詩作表現的是魯迅在「女師大風潮」中與「現代評論派」的「正人君子」們
的論戰。詩作中各色各樣戴著假面的敵人就是依附於北洋軍閥政府的「現代
評論派」的「正人君子」，而詩作中的「戰士」則是魯迅自己。詩作的主題就
是「對現實鬥爭中堅韌不屈的戰士的熱烈謳歌」。如李何林先生認爲：「『這樣
的戰士』的精神，是當時作者的戰鬥精神，他號召青年們來做『這樣的戰士』。
這樣的戰士能夠揭穿幫助軍閥們的文人學士的虛僞的種種假面（一切的點
頭，好名稱，好花樣），使他們露出本相。無論他們耍什麼花樣，他都『舉起
了投槍』，進行戰鬥，不被欺騙。」〔註5〕孫玉石先生說：「對於當時『正人君
子』們的鬼蜮伎倆，魯迅用毫不留情的筆爲『無刀無筆的弱者』伸張正義。
他要撕破這些文人學士們的假面，『使麒麟皮下露出馬腳』來。爲此，魯迅除
了用大量的雜文進行戰鬥之外，又把自己這種清醒的洞察力和韌性的戰鬥精

〔註2〕王瑤：《魯迅作品論集》，人民文學出版社1984年版，第140頁。
〔註3〕閔抗生：《地獄邊沿的小花》，陝西人民出版社1981年版，第160頁。
〔註4〕孫玉石：《〈野草〉研究》，中國社會科學出版社1982年版，第135頁。
〔註5〕李何林：《魯迅〈野草〉注釋》，見《李何林全集》第2卷，河北教育出版社
　　　2003年版，第154頁。

神鎔鑄在這鏗鏘有力的詩篇中了。」〔註6〕閔抗生先生認爲：「1925 年，魯迅先生和章士釗、陳西瀅等人圍繞女師大事件筆戰正酣，敵人的鬼蜮伎倆，使魯迅先生深切地感到戰鬥的長期性和艱巨性，因此他迫切地希望養成能在『無物之陣』中和『無物之物』作持久戰鬥的『勇敢而明白的鬥士』，以便『雖在割去敝舌之後，也還有人說話，繼續撕去舊社會的假面』。所以在《這樣的戰士》中他塑造了他所理想的戰士形象」。〔註7〕張潔宇女士也認爲詩作有很強的現實針對性。她在解讀詩作時，對「女師大風潮」的來龍去脈進行了仔細地梳理。並列舉了大量魯迅與章士釗、陳西瀅、楊蔭榆等人論戰的文章段落。得出結論說：「《這樣的戰士》一方面是魯迅心靈自畫像中的一個延續的形象，與《秋夜》以來的心靈呈露一脈相承；另一方面，這也是魯迅對於歷經近一年之久的反抗鬥爭的一次總結——心靈的、情感的總結，同時還是一種實踐經驗上的總結。」〔註8〕以上研究者由於強調詩作的現實針對性，把詩作的象徵對象坐得太實，由此限定了詩作帶給讀者的開放而廣闊的想像空間，也窄化了詩作所蘊含的豐富的情感和思想內涵。此外，一些研究者往往以革命的政治標準來衡量魯迅，在讚揚魯迅表現的不屈的戰鬥精神的同時，又批評魯迅孤軍作戰，沒有跟上革命鬥爭的形勢。誇大魯迅的「由個人主義思想出發的孤獨和空虛」。如詩作以這樣幾句話結尾：

　　　　他終於在無物之陣中老衰，壽終。他終於不是戰士，但無物之物卻是勝者。

　　　　在這樣的境地裏，誰也不聞戰叫：太平。

　　　　太平……。

　　　　但他舉起了投槍！

對此，馮雪峰先生分析批評說：「這裡對於當時革命鬥爭形勢的反映，就只有對於當時某些落後地區、一部分青年的消沉現象和當時文藝界沒有怎樣強有力的戰鬥表現等事實來說是適合的，如果對於全國革命鬥爭的事實來說則是不正確和不眞實的，甚至是完全不正確和不眞實的。當時正在第一次國內革命戰爭的時期中，人民革命在中國共產黨領導之下正在南方蓬勃地發展著，

〔註 6〕孫玉石：《〈野草〉研究》，中國社會科學出版社 1982 年版，第 32～33 頁。

〔註 7〕閔抗生：《地獄邊沿的小花》，陝西人民出版社 1981 年版，第 160 頁。

〔註 8〕張潔宇：《獨醒者與他的燈——魯迅〈野草〉細讀與研究》，北京大學出版社 2013 年版，第 277 頁。

在北方也有革命群眾在鬥爭，所以當時的社會完全不是聽不到『戰叫』，更不是『太平』。當時作者在北方戰鬥著，就是同南方的革命起著相呼應的作用，同時也是受著南方革命運動的鼓舞的；在客觀上，他當時也決不孤獨，而是有無數群眾在支持他的。顯然是由於作者存在有脫離群眾的個人主義的思想，這才會有孤獨和空虛的感覺。」〔註9〕李何林先生和孫玉石先生也有類似的看法。李何林先生認為：「他號召青年們來做『這樣的戰士』。他當時主觀上的感受是孤軍作戰，『荷戟獨彷徨』；客觀上他並不孤獨，南方的革命已經是蓬蓬勃勃的氣勢，北伐在半年以後也就開始了。但他主觀上還沒和黨所領導的全國革命相結合，因而有些孤獨寂寞的感情，也看不見戰鬥的光明前途。」〔註10〕孫玉石先生認為：「《這樣的戰士》也明顯流露了作者的孤獨和空虛的思想，這是魯迅沒有找到新的思想指導和新的戰鬥集體時思想情緒的表現。」〔註11〕其實，作品結尾這幾段話，是魯迅感到封建傳統文化無所不在的強大和自己個人戰鬥的無力。「在這樣的境地裏，誰也不聞戰叫：太平。太平……。」不是指的當時沒有社會政治鬥爭和群眾革命運動，而是指的當時五四落潮期的新文化戰線是「寂寞新文苑，平安舊戰場。」〔註12〕即「《新青年》的團體解散掉了，有的高升，有的退隱，有的前進，我又經驗了一回同一戰陣中的夥伴還是會這麼變化，並且落得一個『作家』的頭銜，依然在沙漠中走來走去」〔註13〕的情形。而戰士無論遇到什麼樣的敵人，無論多麼孤獨無望，但他總是舉起投槍！這也正是當時魯迅「兩間餘一卒，荷戟獨彷徨」的真實的形象化寫照。總之，筆者認為，儘管魯迅自己說詩作是「有感於文人學士們幫助軍閥而作」，但是「有感於」某事不等於說「就是寫」某事。「文人學士們幫助軍閥」是作者創作這篇散文詩的誘因，詩作表現的思想內容和情感在某種程度上也可能與此有關，但卻決不會限定在這個事件上。也就是說，「文人學士們幫助軍閥」的事件觸發了魯迅把其在現實社會和文化啟蒙中屢屢受挫的心理體驗幻化為文學幻象，表現其在強大的舊習慣勢力包圍中產生的強烈的荒原意識、孤獨感、荒誕感和悲壯感。

〔註9〕 馮雪峰：《論〈野草〉》，見《馮雪峰憶魯迅》，河北教育出版社 2001 年版，第166～167 頁。

〔註10〕 李何林：《魯迅〈野草〉注釋》，見《李何林全集》第 2 卷，河北教育出版社2003 年版，第 157 頁。

〔註11〕 孫玉石：《〈野草〉研究》，中國社會科學出版社 1982 年版，第 34 頁。

〔註12〕 魯迅：《魯迅全集》第 7 卷，人民文學出版社 1981 年版，第 150 頁。

〔註13〕 魯迅：《魯迅全集》第 4 卷，人民文學出版社 1981 年版，第 456 頁。

除從政治的視角聚焦在「女師大風潮」的研究者們之外，還有研究者從婚戀情感的角度，認爲作品表現的是魯迅因與許廣平戀愛而引來社會輿論的關注與非難，魯迅即化身「這樣的戰士」與那些製造和傳佈「流言」的人戰鬥，用以振奮自己並抒發憤怒之情。如李天明先生認爲詩作「曲折地轉達了魯迅對於散佈他與許廣平『流言』的人的憤怒。他認爲他們不公平，儘管他們發誓『他們的心都在胸膛的中央』。他們雖然自認爲代表學問、道德、國粹、民意、邏輯、公義和東方文明的學者、文士、青年、雅人、君子等等，可是魯迅憤怒的時候卻認爲，他們骨子裏都是暴君、酷吏、偵探、小人。在他需要鼓起勇氣直接面對社會輿論時，他寫了《這樣的戰士》來振奮自己。可是他和許廣平的事並不是『流言』，『這樣的戰士』也終於缺乏戰鬥力。」〔註14〕胡尹強先生完全同意李天明的觀點並在此基礎上進行了想像和發揮。他認爲「『這樣的戰士』既是詩人自己，又是一種假設，也許是沿著許廣平提出的立即公開同居以向道德家流言家挑戰的思路繼續向前走，而演繹的一種假設。根據愛情的發展，或早或遲，他和她也許總要公開同居的，於是，特地留在身上的鐵甲也就等於自動卸去了，也即毫無乞靈於甲冑了，詩人也就除了自己，只有脫手一擲的投槍了。」〔註15〕從婚戀情感角度解讀詩作的研究者只抓住作品的一些隻言片語做過分地臆測和推斷，把詩作坐實到魯迅與許廣平的戀情上，遮蔽了詩作所蘊含的啓蒙思想內涵及魯迅這一啓蒙思想先驅的強烈的社會責任感和承擔意識。

三

下面我們再來看詩作中出現的帶有強烈的個性色彩的「魯迅式」的關鍵詞。詩作寫「戰士」走進「無物之陣」，所遇見的都對他一式點頭。但他不爲所惑。奮力舉起了投槍擲去。使得「一切都頹然倒地；——然而只有一件外套，其中無物。無物之物已經脫走，得了勝利，因爲他這時成了戕害慈善家等類的罪人。」最後「戰士」終於在「無物之陣」中老衰，壽終。他終於不是戰士，但無物之物卻是勝者。這裡的關鍵詞即「無物」、「無物之物」和「無

〔註14〕李天明：《難以直說的苦衷——魯迅〈野草〉探秘》，人民文學出版社 2000 年版，第 195 頁。

〔註15〕胡尹強：《魯迅：爲愛情作證——破解〈野草〉世紀之謎》，東方出版社 2004 年版，第 255～256 頁。

物之陣」。這些關鍵詞語到底是什麼含義，應該怎樣理解？我們還是先來看看
以往研究者們對此的解讀和分析吧。

　　從社會政治鬥爭的視角來解讀和分析的研究者多認為「無物之物」是指
披著偽裝的敵人，「無物之陣」是指由披著偽裝的敵人組成的社會鬥爭的戰
場。如馮雪峰先生認為：「所謂『無物之物』，是對於這類敵人（指戴著假面
具的敵人。筆者注）的一個最深刻和最恰當的概括。這類人物，對他們的種
種好名稱和好花樣來說，的確『只有一件外套，其中無物。』；可是他們是一
種物，而且是很屬害的一種物，是在上面敷了一層草的舊勢力的陷阱和畫了
皮的帝國主義與封建主義的幫兇。如當年《現代評論》派的『正人君子』們
就是這種『無物之物』的典型之一，作者當時用以擊潰他們所布成的『無物
之陣』的，就是他的投槍和他的戰術。」〔註16〕李何林先生在《魯迅〈野草〉
注釋》中進一步完善了這一觀點，他說這樣的戰士「走進了充滿『偽飾』和
『戴著假面』的人們所組成的社會鬥爭陣地（敵人把真面目都隱藏起來了，
所以表面看起來是『無物之陣』，就是沒有敵人的陣地）。」「為什麼『無物』
呢？由於在外套掩飾之下的正人君子，誣賴戰士戕害了他們，使人們覺得錯
在戰士，他們沒有罪過，因而『脫走，得了勝利』。所謂『無物之物』，是表
面看起來『無物』（由於他們用好名稱好花樣偽裝，使一般人看不出真相）。
裏面藏的是很屬害的『物』，是陰險兇惡的敵人。」〔註17〕閔抗生先生認為「『無
物之陣』中的『無物之物』是專門『躲在厚厚的東西後面』用陰謀殺人的鬼
魅。它用幻形術假裝『頹然倒下』，而真身卻倏然隱遁，躲在黑暗中施放『戕
害慈善家』之類的暗箭。魯迅先生希望他的戰士能在『並無敵人，只有暗箭』
的『無物之陣』中舉槍作戰，而不頹唐，不疲憊。」〔註18〕孫玉石先生說戰
士「清晰地知道，這些敵人是怎樣善於偽裝，使得對手看不見他們真正的面
目而只覺得如入『無物之陣』。」〔註19〕劉玉凱先生曾對這種觀點提出質疑。
他綜括這種觀點說：「陣：社會鬥爭陣地。無物之陣：戴著假面的敵人組成的
社會鬥爭陣地。……事實上，戰士走入了戴著假面的敵人組成的陣地，他卻

〔註16〕馮雪峰：《論〈野草〉》，見《馮雪峰憶魯迅》，河北教育出版社 2001 年版，第
　　　　165 頁。
〔註17〕李何林：《魯迅〈野草〉注釋》，見《李何林全集》第 2 卷，河北教育出版社
　　　　2003 年版，第 156 頁。
〔註18〕閔抗生：《地獄邊沿的小花》，陝西人民出版社 1981 年版，第 162～163 頁。
〔註19〕孫玉石：《〈野草〉研究》，中國社會科學出版社 1982 年版，第 33 頁。

未因敵人的矇騙而視『有』若『無』。因為文中寫道：不管敵人『頭上有各種外套，繡出各式好花樣』，他仍然執著地『舉起了投槍』；也不管敵人講說『他們的心都在胸膛的中央，和別的偏心的人類兩樣』，他也仍然奮然『舉起了投槍』。這表明戰士並未受騙上當，而且仇人相見，分外眼明，不管敵人戴不戴假面，戰士眼中的他們都是『有物』，不是『無物』。」〔註20〕魯迅在《出了象牙之塔·後記》中說：「歷史是過去的陳跡，國民性可改造於將來，在改革者的眼裏，以往和目前的東西是全等於無物的。」〔註21〕劉玉凱先生據此認為魯迅所說的「改革者」大致相當於「這樣的戰士」。「『無物』指的是阻礙改革的一切『廢物』和落後的『國民性』。在社會改革者眼中，將它們視為『無物』是改革者義無反顧的勇氣和精神。而在《這樣的戰士》中，魯迅以『無物』喻指的是『幫助軍閥』的『文人學士』們；其實，它他們也正是一群阻礙社會改革的『廢物』。……魯迅說的『無物』主要是指倨傲者（改革者、戰士）眼中的世界。是說在倨傲者看來，眼前的一切等於『無物』。這叫作『境由心造』。」〔註22〕劉玉凱先生對那些從社會政治鬥爭視角把「無物之陣」解讀為「戴著假面的敵人組成的社會鬥爭陣地」的研究者們的質疑或批評是有道理的。提出「『無物』指的是阻礙改革的一切『廢物』和落後的『國民性』」也是有其合理性的。但是，把詩作中的「無物」坐實為幫助軍閥的文人學士們則是又落入了簡單的政治鬥爭的陷阱。而認為「魯迅說的『無物』主要是指倨傲者（改革者、戰士）眼中的世界。是說在倨傲者看來，眼前的一切等於『無物』。」這一觀點頗新穎，但卻值得商榷。正像劉先生在批評把「無物」解釋為披上偽裝的敵人時所說的，「不管敵人戴不戴假面，戰士眼中的他們都是『有物』，不是『無物』。」其實，魯迅在《出了象牙之塔·後記》中說的改革者眼中的「無物」，錢理群先生的解釋可能更為合理。他認為：「必須對『以往和目前』的『一切』戰略上予以藐視，將其看做『全等於無物』，即所謂『於一切眼中看見無所有』。」〔註23〕而本詩作中的「無物」筆者認為沒有特別的象徵意義。有特別的象徵意義的是「無物之物」和「無物之陣」。以上是對從政治鬥爭視角解讀詩作的研究者們的觀點的梳理和評析。此外，從婚戀視角解讀作品的研究者把「無物之物」和「無物之陣」解讀為魯迅和許廣

〔註20〕劉玉凱：《魯迅錢鍾書平行論》，河北大學出版社1998年版，第77頁。
〔註21〕魯迅：《魯迅全集》第10卷，人民文學出版社1981年版，第244頁。
〔註22〕劉玉凱：《魯迅錢鍾書平行論》，河北大學出版社1998年版，第78頁。
〔註23〕錢理群：《心靈的探尋》，河北教育出版社2000年版，第7頁。

平戀愛時所面對的社會輿論或流言蜚語。如李天明先生認爲：「『無物之物』就是魯迅懼怕的『流言』，『無物之陣』就是他要面對的社會輿論和心理自審。在這樣的戰陣裏，戰士終於無把握，像《希望》中的詩人失去了與之『肉薄』的暗夜，戰士連誰是眼前的敵人都含糊不清。」〔註 24〕胡尹強先生完全同意李天明先生的觀點並發揮說：「這『流言』是『無物之物』，它在人們之間不脛而走，彌漫於空氣中，彷彿無處不在，卻又什麼也抓不到。由『流言』布下的戰陣，也就成了『無物之陣』——無處不在，似乎到處都帶著敵意的戰陣，待到詩人——『這樣的戰士』闖進戰陣，想看個究竟，卻又什麼都沒有。」〔註 25〕筆者認爲，以上研究者們一個共同的缺憾就是不把作者和作品放回當時大的啓蒙語境中去把握魯迅這一啓蒙思想先驅的現實體驗和內在的心態與訴求，而是把詩作的象徵意象坐實到具體的事件和具體的人物身上，不但遮蔽了詩人眞實的情感和詩作所蘊含的豐富的思想內涵，而且解讀起來也顯得生硬甚至牽強。

四

　　以上我們對以往研究者們解讀《這樣的戰士》的主要觀點進行了梳理與評析，下面我們把詩作盡量放回到五四啓蒙的語境中用啓蒙的視角來做一解讀和分析。我們知道，魯迅作爲啓蒙思想先驅，他雖然一直堅守啓蒙，用他那支犀利如匕首投槍的筆，揭破封建禮教仁義道德華美外衣掩蓋下的「吃人」本質；刺穿「不過是安排給闊人享用的人肉的筵宴」的所謂「中國文明」的眞相；揭開封建專制體制和奴隸道德奴役下中國人「想做奴隸而不得」和「暫時做穩了奴隸」的中國歷史的面紗，……然而，由於幾千年的奴化教育，使得奴隸道德文化已經積澱爲國民的強大的「集體無意識」，這種「集體無意識」形成的慣性力量是相當強大而難以改變的。儘管魯迅在不停地控訴，在高聲地吶喊，竭力要勸轉「吃人」的人，呼籲人們「救救孩子」，要爲人們吹熄封建禮教的「長明燈」，……然而，幾千年沉睡於「鐵屋子」的人們實在難以喚醒，「集體無意識」的惰性使他們不但安於現狀，而且認爲這是天經地義不可

〔註 24〕李天明：《難以直說的苦衷——魯迅〈野草〉探秘》，人民文學出版社 2000 年版，第 195～196 頁。

〔註 25〕胡尹強：《魯迅：爲愛情作證——破解〈野草〉世紀之謎》，東方出版社 2004 年版，第 258 頁。

改變的。耶穌為啓蒙和拯救他的同胞而宣講「福音」，義無反顧地去被釘十字架，然而，卻得不到同胞們的理解反而受了他們的百般侮辱與戲弄。魯迅在五四文化啓蒙的戰鬥中也產生了猶如耶穌受難般的體驗。他要為居住在黑屋子中的人們打開一個窗反而被當成強盜趕跑了；他要勸轉「吃人」的人反而被當成瘋子受到關押；他揭破封建禮教的虛偽反而成了「戕害慈善家等類的罪人」。……這使魯迅感到了舊文化和習慣勢力的強大和啓蒙的無力。尤其在五四退潮之後的 1920 年代中期，新青年的團體散掉了。當年反封建文化的戰友們紛紛撤離了戰場，使魯迅覺得自己成了散兵遊勇，自己在孤身奮戰。彷彿置身於精神文化的荒原，雖然自己在堅守戰場勇猛奮戰，但內心也充滿了孤傲、困惑、無奈、悲壯甚至荒誕之感。正如他在《〈吶喊〉·自序》中所說：「凡有一人的主張，得了贊和，是促其前進的，得了反對，是促其奮鬥的，獨有叫喊於生人中，而生人並無反應，既非贊同，也無反對，如置身毫無邊際的荒原，無可措手的了，這是怎樣的悲哀呵，我於是以我感到者為寂寞。這寂寞又一天一天的長大起來，如大毒蛇，纏住了我的靈魂了。」〔註26〕筆者認為，《這樣的戰士》，是魯迅這一啓蒙思想先驅或說「精神界之戰士」在文化啓蒙的戰鬥中產生的精神幻象，是把他自己與「集體無意識」形成的強大的習慣勢力決鬥的心理體驗幻化為藝術形象。表現出魯迅對啓蒙既堅守又質疑和困惑的矛盾心態及孤傲、悲憤而又無奈的複雜情感。

再看詩作中出現的困擾讀者的一些充滿魯迅個性的關鍵性詞語，即「無物之物」、「無物之陣」與「無物」。

筆者認為，《這樣的戰士》中描繪的「戰士」的戰場，不是政治鬥爭的戰場，更不限定於「女師大風潮」的「戰場」，而是當時整個批判封建傳統的文化啓蒙的戰場。也就是說戰士投槍指向的目標是舊傳統、舊文化和舊的習慣勢力。幾千年來形成的以封建禮教為核心的專制文化和奴隸道德已經滲透到每個人的潛意識，深入骨髓，積澱為國人落後的「集體無意識」。在這種「集體無意識」作用下形成的強大的舊習慣勢力無處不在，而人們對此卻習以為常，甚至認為從來如此就是天經地義的，沒有什麼值得大驚小怪的，因此什麼問題也發現不了，而在魯迅這一啓蒙思想先驅看來，這些浸透著傳統觀念和奴隸道德的「集體無意識」及由此形成的舊習慣勢力，

〔註26〕魯迅：《魯迅全集》第 1 卷，人民文學出版社 1981 年版，第 417 頁。

從頭到腳都是難以容忍的問題，這就是他面對的「敵人」，而這「敵人」是無處不在的，是源源不斷的。詩人覺得自己置身於這些「敵人」的包圍之中，雖奮力拼搏，但又覺得無可措手，毫無勝算。也就是說，詩作中的「無物之物」就是魯迅對自己感受或體驗到的這些「敵人」的命名，是他面對國人頑劣的「集體無意識」和強大的舊習慣勢力形成的心理「陰影」。在這一「陰影」的重壓下，魯迅寢食難安，時刻處於短兵相接的戰鬥狀態。魯迅的老友林語堂把魯迅描繪成一個生性好鬥之人，說他「頂盔披甲，持矛把盾交鋒以為樂。不交鋒則不樂，不披甲則不樂，即使無鋒可交，無矛可持，拾一石子投狗，偶中，亦快然於胸中。」〔註27〕這並非知言而是對魯迅的誤解。其實，魯迅的「好鬥」，是改造國民性的強烈的社會責任感和承擔意識使然。他雖然知道個人的力量是難以戰勝這強大的社會習慣勢力的，但他要張揚的是與舊勢力決鬥的永不屈服的精神。正像李歐梵先生所說：「魯迅歌頌的並非這猛士的勝利，而是他那個固執的、西西費斯似的精神（Sisiphean spirit）」〔註28〕再看詩作中說的「無物之陣」，按照詩人的邏輯「無物之陣」無疑是他所說的「無物之物」這些「敵人」所布好的「陣」，即由人們的「集體無意識」和舊習慣勢力形成的能夠吞噬一切改革力量或新生事物的社會勢力。正像魯迅在《我之節烈觀》中所說：「社會上多數古人模模糊糊傳下來的道理，實在無理可講；能用歷史和數目的力量，擠死不合意的人。這一類無主名無意識的殺人團裏，古來不曉得死了多少人物。」〔註29〕魯迅所說的「無物之陣」，就是由多數人的「集體無意識」形成的「無主名無意識的殺人團」，是隨處都有，然而無形的「壁」。「像『鬼打牆』一般，使你隨時能『碰』。」〔註30〕值得注意的是，多數人的「集體無意識」是幾千年來的封建禮教文化和奴隸道德教育浸潤的結果，它形成的「無主名無意識的殺人團」披著封建禮教的道德外衣，是「以禮殺人」。它表面上是彬彬有禮，「一式點頭」，但其實質卻是「吃人」。它打著綱常禮教的虛偽的旗幟，「繡出各樣好名稱：慈善家，學者，文士，長者，青年，雅人，君子……。學問，道德，國粹，民意，邏輯，公義，東方文明……。」而維護的是虐殺人性的等級制度和封建專制統治。戰士雖然對封建禮教文化有

〔註27〕林語堂：《悼魯迅》，載《宇宙風》半月刊1937年1月1日第32期。
〔註28〕李歐梵：《鐵屋中的吶喊》河北教育出版社2000年版，第100頁。
〔註29〕魯迅：《魯迅全集》第1卷，人民文學出版社1981年版，第124頁。
〔註30〕魯迅：《魯迅全集》第3卷，人民文學出版社1981年版，第72頁。

清醒的認識，能夠一擊刺中其要害，但由於它已經積澱爲多數人的「集體無意識」，形成「像『鬼打牆』一般，使你隨時能『碰』」的無形的「壁」。所以魯迅覺得「使猛士無所用其力。」不難看出，魯迅這篇作品中所說的「無物之物」和「無物之陣」，猶如《希望》中的「空虛中的暗夜」，《秋夜》中的「奇怪而高的天空」以及《過客》中過客所處的茫茫荒野。這是詩人在對所處的現實社會的精神文化的荒原體驗的基礎上形成的一種心理的幻象，是一種籠罩在詩人心頭無法擺脫和驅散的舊傳統文化和舊習慣勢力的陰影，是一種可以感覺和意識的幻象而不是看得見摸得著的實體。戰士持投槍在「無物之陣」中左衝右突，與「無物之物」做短兵相接的拼死決戰，《希望》中詩人「用這希望的盾，抗拒那空虛中的暗夜的襲來」，最後竟然「來肉薄這空虛中的暗夜」，二者在表達方式和思想情感上何其相似。進而言之，詩作中的「無物之物」和「無物之陣」就像魯迅在雜文中把「所謂中國文明」概括爲「其實不過是安排給闊人享用的人肉的筵宴。所謂中國者，其實不過是安排給這人肉筵宴的廚房；」〔註31〕在《狂人日記》中把封建禮教的實質概括爲「吃人」是一樣，都是一種象徵性的寫法。封建禮教文化的維護者們都是滿口仁義道德，他們自己好像也深信他們維護的是仁義道德，但是他們的仁義道德的核心卻是維護等級制度和專制統治，是「吃人」。這就是作品中說的「他們都同聲立了誓來講說，他們的心都在胸膛的中央，和別的偏心的人類兩樣。」但是戰士「偏側一擲，卻正中了他們的心窩。」也就是說戰士有著清醒的認識，能從他們仁義道德的表面，揭穿他們「吃人」的實質。使得「一切都頹然倒地」——即現出原形。然而，已內化爲「集體無意識」的禮教觀念和奴隸道德就是「社會上多數古人模模糊糊傳下來的道理，實在無理可講」。一時被揭出眞相理屈詞窮頹然倒地，但很快就「能用歷史和數目的力量，擠死不合意的人」。所以，所謂被擊中要害頹然倒地也只是一時的和表面的，無法眞正撼動這「集體無意識」作用下的社會習慣勢力，而頹然倒地的也就「只有一件外套，其中無物。」這裡的「無物」沒有象徵意義，就是字面上的本義。意思是「無物之物」的頹然倒地只是表面的，沒有任何實質內容。而且，封建禮教文化打的是「仁義道德」的招牌，所以戰士對它攻擊就被視爲破壞道德，攻擊它的衛道者就「成了戕害慈善家等類的罪人」。

〔註31〕魯迅：《魯迅全集》第1卷，人民文學出版社1981年版，第216頁。

五

　　以上筆者以五四啓蒙的視角對《這樣的戰士》進行了分析和解讀。認爲魯迅所呼喚的不蒙昧，不疲憊，不「乞靈於牛皮和廢鐵的甲冑」的無比清醒勇猛，敢於和敵人做短兵相接的肉搏的戰士，其戰場不是政治鬥爭的戰場，更不限定於「女師大風潮」的「戰場」，而是當時整個批判封建傳統的文化啓蒙的戰場，這一「戰士」是啓蒙文化戰場上的「精神界之戰士」，在這個「戰士」身上，飽含著魯迅自己的現實體驗與精神人格，表現出魯迅對啓蒙既堅守又質疑和困惑的矛盾心態及孤傲、悲憤而又無奈的複雜情感。詩作中所說的「無物之物」是指人們長期接受的傳統觀念和奴隸道德所積澱的「集體無意識」及由此形成的舊習慣勢力；「無物之陣」則是詩人所感到的「無物之物」這些「敵人」所布好的「陣」，即由人們的「集體無意識」和舊習慣勢力形成的能夠吞噬一切改革力量或新生事物的社會勢力。總之，「無物之物」和「無物之陣」是詩人在對所處的現實社會的精神文化的荒原體驗的基礎上形成的一種心理的幻象，是一種籠罩在詩人心頭無法擺脫和驅散的舊傳統文化和舊習慣勢力的陰影。在這一「陰影」的重壓下，魯迅感到四面受敵，寢食難安，時刻處於短兵相接的戰鬥狀態。這是魯迅改造國民性的強烈的社會責任感和承擔意識使然。